westermann

Daniela Lampe

Einführung in das Arbeits- und Sozialversicherungsrecht

Lehrbuch und Aufgabensammlung

27. Auflage

Bestellnummer 84147

Die in diesem Produkt gemachten Angaben zu Unternehmen (Namen, Internet- und E-Mail-Adressen, Handelsregistereintragungen, Bankverbindungen, Steuer-, Telefon- und Faxnummern und alle weiteren Angaben) sind i. d. R. fiktiv, d. h., sie stehen in keinem Zusammenhang mit einem real existierenden Unternehmen in der dargestellten oder einer ähnlichen Form. Dies gilt auch für alle Kunden, Lieferanten und sonstigen Geschäftspartner der Unternehmen wie z. B. Kreditinstitute, Versicherungsunternehmen und andere Dienstleistungsunternehmen. Ausschließlich zum Zwecke der Authentizität werden die Namen real existierender Unternehmen und z. B. im Fall von Kreditinstituten auch deren IBANs und BICs verwendet.

Zusatzmaterialien zu Einführung in das Arbeits- und Sozialversicherungsrecht

Für Lehrerinnen und Lehrer

Lösungen zum Schulbuch: 978-3-427-84148-7
Lösungen zum Schulbuch Download: 978-3-427-84149-4

BiBox Einzellizenz für Lehrer/-innen (Dauerlizenz)
BiBox Klassenlizenz Premium für Lehrer/-innen und bis zu 35 Schüler/-innen (1 Schuljahr)
BiBox Kollegiumslizenz für Lehrer/-innen (Dauerlizenz)
BiBox Kollegiumslizenz für Lehrer/-innen (1 Schuljahr)

Druck und Bindung: Westermann Druck GmbH, Georg-Westermann-Allee 66, 38104 Braunschweig

ISBN 978-3-427-**84147**-0

Vorwort

In dem vorliegenden Werk erhalten Sie einen Einstieg in die komplexen Rechtsgebiete des Arbeits- und Sozialversicherungsrechts.

Wichtiges Grundlagenwissen wird Ihnen vermittelt und kann anhand der Wiederholungsfragen eingeübt werden.

Für eine bessere Einordnung können Tabellen, Übersichten und Grafiken helfen, die durch praxisnahe Beispiele ergänzt werden.

Zu jedem Themenkreis schließen an das Grundwissen Aufgaben und Wiederholungsfragen an, die zur Lernkontrolle dienen können. Alternativ bietet es sich an, mit den Fragen zu beginnen, um in ein neues Thema einzusteigen.

Da das Arbeitsrecht oftmals durch das „Richterrecht" ergänzt und konkretisiert wird, bewirkt die Rechtsprechung, ohne dass der Gesetzestext geändert wird, häufig eine veränderte Rechtssituation für die Arbeitnehmerschaft. Daher sind in diesem Werk auch arbeitsgerichtliche Entscheidungen berücksichtigt worden.

Die **27. Auflage** befindet sich auf dem Stand der Gesetzgebung und der Rechtsprechung vom Sommer 2024.

Alle im Bereich der Sozialversicherung geltenden Höchstbeträge und Bemessungsgrundlagen wurden aktualisiert.

Hinweis: Die Autorin verwendet in den Texten teilweise nur die männliche Bezeichnung. Dies ist grundsätzlich der Tatsache geschuldet, dass die Gesetzestexte weitestgehend ebenfalls nur die männliche Bezeichnung verwenden. Selbstverständlich sind die in dem vorliegenden Buch beschriebenen Rechtsgrundlagen auf alle Geschlechter anwendbar.

Die Verfasserin

Inhaltsverzeichnis

1 Grundlagen des Arbeitsrechts

1.1 Aufgaben und Wesen des Arbeitsrechts

Die meisten unserer Mitmenschen sind verpflichtet, ihren Lebensunterhalt aus Mitteln zu bestreiten, die sie als Gegenleistung für das Anbieten ihrer Arbeitskraft erzielen. Daher sind sie als Arbeitnehmer und Arbeitnehmerinnen tätig. Konkret bedeutet dies, dass sie sich vertraglich verpflichten, für eine andere Person in abhängiger Stellung tätig zu werden. Dabei werden sie in die betriebliche Organisation des anderen eingegliedert und müssen dessen Weisungen befolgen. Die rechtliche Grundlage bildet der Arbeitsvertrag nach § 611a BGB. Ein wichtiger Gesichtspunkt ist die persönliche und wirtschaftliche Abhängigkeit der Arbeitnehmerschaft, die dienstliche Anweisungen der Arbeitgeber befolgen muss, da sie ansonsten das Anstellungsverhältnis und damit die Grundlage für den Lebensunterhalt durch Kündigung verlieren könnte.

Die wirtschaftliche und soziale Stellung von Arbeitgebern und Arbeitnehmern

Gerhard Eppinger betreibt eine Buchhandlung im Geschäftszentrum einer Kleinstadt Nordrhein-Westfalens. Er beschäftigt zwei ausgebildete Buchhändlerinnen. Eppinger allein ist weisungsberechtigt, er entscheidet z. B. über Einstellungen und Entlassungen von Personal und weist seinem Personal die Arbeit an. Gerhard Eppinger ist nicht weisungsgebunden. Er ist in seiner sozialen Stellung selbstständig. Die bei ihm beschäftigten Buchhändlerinnen müssen die Weisungen ihres Arbeitgebers befolgen. Sie sind in einer sozial abhängigen Stellung. Wirtschaftlich abhängig ist in gewissem Sinne auch der Buchhändler, weil er auf seine Kunden angewiesen ist.

Aus diesem Grund benötigt der Arbeitnehmer einen besonderen Schutz, den er durch das Arbeitsrecht erhält.

Das Arbeitsrecht sorgt dafür, dass die Interessen aller Beteiligten in einem angemessenen Verhältnis berücksichtigt werden und insbesondere die wirtschaftlich schwächere Position der Arbeitnehmer ausgeglichen wird.

1.2 Anwendungsbereich des Arbeitsrechts

Die Regelungen des Arbeitsrechts sind nur auf Arbeitnehmer anzuwenden. Gesetzlich ist der Begriff des Arbeitnehmers seit April 2017 durch § 611a BGB definiert.

Ein Arbeitnehmer

- leistet weisungsgebundene Arbeit gegen Entgelt,
- ist in die Arbeitsorganisation eines Betriebs/eines Unternehmens eingegliedert,
- ist sozial schutzbedürftig.

Rechtsprechende, Personen im Staatsdienst sowie der Bundeswehr fallen nicht unter das Arbeitsrecht, weil sie nicht in einem privatwirtschaftlichen, sondern in einem öffentlich-rechtlichen Dienstverhältnis tätig sind. Ebenso gilt das Arbeitsrecht nicht für freie Mitarbeitende. Dies sind Selbstständige, die ihre Dienste frei mehreren Auftraggebern anbieten, z. B. im Rahmen von Projekten.

Keine Arbeitnehmer sind:
- Selbstständige und Freiberufler,
- Vorstandsmitglieder einer AG,
- Geschäftsführende einer GmbH,
- Gesellschafter einer OHG,
- Komplementäre einer KG,
- mithelfende Familienmitglieder.

Auszubildende sind keine Angestellten im eigentlichen Sinne. Trotzdem gilt auch für sie das Arbeitsrecht, da das Berufsausbildungsverhältnis ein besonders ausgestaltetes Arbeitsverhältnis ist (siehe 5.1).

Auch **leitende Angestellte** zählen zu den Arbeitnehmern. Sie unterscheiden sich von den übrigen Arbeitnehmern dadurch, dass sie für den Betrieb oder das Unternehmen in eigener Verantwortung Unternehmerfunktionen ausüben. Dabei haben sie einen erheblichen **Entscheidungsspielraum (§ 5 Abs. 3 BetrVG)**. Grundsätzlich gilt auch für sie das Arbeitsrecht, jedoch mit einigen bedeutenden Abweichungen; z. B. gelten andere Regelungen für die Kündigung (§ 14 Abs. 2 KSchG). Die Möglichkeit, Überstundenvergütung zu verlangen, ist eingeschränkt (§ 18 ArbZG). Leitende Angestellte nehmen nicht an der Wahl des Betriebsrates teil und können nicht in den Betriebsrat gewählt werden.

Im Arbeitsrecht trifft man zudem immer wieder auf den Begriff der „**arbeitnehmerähnlichen Person**“. Dies sind Personen, die nicht weisungsgebunden oder in eine fremdbestimmte Arbeitsorganisation eingegliedert sind. Sie arbeiten also persönlich selbstständig, sind aber dennoch wirtschaftlich so von einem anderen abhängig, dass sie die soziale Stellung eines Arbeitnehmers haben und zumindest in Teilbereichen ebenso schutzbedürftig sind.

Arbeitnehmerähnliche Personen:
- Heimarbeitende,
- Handelsvertreter, die nur für eine Firma tätig sind (Bausparkassenvertreter, Versicherungsvertreter, § 84 Abs. 1 HGB),
- frei Mitarbeitende, die nur für ein Unternehmen tätig sind (Medienschaffende für eine Zeitung oder für einen Radiosender).

Auf diese **arbeitnehmerähnlichen Personen** findet aufgrund besonderer gesetzlicher Regelungen und der Rechtsprechung das Arbeitsrecht (insgesamt oder zum Teil) Anwendung. Beispielsweise haben sie Anspruch auf den gesetzlichen Mindesturlaub nach § 2 BUrlG. Im Streitfall sind für sie die Arbeitsgerichte zuständig, das Kündigungsschutzgesetz findet auf sie jedoch keine Anwendung (§ 12a Tarifvertragsgesetz, § 5 Abs. 1 Arbeitsgerichtsgesetz). Eine Kündigung muss also nicht sozial gerechtfertigt sein.

1.3 Rechtsquellen des Arbeitsrechts

Das geltende Arbeitsrecht ist auf die folgenden drei Rechtsquellen zurückzuführen:

- staatlich gesetztes Arbeitsrecht (siehe 1.3.1),
- autonom (vertraglich) geschaffenes Arbeitsrecht (siehe 1.3.2),
- ungeschriebenes Arbeitsrecht (siehe 1.3.3).

1.3.1 Staatlich gesetztes Arbeitsrecht

1.3.1.1 Verfassungsrecht

Oberste Rechtsquelle ist das Grundgesetz für die Bundesrepublik Deutschland. Die darin enthaltenen Grundrechte stellen unmittelbar geltendes Recht dar und sind für Gesetzgebung, vollziehende Gewalt und Rechtsprechung bindend (Art. 1 Abs. 3 GG).

Arbeitsrechtlich bedeutsame Bestimmungen im Grundgesetz
Anspruch auf Unantastbarkeit der menschlichen Würde (Art. 1 Abs. 1) – Anspruch auf freie Entfaltung der Persönlichkeit (Art. 2 Abs. 1) – Anspruch auf rechtliche Gleichheit der Menschen und auf Gleichberechtigung von Mann und Frau, Verbot der Benachteiligung wegen Abstammung, Rasse, Sprache, Heimat, Glauben oder Behinderung (Art. 3 Abs. 1 und 2) – Anspruch von Ehe und Familie auf besonderen Schutz durch die staatliche Ordnung (Art. 6) – Garantie der Versammlungsfreiheit (Art. 8) – Anspruch auf Vereinigungsfreiheit (Koalitionsfreiheit) von Arbeitnehmern und Arbeitgebern, die sich zu Gewerkschaften und Arbeitgeberverbänden zusammenschließen dürfen (Art. 9 Abs. 3) – Garantie der Freizügigkeit im gesamten Bundesgebiet (Art. 11) – Garantie des Rechts, Beruf, Arbeitsplatz und Ausbildungsstätte frei zu wählen (Art. 12)

1.3.1.2 Gesetzesrecht

Das Gesetzgebungsrecht für **arbeits- und sozialrechtliche Gesetze** steht dem Bund und den Ländern zu. Die Länder üben das Gesetzgebungsrecht konkurrierend zum Bund aus (Art. 74 Abs. 1 Nr. 12 GG). Sie können nur dann arbeitsrechtliche Gesetze erlassen, wenn der Bund von seinem Gesetzgebungsrecht keinen Gebrauch gemacht hat.

Durch Gesetz können die Bundesregierung, ein Bundesminister oder die Landesregierungen ermächtigt werden, **Rechtsverordnungen** zu erlassen. Rechtsverordnungen sind allgemein verbindliche Regelungen, die ohne Mitwirkung des Bundestags oder des Bundesrats aufgrund einer gesetzlichen Ermächtigung erlassen werden, z. B. die Wahlordnung zum Betriebsverfassungsgesetz.

Auswahl wichtiger arbeitsrechtlicher Gesetzesbestimmungen
Allgemeines Gleichbehandlungsgesetz – Arbeitsgerichtsgesetz – Arbeitsschutzgesetz – Arbeitszeitgesetz – Berufsbildungsgesetz – Betriebsverfassungsgesetz – Bundeselterngeld- und Elternzeitgesetz – Bundesurlaubsgesetz – Bürgerliches Gesetzbuch (Dienstvertrag) §§ 611 bis 630 – Drittelbeteiligungsgesetz – Entgeltfortzahlungsgesetz – Gewerbeordnung – Handelsgesetzbuch (Handlungsgehilfen und Handlungslehrlinge) §§ 59 bis 83 – Jugendarbeitsschutzgesetz – Kündigungsschutzgesetz – Mitbestimmungsgesetze – Mutterschutzgesetz – Mindestlohngesetz – Nachweisgesetz – Sozialgesetzbuch IX (Rehabilitation und Teilhabe behinderter Menschen) – Tarifvertragsgesetz

1.3.2 Vertraglich (autonom) geschaffenes Arbeitsrecht

Arbeitsrecht kann auch ohne staatliche Mitwirkung (autonom) durch Gesamtvereinbarungen (kollektive Vereinbarungen) geschaffen werden. Die darin getroffenen Regelungen gelten dann für alle davon betroffenen Einzelarbeitsverhältnisse.

Tarifverträge werden zwischen Gewerkschaften und Arbeitgeberverbänden bzw. einzelnen Arbeitgebern abgeschlossen (siehe 6.1).

Betriebsvereinbarungen sind Verträge zwischen einem Arbeitgeber und einem Betriebsrat (siehe 6.2).

1.3.3 Ungeschriebenes Arbeitsrecht

Der Gesetzgeber hat sich bemüht, eine möglichst hohe Vielzahl an Sachverhalten verbindlich durch geschriebenes Recht zu ordnen. Dennoch enthält das Arbeitsrecht, mehr als jedes sonstige Rechtsgebiet, Regelungen durch Richterrecht. Das Arbeitsrecht führt in einer sich ständig verändernden Welt zu Konflikten und Situationen, die im Vorfeld nicht bedacht werden konnten. Diese sind durch die Arbeitsgerichte und ihre Richter innen und Richter zu klären. Das Arbeitsrecht wird daher fortwährend weiterentwickelt. Hier gewinnen auch zunehmend das Europarecht und die Entscheidungen des Europäischen Gerichtshofs (EuGH) an Bedeutung.

Daneben stellt die sog. betriebliche Übung (BÜ) eine Rechtsquelle dar. Eine betriebliche Übung entsteht in einem Unternehmen, wenn ein bestimmtes Verhalten mehrfach bewusst und gleichmäßig wiederholt wird, ohne dass auf eine Unverbindlichkeit hingewiesen wurde. Das bekannteste Beispiel ist die dreimalige, vorbehaltlose Zahlung einer freiwilligen betrieblichen Zuwendung (z. B. Weihnachtsgeld). Auch wenn im Arbeitsvertrag diese Zahlung nicht vorgesehen war, kann sie so zu einem Rechtsanspruch der Arbeitnehmer für die Zukunft werden.

Rechtsquellen des Arbeitsrechts					
staatlich gesetztes Recht		**vertraglich (autonom) geschaffenes Recht**		**ungeschriebenes Recht**	
Verfassungsrecht	Gesetzesrecht	Tarifvertrag	Betriebsvereinbarung	Richterrecht	betriebliche Übung

1.4 Rangordnung arbeitsrechtlicher Regelungen

Für die Lösung eines arbeitsrechtlichen Falles können Regelungen in verschiedenen Rechtsquellen ausschlaggebend sein. Diese Rechtsquellen können sich widersprechen. In einem Konfliktfall gilt das jeweils ranghöhere Recht. Grundsätzlich steht das Verfassungsrecht (Grundgesetz, Länderverfassungen) über dem einfachen Gesetzesrecht. Dieses wiederum hat Vorrang vor den Rechtsnormen des Tarifvertrags, der im Rang vor der Betriebsvereinbarung steht. Die Betriebsvereinbarung geht dem Einzelarbeitsvertrag vor.

Damit sind unwirksam

- verfassungswidrige Gesetze (dies kann allerdings nur das Bundesverfassungsgericht feststellen, dem die sog. „Verwerfungskompetenz“ zusteht),
- gesetzeswidrige Tarifvereinbarungen,
- tarifwidrige Arbeitsverträge,
- vertragswidrige Arbeitsanweisungen.

Auswirkung der Rangordnung arbeitsrechtlicher Regelungen
Würde in einem Tarifvertrag für Frauen bei gleicher Arbeit ein niedrigerer Lohn als für Männer festgelegt, dann wäre diese Regelung unwirksam. Sie verstößt gegen Art. 3 des Grundgesetzes.

In manchen Gesetzen ist festgelegt, dass von den Regelungen in bestimmten Paragrafen durch Tarifvertrag oder Einzelarbeitsvertrag abgewichen werden kann. Solche Rechtsnormen bezeichnet man als **nachgiebiges** (dispositives) **Recht.** Einige Gesetzesnormen können nur im Tarifvertrag, nicht aber im Einzelarbeitsvertrag abgeändert werden.

Aus dem **Vertrag über die Arbeitsweise der Europäischen Union (AEUV)** ergibt sich unmittelbar geltendes Arbeitsrecht (z.B. aus Art. 45 die Freizügigkeit der Arbeitnehmer innerhalb der EG), das durch nationales Recht nicht geändert werden kann. Außerdem fordern Richtlinien der EU die Umsetzung in nationales Recht. Wird eine Richtlinie nicht vollständig in dem angegebenen Zeitraum umgesetzt, findet sie im nationalen Recht unmittelbare Anwendung, sofern sie hinreichend bestimmt ist. Ansonsten hat der Bürger einen Anspruch auf Schadenersatz.

Im Arbeitsrecht wird von dem **Rangprinzip** jedoch abgewichen, wenn die nach der Rangordnung niedrigere Regelung für den Arbeitnehmer günstiger ist **(Günstigkeitsprinzip).**

Anwendung des Günstigkeitsprinzips

- Wenn der Arbeitgeber dem Arbeitnehmer im Arbeitsvertrag mehr Urlaub zusagt, als im Bundesurlaubsgesetz zugesichert ist, gilt die Regelung des Arbeitsvertrags.
- Wenn der Arbeitnehmer einen Arbeitsvertrag abschließt, in dem das Arbeitsentgelt über dem im Tarifvertrag vereinbarten Entgelt liegt, hat er einen Rechtsanspruch auf das im Einzelarbeitsvertrag festgelegte Entgelt.

1.5 Rechtsgebiete des Arbeitsrechts

Das Arbeitsrecht lässt sich in die folgenden Rechtsgebiete aufteilen:

- Individualarbeitsrecht,
- Kollektivarbeitsrecht.

Das **Individualarbeitsrecht** regelt die Beziehungen zwischen dem einzelnen Arbeitgeber und dem einzelnen Arbeitnehmer. Dazu zählen z.B. die Vorschriften über das Zustandekommen des Arbeitsverhältnisses, über die Pflichten der Parteien im Arbeitsverhältnis und die Regelungen zur Beendigung von Arbeitsverhältnissen. Es geht um die Rechte und Pflichten zwischen dem einzelnen Arbeitnehmer und seinem direkten Arbeitgeber. Auch die Vorschriften des Arbeitsschutzes (z.B. Mutterschutzgesetz, Arbeitszeitgesetz) wirken unmittelbar auf das Arbeitsverhältnis ein und können deshalb zum Individualarbeitsrecht gezählt werden.

Das **kollektive Arbeitsrecht** betrifft alle arbeitsrechtlichen Fragen, von denen die Arbeitnehmer als Gruppe („Kollektiv“) betroffen sind, z.B. alle Arbeitnehmer eines Betriebs, alle Arbeitnehmer, die in der Bundesrepublik Deutschland im Bereich der Metallverarbeitung arbeiten. Dabei stehen die Gewerkschaften den Arbeitgeberverbänden oder ein Betriebsrat einem Arbeitgeber als Vertragspartner gegenüber. Zum kollektiven Arbeitsrecht zählen vor allem das Tarifvertragsrecht und das Betriebsverfassungsrecht.

Rechtsgebiete des Arbeitsrechts	
Individualarbeitsrecht	**Kollektivarbeitsrecht**
Beispiele: • **Gesetzesrecht** Kündigungsschutzgesetz, Mutterschutzgesetz • **Richterrecht** Kündigung nur nach Abmahnung	**Beispiele:** • **Gesetzesrecht** Tarifvertragsrecht, Betriebsverfassungsrecht (Betriebsrat) • **Tarifvertrag** Tarifvertrag für die metallverarbeitende Industrie • **Richterrecht** „Übermaßverbot" bei Streik (Entscheidung des Bundesarbeitsgerichts)

Aufgaben

1 Arbeitsleistungen als Arbeitnehmer und Arbeitsleistungen auf anderer Grundlage

a) Wer erbringt in den folgenden Fällen

[1] Arbeitsleistungen als Arbeitnehmer/Arbeitnehmerin,

[2] Arbeitsleistungen auf anderer Grundlage?

(A) Vorstandsmitglied einer Aktiengesellschaft

(B) Assistenzärztin (Angestellte) in einer städtischen Klinik

(C) Strafgefangener in einer Haftanstalt

(D) OHG-Gesellschafter mit Geschäftsführungsbefugnis

(E) Steuerberaterin bei Aufstellung der Steuerbilanz für einen Mandanten

(F) Prokurist eines Privatbankhauses

(G) Studienrat (Beamter) an einer kaufmännischen Berufsschule

(H) Auszubildende Sarah in einem Industriebetrieb

b) Geben Sie bei Entscheidungen für [2] an, warum es sich nicht um eine Tätigkeit als Arbeitnehmer handelt, auf die das Arbeitsrecht anzuwenden ist.

2 Rangfolge im Arbeitsrecht

Eine gewerbliche Aushilfskraft vereinbart mit ihrem Arbeitgeber einen Stundenlohn von 16,00 €. Nach einigen Wochen erfährt sie, dass der für sie und ihren Arbeitgeber gültige Tarifvertrag für ihre Tätigkeit einen Stundensatz von 13,50 € vorsieht.

a) Welcher Stundenlohn steht der Aushilfskraft zu?

b) Wie ist die Rechtslage, wenn der Tarifvertrag einen Stundenlohn von 17,00 € vorsieht?

3 Rechtsgebiete des Arbeitsrechts

Wozu gehören die unten genannten Rechtsgebiete des Arbeitsrechts?

1 zum Individualarbeitsrecht,

2 zum Kollektivarbeitsrecht.

(A) Betriebsverfassungsrecht (Beispiel: Mitbestimmung des Betriebsrats in sozialen Angelegenheiten, § 87 BetrVG)

(B) Arbeitsschutzrecht (Beispiel: Beschäftigungsverbot für Kinder unter 15 Jahren, § 5 JArbSchG)

(C) Arbeitskampfrecht (Beispiel: kein Arbeitslosengeld an Streikende, § 160 SGB III)

(D) Arbeitsvertragsrecht (Beispiel: Kündigungsfristen für längerfristig Beschäftigte, § 622 BGB)

(E) Tarifvertragsrecht (Beispiel: Regelung der Tarifgebundenheit der Tarifparteien, § 3 TVG)

Wiederholungsfragen

1. Welche Aufgaben hat das Arbeitsrecht?
2. Warum ist das Arbeitsrecht als besonderes Schutzrecht notwendig?
3. Auf welchen Personenkreis ist das Arbeitsrecht anzuwenden?
4. Auf welche Rechtsquellen ist das Arbeitsrecht zurückzuführen?
5. Wo ist das Koalitionsrecht verankert? Welche Rechte ergeben sich daraus für Arbeitgeber und Arbeitnehmer?
6. Nennen Sie mehrere Gesetze, in denen arbeitsrechtliche Regelungen enthalten sind!
7. Was sind Tarifverträge?
8. Was sind Betriebsvereinbarungen?
9. Welche Rangfolge gilt für arbeitsrechtliche Regelungen?
10. Was versteht man unter dispositivem (nachgiebigem) Arbeitsrecht?
11. Wodurch unterscheiden sich individuelles und kollektives Arbeitsrecht?

2 Entstehung und Inhalt des Arbeitsverhältnisses

2.1 Arbeitsverhältnis und Arbeitsvertrag

Ein Arbeitsverhältnis ist ein Rechtsverhältnis zwischen einem Arbeitnehmer und seinem Arbeitgeber. Grundlage ist der Arbeitsvertrag, den die Parteien miteinander schließen (Einzelarbeitsvertrag). Hauptpflichten aus diesem Vertrag sind die Tätigkeitspflicht des Arbeitnehmers und die Vergütungspflicht des Arbeitgebers.

Der Arbeitsvertrag ist im Bürgerlichen Gesetzbuch (BGB) geregelt. War es früher nötig das Arbeitsverhältnis mühsam über den Dienstvertrag zu erklären, gilt seit 2017 der § 611a BGB, der sich ausführlich mit dem Arbeitsvertrag beschäftigt.

Der Arbeitnehmer verpflichtet sich also durch den Vertrag zu fremdbestimmter, weisungsgebundener Arbeit und ist dabei in den Betrieb eines anderen eingebunden. Er erhält dafür eine Vergütung und trägt selbst kein wirtschaftliches Risiko. Das heißt, dass er beispielsweise seinen Lohn auch dann erhält, wenn der Arbeitgeber keine Arbeit für ihn hat, da Material fehlt.

Wichtige Regelungen zum Arbeitsverhältnis im BGB (Beispiele)

§ 123	Anfechtbarkeit wegen Täuschung oder Drohung
§ 130	Wirksamwerden der Willenserklärung gegenüber Abwesenden (Kündigungsschreiben)
§ 611	Vertragstypische Pflichten beim Dienstvertrag
§ 611a	Arbeitsvertrag
§ 612	Vergütung

§ 613a Rechte und Pflichten bei Betriebsübergang
§ 621 Kündigungsfristen bei Dienstverhältnissen
§ 622 Kündigungsfristen bei Arbeitsverhältnissen
§ 670 Auftrag (Vorstellungskosten)

2.2 Die Anbahnung des Arbeitsvertrags

2.2.1 Arbeitsvermittlung

Die **Anbahnung des Arbeitsvertrags** kann auf verschiedene Weise erfolgen, z. B. durch Vermittlung der Agentur für Arbeit (siehe dazu auch 8.6.4) oder privater Vermittler, Jobbörsen im Internet, Zeitungsinserate, durch innerbetriebliche Stellenausschreibung, aber auch durch Einschaltung von bereits im Betrieb beschäftigten Arbeitnehmern (Mund-zu-Mund-Propaganda). In bestimmten Bereichen wird zunehmend die Hilfe von sog. Head-Huntern in Anspruch genommen.

Die Inanspruchnahme der Bundesagentur für Arbeit mit ihren Agenturen für Arbeit (früher: Arbeitsämter) zur **Arbeitsvermittlung** ist kostenlos. Eine private Arbeitsvermittlung bedarf nicht mehr der Genehmigung. Für die Teilnahme an Maßnahmen, die der beruflichen Eingliederung dienen, kann ein Aktivierungs- und Vermittlungsgutschein ausgestellt werden. Wird mit dem Gutschein der Dienst eines Arbeitsvermittlers gewählt, der ausschließlich erfolgsbezogen vergütet wird, erhält dieser im Falle der erfolgreichen Vermittlung 2 500,00 €. Die Vergütung wird in Höhe von 1250,00 € nach einer sechswöchigen und der Restbetrag nach einer sechsmonatigen Dauer des Beschäftigungsverhältnisses ausbezahlt (§ 45 Abs. 6 SGB III).

2.2.2 Einstellungsverhandlungen

Welche Anforderungen ein Arbeitsplatz an die Bewerber stellt, kann regelmäßig der Stellenausschreibung entnommen werden. Sollte der konkrete Arbeitsplatz besondere, überdurchschnittliche Anforderungen stellen, sind diese im Vorstellungsgespräch bzw. bei den Einstellungs verhandlungen zu besprechen.

Fordert ein Arbeitgeber Bewerber auf zu einem Vorstellungsgespräch zu kommen, hat er diesen sämtliche Kosten hierfür zu ersetzen. Diese können in den Fahrtkosten bestehen, aber auch eine Übernachtung beinhalten (§ 670 BGB). Bsp.: Die Bewerber in soll von München nach Hamburg kommen. Eine An- und Abreise zum Bewerbungsgespräch an einem Tag wird kaum möglich sein. Daher ist hier auch ein Hotel zu zahlen. Die Rechtsprechung sieht vor, dass eine Übernachtung immer dann zu zahlen ist, wenn die Reisezeit vier Stunden einfache Fahrt überschreitet.

Folgen einer wahrheitswidrigen Antwort im Vorstellungsgespräch

Die Südtex GmbH schließt nach einem Einstellungsgespräch mit Frau Rothenbach am 02.09. einen Arbeitsvertrag als kaufmännische Angestellte auf unbestimmte Zeit. In dem Einstellungsgespräch verneint Frau Rothenbach die Frage, ob sie schwanger sei. Am 14.10. erfährt der Geschäftsführer der Südtex GmbH, dass Frau Rothenbach schon seit zehn Wochen schwanger ist. Daraufhin wird der Arbeitsvertrag sofort wegen Irrtum und arglistiger Täuschung angefochten. Der Arbeitsvertrag wird durch die Anfechtung nicht aufgelöst. Zwar hat Frau Rothenbach den Arbeitgeber über das Bestehen einer Schwangerschaft getäuscht. Die Frage danach, ob eine Schwangerschaft besteht, ist jedoch nicht zulässig, da sie gegen die Ziele des Allgemeinen Gleichbehandlungsgesetzes (§ 1 AGG) verstößt. Deshalb ist die Täuschung durch Frau Rothenbach nicht rechtswidrig.

Die Übernahme der Kosten für das Bewerbungsgespräch hat unabhängig davon zu erfolgen, ob es zu einer Einstellung kommt.

Der Arbeitgeber kann diese Kosten „umgehen“, indem er im Vorfeld die Bewerber informiert, dass er Reisekosten nicht übernehmen wird. Dann liegt es an den Kandidaten, ob sie die Kosten auf sich nehmen wollen oder auf die Vorstellung verzichten.

Während des Vorstellungsgesprächs stellt der Arbeitgeber viele Fragen, die ihn interessieren. Aber nicht jede Frage ist rechtlich zulässig. Als Faustregel kann gelten, dass nur Fragen gestellt und wahrheitsgemäß zu beantworten sind, an denen der Arbeitgeber ein berechtigtes Interesse hat und die konkret auf die Stelle bezogen sind. Andere Fragen darf der Arbeitgeber nicht stellen bzw. müssen nicht wahrheitsgemäß beantwortet werden. Sie könnte den (nicht genommenen) Bewerber berechtigen eine Klage wegen eines Verstoßes gegen das Allgemeine Gleichbehandlungsgesetz (AGG) zu erheben.

Lügen auf zulässige Fragen, stellen eine arglistige Täuschung dar, die den Arbeitgeber zur Anfechtung des Arbeitsvertrages berechtigt (§ 123 BGB). Für den Bewerber können sich daraus Schadenersatzansprüche (z. B. Kosten für ein neues Bewerbungsverfahren) ergeben. Bei Lügen in Hinblick auf eine unzulässige Frage, drohen den Arbeitnehmer hingegen keine negativen Konsequenzen.

Zulässige und unzulässige Fragen des Arbeitgebers bei Einstellungsgesprächen	
Unzulässige Fragen	**Zulässige Fragen**
• nach der Absicht, in absehbarer Zeit eine Ehe einzugehen • nach dem Gesundheitszustand, wenn für den Betrieb und die übrigen Arbeitnehmer daran nicht ein berechtigtes Interesse besteht • nach der Gewerkschaftszugehörigkeit • nach Religions- oder Parteizugehörigkeit (Ausnahme: „Tendenzbetriebe“, z. B. kirchliche Einrichtungen) • nach dem Bestehen einer Schwangerschaft • nach der Schwerbehinderteneigenschaft	• nach beruflichen Kenntnissen und Erfahrungen, Prüfungsergebnissen • nach schweren oder chronischen Erkrankungen, die den Arbeitnehmer bei der angestrebten Tätigkeit beeinträchtigen würden • nach der Höhe des bisherigen Gehalts

2.3 Abschluss des Arbeitsvertrags

Für den Abschluss des Arbeitsvertrags gilt der Grundsatz der Vertragsfreiheit. Er umfasst die Abschlussfreiheit, die Formfreiheit und die Gestaltungsfreiheit.

2.3.1 Abschlussfreiheit

Die freie Wahl des Arbeitsplatzes garantiert schon das Grundgesetz in Art. 12. Ein Arbeitnehmer kann daher frei wählen, ob er ein Arbeitsverhältnis eingehen möchte oder nicht. Genauso frei ist ein Arbeitgeber bei der Schließung von Arbeitsverträgen. So können auch qualifizierte Bewerber abgelehnt werden. Ein Arbeitgeber muss die Ablehnungsgründe nicht offenlegen. Sollte die Ablehnung aber auf einem Grund beruhen, der im Allgemeinen Gleichbehandlungsgesetz (AGG) genannt ist (siehe 2.3.1.2), macht er sich u. U. schadenersatzpflichtig. Aus Gründen wie z. B. Rasse, Geschlecht und sexuelle Identität (Orientierung) oder auch einfach der „falschen“ Haarfarbe, darf eine Einstellung nicht abgelehnt werden.

2.3.1.1 Abschlussgebote und Abschlussverbote

Von der Abschlussfreiheit gibt es nur wenige Ausnahmen. Es können **Abschlussgebote** oder **Abschlussverbote** sein.

Gem. § 154 Sozialgesetzbuch IX hat ein Arbeitgeber mit durchschnittlich mindestens 20 Arbeitsplätzen auf wenigstens 5% der Arbeitsplätze **schwerbehinderte Menschen** zu beschäftigen (Pflichtquote). Erfüllt er die vorgeschriebene **Pflichtquote** nicht, hat er monatlich eine Ausgleichsabgabe zu zahlen. Die Zahlung der Ausgleichsabgabe hebt die Pflicht zur Beschäftigung schwerbehinderter Menschen nicht auf. Der schwerbehinderte Bewerber kann daraus aber keinen Anspruch auf Einstellung ableiten.

Nach einem beendeten Streik muss der Arbeitgeber die streikenden Arbeitnehmer wieder einstellen, wenn der Tarifvertrag eine Wiedereinstellungsklausel enthält. Da legale Streiks das Arbeitsverhältnis nicht auflösen, sondern nur die Vertragsverpflichtungen vorläufig aufheben (suspendieren), hat die **Wiedereinstellungsklausel** als Abschlussgebot nur noch geringe Bedeutung.

Ein **Abschlussverbot** besteht zum Beispiel nach dem Jugendarbeitsschutzgesetz und dem Berufsbildungsgesetz. Danach ist es Personen mit schweren Vorstrafen verboten, Jugendliche oder Auszubildende zu beschäftigen (§ 25 JArbSchG).

2.3.1.2 Diskriminierungsverbote

Nach § 1 des Allgemeinen Gleichbehandlungsgesetzes (AGG) darf ein Arbeitgeber einen Bewerber nicht aus Gründen der Rasse oder der ethnischen Herkunft, des Geschlechts, der Religion oder Weltanschauung, einer Behinderung, des Alters oder der sexuellen Identität benachteiligen. Der Bewerber darf also nicht abgelehnt werden, nur weil er eine Frau oder ein Mann ist. Eine Ausnahme gilt nur dann, wenn für die Tätigkeit ein bestimmtes Geschlecht unverzichtbare Voraussetzung ist; z.B. wenn eine Security Firma Mitarbeiter innen sucht, um weibliche Gäste einer Veranstaltung durchsuchen zu können.

Personalanzeigen, die zu Schadenersatzforderungen führen können

- Krankenhausverwaltung sucht deutschsprachige Reinigungskraft. (Eine türkische Migrantin bewirbt sich.)
- Handelskonzern sucht Lagerarbeiter, Bewerbung bitte mit Bild. (Ein Mann mit dunkler Hautfarbe bewirbt sich.)
- Europäisches Industrieunternehmen sucht Vorstandssekretärin. (Es bewirbt sich ein junger arbeitsloser Jurist.)
- Diakonisches Werk sucht christlich orientierte Sozialpädagogin/Sozialpädagogen. (Eine Entscheidung der für diesen Fall wesentlichen Fragen durch den europäischen Gerichtshof liegt noch nicht vor).

Bezüglich des Geschlechts ist aber zu beachten, dass seit 2019 auch das „dritte Geschlecht“ berücksichtigt werden muss. Daher ist bei Stellenausschreibungen auf Geschlechtsneutralität zu achten. Dieser wird mit dem Zusatz (m/w/d) Rechnung getragen. Ein Verstoß gegen das AGG führt nicht zu einem Anspruch auf Einstellung. Vielmehr kann der abgelehnte Kandidat Schadenersatzansprüche geltend machen, wenn er Indizien vortragen kann, die für eine Diskriminierung sprechen.

Solche Indizien liegen auch schon vor, wenn die Stellenausschreibung nicht geschlechtsneutral ist. Der Arbeitgeber kann dem Schadenersatzanspruch allerdings entgehen, wenn er beweisen kann, dass die Bewerberin oder der Bewerber eine formale Qualifikation oder eine formale Anforderung nicht erfüllt, die unverzichtbare Voraussetzung für die Ausübung der ausgeschriebenen Tätigkeit ist (Rechtsprechung des Bundesarbeitsgerichts aus dem Jahr 2016, 8 AZR 470/14).

2.3.1.3 Zustimmungspflicht bei Abschluss eines Arbeitsvertrags

Existiert ein Betriebsrat und sind im Betrieb mehr als 20 wahlberechtigte Arbeitnehmer beschäftigt, muss der Arbeitgeber vor Abschluss eines Arbeitsvertrags die Zustimmung des Betriebsrats einholen (§ 99 BetrVG).

Minderjährige bedürfen zum Abschluss eines Arbeitsvertrags der Zustimmung des gesetzlichen Vertreters (meistens die Eltern). Regelmäßig ist diese Zustimmung als allgemeine Ermächtigung zu sehen, sodass der Jugendliche dann z. B. auch kündigen, Arbeitsverhältnisse derselben Art eingehen oder der Gewerkschaft beitreten kann, § 113 BGB.

2.3.2 Formfreiheit

Für einen Arbeitsvertrag gelten **keine Formvorschriften**. Er kann formfrei, d. h. mündlich, schriftlich oder sogar per Handschlag geschlossen werden. Den Arbeitgeber trifft aber die Verpflichtung die wesentlichen Vertragsbedingungen schriftlich niederzulegen, die Niederschrift zu unterzeichnen und dem Arbeitnehmer auszuhändigen (§ 2 Nachweisgesetz). Seit 2025 ist es nun möglich, diese Niederschrift in Textform zu verfassen und diese per E-Mail, also digital, an den Arbeitnehmer zu versenden. Hierzu gelten die in § 2 Abs. 1 Satz. 9 NachweisG genannten Fristen.
In die Niederschrift sind mindestens aufzunehmen:

- der Name und die Anschrift der Vertragsparteien,
- der Zeitpunkt des Beginns des Arbeitsverhältnisses,
- Dauer der Probezeit,
- bei befristeten Arbeitsverhältnissen: die vorhersehbare Dauer des Arbeitsverhältnisses,
- der Arbeitsort,
- die Bezeichnung oder allgemeine Beschreibung der vom Arbeitnehmer zu leistenden Tätigkeit,
- die Zusammensetzung und die Höhe des Arbeitsentgelts einschließlich der Zuschläge, Zulagen, Prämien und Sonderzahlungen sowie anderer Bestandteile des Arbeitsentgelts und deren Fälligkeit,
- die vereinbarte Arbeitszeit,
- die Dauer des jährlichen Erholungsurlaubs,
- die Fristen für die Kündigung des Arbeitsverhältnisses,
- ein in allgemeiner Form gehaltener Hinweis auf die Tarifverträge, Betriebs- oder Dienstvereinbarungen, die auf das Arbeitsverhältnis anzuwenden sind,
- der Name und die Anschrift der Vertragsparteien,
- der Zeitpunkt des Beginns des Arbeitsverhältnisses,
- Dauer der Probezeit,
- bei befristeten Arbeitsverhältnissen: die vorhersehbare Dauer des Arbeitsverhältnisses,
- der Arbeitsort
- die Bezeichnung oder allgemeine Beschreibung der vom Arbeitnehmer zu leistenden Tätigkeit,
- die Zusammensetzung und die Höhe des Arbeitsentgelts einschließlich der Zuschläge, der Zulagen, Prämien und Sonderzahlungen sowie anderer Bestandteile des Arbeitsentgelts und deren Fälligkeit,
- die vereinbarte Arbeitszeit,
- die Dauer des jährlichen Erholungsurlaubs,
- die Fristen für die Kündigung des Arbeitsverhältnisses,
- ein in allgemeiner Form gehaltener Hinweis auf die Tarifverträge, Betriebs- oder Dienstvereinbarungen, die auf das Arbeitsverhältnis anzuwenden sind.

Die Niederschrift erfüllt lediglich Beweisfunktion. Der Arbeitsvertrag ist auch dann gültig, wenn die Niederschrift nicht ausgefertigt wurde. Derzeit fordert das Gesetz noch die sog.

Schriftform, d. h., die Niederschrift muss auf einem echten Papier geschrieben und in körperlicher Form übergeben werden. Da die Digitalisierung auch vor dem Recht keinen Halt macht, wird vermehrt gefordert, statt der Schriftform die Textform zu erlauben. Damit wäre die Niederschrift auch z. B. per E-Mail möglich.

Enthält der Arbeitsvertrag eine Befristung, dann ist diese nur rechtswirksam, wenn sie schriftlich vereinbart wurde (§ 14 Abs. 4 TzBfG). Es genügt nicht, dass die Befristung in die Niederschrift des Arbeitsvertrags gem. § 2 NachwG aufgenommen wird (siehe auch 5.2).

Auch **Berufsausbildungsverträge** bedürfen zu ihrer Rechtsgültigkeit keiner Schriftform. Jedoch muss der Ausbildende unverzüglich nach Abschluss des Vertrags seinen wesentlichen Inhalt schriftlich niederlegen (§ 11 Berufsbildungsgesetz, BBiG). In der Regel wird bei Abschluss eines Berufsausbildungsvertrags ein von der zuständigen Kammer herausgegebenes Vertragsmuster verwendet. Damit ist dann zugleich die Niederschrift erfolgt. Vertrag und Niederschrift sind dann identisch.

2.3.3 Gestaltungsfreiheit

Gestaltungsfreiheit bedeutet, dass Arbeitgeber und Arbeitnehmer frei festlegen können, welchen Inhalt der Arbeitsvertrag haben soll; sie können die Arbeitsbedingungen (Arbeitsentgelt, Urlaub, Arbeitszeit) grundsätzlich frei bestimmen.

Durch Gesetz, Tarifvertrag und Betriebsvereinbarung wird die **Gestaltungsfreiheit** von Arbeitsverträgen eingeengt. Da diese Regelungen den Zweck haben, den Arbeitnehmer zu schützen, darf davon zugunsten der Arbeitnehmer abgewichen werden (siehe 1.4).

Vom Gesetz abweichende Regelungen im Arbeitsvertrag

Nach § 3 Bundesurlaubsgesetz hat jeder Arbeitnehmer Anspruch auf jährlich 24 Urlaubstage. Den Vertragspartnern ist es nicht verboten, 26 Urlaubstage zu vereinbaren. Die Vereinbarung von 20 Urlaubstagen wäre unwirksam.

2.4 Pflichten und Rechte aus dem Arbeitsvertrag

Der Arbeitsvertrag ist ein gegenseitiger Vertrag. Wie bei jedem gegenseitigen Vertrag ergeben sich aus diesem für beide Parteien Rechte und Pflichten.

Insgesamt können die Pflichten in sog. Haupt- und Nebenpflichten unterteilt werden. Die Hauptpflichten ergeben sich dabei regelmäßig aus dem Vertrag selbst. Die Nebenpflichten sind eher allgemeine Anforderungen, die bei Schuldverhältnissen üblich sind.

2.4.1 Pflichten und Rechte des Arbeitnehmers

Hauptpflichten des Arbeitnehmers sind u. a.
- die Arbeitspflicht und
- die Pflicht zur Einhaltung der Arbeitszeit

Arbeitspflicht

Arbeitnehmer haben ihre Arbeitsleistung persönlich zu erbringen. Sie ist eine höchstpersönliche Verpflichtung und kann grundsätzlich nicht durch Dritte erfüllt werden (§ 613 BGB). Der Umfang der Arbeitspflicht ist in der Regel im Arbeitsvertrag festgelegt (z. B. 40 Std./Woche).

Innerhalb des Rahmens, den der Arbeitsvertrag vorgibt, kann der Arbeitgeber Einzelanweisungen geben, welche die Arbeitnehmer zu befolgen haben (Weisungsbefolgungspflicht, § 106 GewO, § 315 BGB). Aufgrund des Weisungsrechts (Direktionsrecht) kann ein Arbeitgeber den Arbeitnehmern aber nur Arbeiten auftragen, die im Rahmen des Arbeitsvertrags nach der allgemeinen Verkehrsauffassung gefordert werden können. Je enger und präziser also die geschuldete Tätigkeit im Arbeitsvertrag umschrieben ist, desto begrenzter ist auch das Weisungsrecht des Arbeitgebers.

Weitere Grenzen setzen die Arbeitsschutzbestimmungen und die Betriebsvereinbarungen. Insbesondere auch das durch Art. 2 des Grundgesetzes geschützte Persönlichkeitsrecht des Arbeitnehmers setzt dem Direktionsrecht Grenzen (Beispiel: unangemessene Weisungen, die die Kleidung oder den Haarschnitt betreffen).

Beispiele für

- Arbeiten, die nach der Verkehrsauffassung unzumutbar sind:
  - Fahren eines Lieferwagens durch einen kaufmännischen Angestellten
  - Tätigkeit als Autoverkäufer durch den Lohnbuchhalter eines Autohauses
- Arbeiten, die nach der Verkehrsauffassung zumutbar sind:
  - Aufräumen seines Arbeitsplatzes durch einen Schlossergesellen
  - Pflege seines Kraftfahrzeuges durch einen Kraftfahrer

Einhaltung der Arbeitszeit

Arbeitnehmer haben die Arbeitszeiten zu beachten. Dabei darf nicht zu wenig, aber auch nicht zu viel gearbeitet werden. Es geht hierbei weniger um das Problem der am Tag erlaubten maximalen Arbeitszeit gemäß Arbeitszeitgesetz.

Arbeitet ein Arbeitnehmer nicht wie vereinbart, kann ein Fall des Arbeitszeitbetrugs vorliegen. z. B. wenn Arbeitnehmer weniger arbeiten als geschuldet, aber „so tun“ als hätten sie die Zeit eingehalten. Aber auch das absichtliche Überziehen der Arbeitszeit um Überstunden zu erhalten ist nicht gestattet.

Zu den **Nebenpflichten** des Arbeitnehmers gehören:

- Treuepflicht
- Sorgfaltspflicht

Treuepflicht

Die Treuepflicht bedeutet für Arbeitnehmer, dass sie die Interessen seines Arbeitgebers wahrnehmen und sich für den Erfolg des Betriebes einsetzen sollen. Am wichtigsten in diesem Zusammenhang sind die Verschwiegenheitspflicht und das Geheimhalten von Betriebsgeheimnissen.

Der Verrat von Geschäftsgeheimnissen wird nach § 17 des Gesetzes gegen den unlauteren Wettbewerb (UWG) mit Freiheits- oder Geldstrafen bedroht. Auch das Verbot zur Annahme von Schmiergeld gehört hier dazu.

Ein weiterer Aspekt ist das Wettbewerbsverbot. Arbeitnehmer dürfen, ohne weitere Absprache, neben ihrer Tätigkeit im Geschäftszweig ihres Arbeitgebers kein eigenes Unternehmen führen und weder für eigene noch für fremde Rechnung Geschäfte betreiben, noch Konkurrenzunternehmen mit Rat unterstützen. Das gesetzliche Wettbewerbsverbot für kaufmännische Angestellte gilt für die Zeitdauer des Arbeitsverhältnisses und ist in den §§ 60 und 61 HGB geregelt; für die Zeit nach Beendigung des Arbeitsverhältnisses kann gem. §§ 74, 74a und 74b HGB ein vertragliches Wettbewerbsverbot vereinbart werden. Die Vereinbarung eines solchen „nachvertraglichen Wettbewerbsverbots“ muss aber die Grenzen einhalten, die durch die §§ 74 ff. HGB vorgegeben werden. Beispielsweise muss die zeitliche Höchstdauer von zwei Jahren eingehalten werden und die „Karenzentschädigung“, die der Arbeitnehmer erhält, muss eine bestimmte

Mindesthöhe haben. In der Praxis wird gegen diese rechtliche Vorgabe häufig verstoßen. Für andere (nicht kaufmännisch beschäftigte) Arbeitnehmer gibt es keine spezielle Regelung. Für diese Arbeitnehmer ergibt sich das Wettbewerbsverbot unmittelbar aus der Treuepflicht.

Sorgfaltspflicht

Die Sorgfaltspflicht kann auch Rücksichtnahmepflicht genannt werden. Arbeitnehmer haben u. a. auf das Eigentum des Arbeitgebers Rücksicht zu nehmen. Das bedeutet z. B. der sorgsame und sparsame Umgang mit Material oder Werkzeug. In diesem Zusammenhang stellt sich regelmäßig die Frage, ob Arbeitnehmer zu Schadensersatz herangezogen werden können.

Exkurs: Schadenersatzpflicht (Arbeitnehmerhaftung)

Beschädigen Arbeitnehmer Sachen des Arbeitgebers (Material, Maschinen usw.), müssen sie für diese schuldhafte Pflichtverletzung haften. Eine schuldhafte Pflichtverletzung liegt nicht nur bei vorsätzlichem, sondern auch bei fahrlässigem Handeln vor (§ 276 BGB). Selbst bei nur leichter Fahrlässigkeit, also wenn der Arbeitnehmer auch nur geringfügig die erforderliche Sorgfalt außer Acht gelassen hat, müsste er für den Schaden einstehen. Für einen Arbeitnehmer würde dieser Maßstab aber zu einem unüberschaubaren Risiko führen.

Der Arbeitgeber hat die Möglichkeit, sich gegen dieses Risiko zu versichern; er kann die durch Schadensfälle entstehenden Kosten auch auf die Abnehmer seiner Produkte abwälzen. Da der Arbeitnehmer diese Möglichkeiten nicht hat, hätte er bei unbeschränkter Arbeitnehmerhaftung an den Folgen einer leichten Unaufmerksamkeit bis an sein Lebensende zu tragen. Deshalb hat die Rechtsprechung des Bundesarbeitsgerichts die Haftung der Arbeitnehmer für alle betrieblich verursachten Schäden der Höhe nach eingeschränkt.

Arbeitnehmerhaftung bei grober Fahrlässigkeit
Janine Smith ist als Kraftfahrerin bei einer Baustoffgroßhandlung beschäftigt. Sie verursacht einen Verkehrsunfall, weil sie trotz Rotlicht in einen Kreuzungsbereich einfährt. Der Arbeitgeber verlangt von Frau Smith Schadenersatz für den zerstörten Lastwagen in Höhe von 70 000,00 €.
Trotz grober Fahrlässigkeit ist die Haftung von Frau Smith angemessen zu beschränken, um eine lebenslange Verschuldung zu verhindern.

- Hat der Arbeitnehmer den Schaden vorsätzlich verursacht, ist er dem Arbeitgeber zum Schadensersatz verpflichtet.
- Hat der Arbeitnehmer den Schaden grob fahrlässig oder gar vorsätzlich verursacht, ist er dem Arbeitgeber zum Schadenersatz in voller Höhe verpflichtet. Bei grob fahrlässigem Verhalten kann die Haftung des Arbeitnehmers ausnahmsweise eingeschränkt sein. Dies ist z. B. der Fall, wenn der Arbeitgeber das Schadensrisiko durch eigenes Verhalten erhöht hat oder wenn der Schaden das Bruttoarbeitsentgelt um ein Vielfaches übersteigt.
- Bei mittlerer Fahrlässigkeit wird der Schaden zwischen Arbeitgeber und Arbeitnehmer aufgeteilt. In welcher Höhe der Arbeitnehmer für den von ihm verursachten Schaden Ersatz zu leisten hat, hängt von den konkreten Umständen des Einzelfalles ab. Folgende Umstände sollen Beachtung finden:
  - Größe der mit der Arbeit verbundenen Gefahr (Gefahrgeneigtheit der Arbeit),
  - Grad des dem Arbeitnehmer zur Last fallenden Verschuldens,
  - Höhe des Arbeitsentgelts,
  - sonstige mit der Leistungsfähigkeit des Arbeitnehmers zusammenhängende Umstände (Unterhaltspflichten, Alter, Dauer der Betriebszugehörigkeit).
- Bei leichter Fahrlässigkeit ist der Arbeitnehmer nicht haftbar.

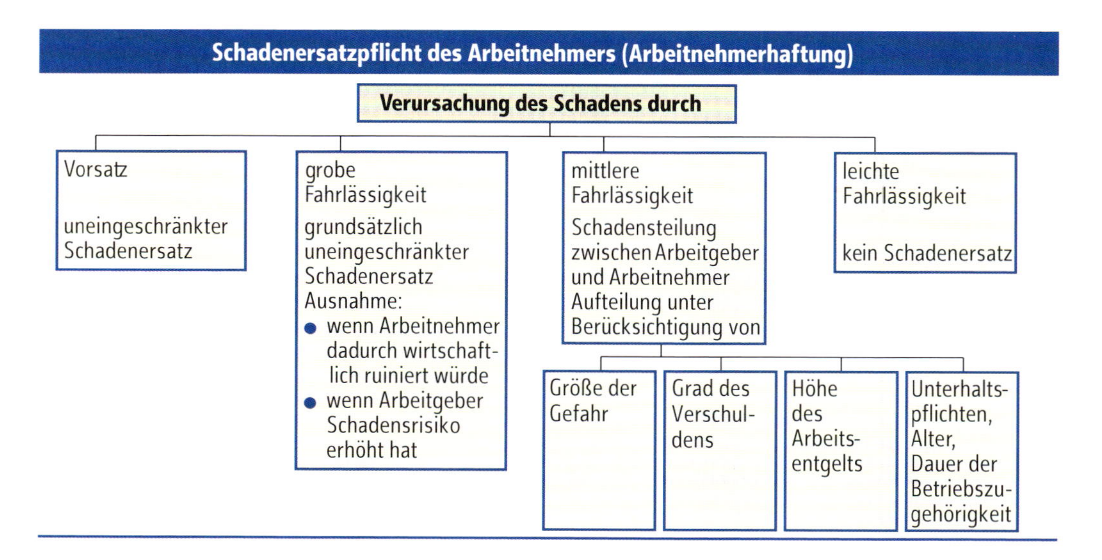

2.4.2 Pflichten und Rechte des Arbeitgebers

Auch die Arbeitgeber haben Pflichten zu erfüllen, die sich in Haupt- und Nebenpflichten unterteilen lassen. Einige der **Hauptpflichten** sind:

Vergütungspflicht

Die Vergütungspflicht (Lohnzahlungspflicht, Entgeltzahlungspflicht) ist die Hauptpflicht der Arbeitgeber (§ 611a Abs. 2 BGB). Wurde im Arbeitsvertrag keine Lohnvereinbarung getroffen, gilt die „übliche Vergütung" (§ 612 Abs. 2 BGB) als vereinbart.

Seit dem 1. Januar 2024 gilt ein gesetzlicher Mindestlohn in Höhe von 12,41 € pro Zeitstunde. Zum 1. Januar 2025 steigt er auf 12,82 €. Die Vertragsfreiheit ist also insoweit eingeschränkt, als sich Arbeitgeber und Arbeitnehmer nicht auf einen geringeren Lohn einigen können und der Arbeitnehmer auch nicht wirksam auf seinen Anspruch verzichten kann. Eine Mindestlohnkommission, in der die Gewerkschaften ebenso wie die Arbeitgeber vertreten sind, berät über erforderliche Anpassungen des Mindestlohns. Von dem Mindestlohn gibt es nur wenige Ausnahmen z. B. für Pflichtpraktika im Rahmen einer Ausbildung mit einer Dauer von nicht mehr als zwölf Wochen, für Auszubildende und Ehrenamtliche. Der Gleichheitssatz des Grundgesetzes und §§ 1 ff. AGG verbieten es, dass Frauen bei gleicher oder gleichwertiger Arbeit ein geringerer Lohn gezahlt wird.

Der Arbeitsvertrag ist ein gegenseitiger Vertrag, bei dem Leistung und Gegenleistung in einem ausgeglichenen Verhältnis zueinander stehen. Daraus folgt grundsätzlich, dass der Arbeitgeber ohne Arbeitsleistung des Arbeitnehmers keinen Lohn zu zahlen hat. Der Arbeitsvertrag ist aber nicht irgendein gegenseitiger Vertrag, wie z. B. der Kaufvertrag, sondern ein Vertrag mit starkem persönlichen und sozialen Bezug. Der Grundsatz „Ohne Arbeit kein Lohn" wurde deshalb vom Gesetzgeber mit zahlreichen Einschränkungen versehen.

Ein Arbeitnehmer hat im Falle einer unverschuldeten Krankheit Anspruch auf Arbeitsentgelt für die Zeit der Arbeitsunfähigkeit bis zur Dauer von sechs Wochen. Das Entgeltfortzahlungsgesetz (§ 4) schreibt vor, dass der Arbeitnehmer in dieser Zeit 100 Prozent des Arbeitsentgeltes erhält, das ihm in der regelmäßigen Arbeitszeit zugestanden hätte. Dabei werden Überstundenvergütungen nicht berücksichtigt. Wird der Arbeitnehmer wegen derselben Krankheit erneut arbeitsunfähig, dann erhält er erneut für die Dauer von sechs Wochen seinen Lohn gezahlt, wenn er vor der erneuten Arbeitsunfähigkeit mindestens sechs Monate nicht infolge derselben Krankheit arbeitsunfähig war (§ 3 Entgeltfortzahlungsgesetz, EntgFG). Verschuldet ist eine Krankheit im Sinne des Arbeitsrechts dann, wenn sie auf einen groben Verstoß gegen das von einem verständigen Menschen im eigenen Interesse zu erwartende Verhalten zurückzuführen ist.

Beispiel: Ein Arbeitnehmer setzt sich betrunken in sein Fahrzeug und verursacht einen Unfall. Dabei verletzt er sich und fällt für den Arbeitgeber aus.

Bei Sportunfällen ist die Rechtsprechung hingegen recht großzügig. Sport dient grundsätzlich der Erhaltung der Arbeitskraft, selbst wenn die Sportart eine gewisse Gefahr und ein Verletzungsrisiko mitbringt. Solange sich der Arbeitnehmer hier an die geltenden Regeln der Sportart hält, wird er arbeitsrechtlich grundsätzlich keine Probleme bekommen. Maßgeblich ist also, wie der Arbeitnehmer sich im Einzelfall verhalten hat. Der Arbeitnehmer hat dem Arbeitgeber die Arbeitsunfähigkeit und deren voraussichtliche Dauer unverzüglich anzuzeigen. Dauert die Arbeitsunfähigkeit länger als drei Tage, ist am darauffolgenden Arbeitstag, also spätestens am vierten Tag der Erkrankung, eine ärztliche Bescheinigung vorzulegen (§ 5 EntgFG). Der Arbeitgeber kann die ärztliche Bescheinigung jedoch auch bereits zu einem früheren Zeitpunkt verlangen.

Beschäftigungspflicht

Arbeitnehmer haben nicht nur die Pflicht, sondern auch das Recht auf Beschäftigung im Betrieb. Diese Beschäftigungspflicht besteht für den Arbeitgeber grundsätzlich auch dann noch, wenn er eine Kündigung ausgesprochen hat. Der Arbeitgeber erfüllt seine Pflicht nicht schon dadurch vollständig, dass er nach einer Kündigung den Lohn weiter bezahlt.

Zu den wichtigsten **Nebenpflichten** gehört für die Arbeitgeber:

Fürsorgepflicht

Die Fürsorgepflicht verlangt vom Arbeitgeber, Arbeitsräume, Arbeitsmittel und Arbeitsablauf so zu gestalten, dass die Arbeitnehmer gegen Gefahren für Leben und Gesundheit so weit geschützt sind, wie die Natur des Betriebs und der Arbeit es gestatten. Der Arbeitgeber muss alle im Interesse und zum Wohl der Arbeitnehmers erlassenen Rechtsvorschriften beachten. Außerdem hat der Arbeitgeber Schutzpflichten für die vom Grundgesetz für jeden Menschen anerkannten Persönlichkeitsrechte.

Pflicht des Arbeitgebers zum Schutz von Persönlichkeitsrechten
- Schutz vor ungerechter Behandlung durch Vorgesetzte,
- Schutz vor rechtswidrigen Handlungen von Arbeitskollegen,
- Schutz vor heimlichem Abhören von Telefongesprächen.

Dem Prinzip der Fürsorgepflicht entspringen z. B. auch die gesetzlichen Regelungen zur Urlaubsgewährung und zum Mutterschutz.

Gleichbehandlungspflicht

Die Gleichbehandlungspflicht verbietet die willkürliche Schlechterstellung einzelner Arbeitnehmer aus sachfremden Gründen. Zum Beispiel dürfen einzelne Arbeitnehmer nicht ausgenommen werden, wenn der Lohn wegen steigender Lebenshaltungskosten angehoben wird (§ 75 Abs. 1 BetrVG).

Informations- und Anhörungspflicht

Arbeitnehmer haben das Recht auf Anhörung in allen Angelegenheiten, die ihre Person betreffen.

Zeugniserteilungspflicht

Bei Ausscheiden aus dem Arbeitsverhältnis haben Arbeitnehmer das Recht, die Ausstellung eines qualifizierten Zeugnisses zu verlangen.

Beispiel für einen Arbeitsvertrag mit einem leitenden Angestellten

ANSTELLUNGSVERTRAG

Zwischen Firma Südtex GmbH, Tübinger Str. 8, 72762 Reutlingen
(zukünftig „Gesellschaft“ genannt)
und Herrn Gustav Klotz, Am Sandholz 28, 42119 Wuppertal

§ 1 Vertragsgegenstand

1. Die Gesellschaft stellt Herrn Klotz mit Wirkung vom 1. März . . als Produktmanager an.
2. Die Gesellschaft behält sich vor, Herrn Klotz andere, seinen Kenntnissen, Fähigkeiten und Erfahrungen entsprechende Aufgaben zu übertragen, soweit dies unter Berücksichtigung aller Umstände zumutbar ist.

§ 2 Aufgaben

Die Aufgaben sind in der beiliegenden Stellenbeschreibung definiert.

§ 3 Pflichten

Herr Klotz führt die ihm übertragenen Aufgaben mit der erforderlichen Sorgfalt nach bestem Wissen und Gewissen aus. Er hat die Interessen der Gesellschaft nach besten Kräften zu wahren.

§ 4 Nebentätigkeit

1. Herr Klotz wird seine ganze Arbeitskraft und alle seine fachlichen Kenntnisse und Erfahrungen der Gesellschaft widmen.
2. Die Übernahme einer entgeltlichen oder unentgeltlichen Nebentätigkeit, von Aufsichtsrats-, Beirats- oder ähnlichen Mandaten sowie von Ehrenämtern im beruflichen Bereich bedarf der vorherigen schriftlichen Zustimmung der Gesellschaft.

§ 5 Geheimhaltung

1. Herr Klotz ist darüber unterrichtet, dass Informationen über künftige Erzeugnisse sowie über Lieferanten und Kunden der Gesellschaft eines besonders wirksamen Schutzes bedürfen, weil der Gesellschaft großer Schaden droht, wenn diese Informationen Unbefugten, insbesondere Wettbewerbern, bekannt werden.
2. Herr Klotz verpflichtet sich deshalb, alle ausdrücklich als vertraulich bezeichneten Umstände sowie in jedem Fall alle Informationen über neue Erzeugnisse, Kollektionen, Kunden, Lieferanten und über die Vertriebsorganisation vor allen Unbefugten streng geheim zu halten.
3. Herr Klotz verpflichtet sich ferner, keinerlei betriebliche Unterlagen, insbesondere Produktionsunterlagen, Kalkulationen, Produktionsstätten-Verzeichnisse usw., unbefugten Personen zugänglich zu machen.

4. Für den Fall einer Verletzung der Geheimhaltungspflicht gem. Abs. 2 und 3 verpflichtet sich Herr Klotz zur Zahlung einer Vertragsstrafe von mindestens des doppelten Betrages seiner monatlichen Bezüge. Die Geltendmachung eines über diesen Betrag hinausgehenden Schadens bleibt der Gesellschaft ausdrücklich vorbehalten.

5. Die Verpflichtungen gem. Abs. 2 bis 4 bleiben auch nach Beendigung des Anstellungsvertrags bestehen. Außerdem sind bei Beendigung des Arbeitsverhältnisses alle betrieblichen Arbeitsunterlagen an den Vorgesetzten zurückzugeben.

§ 6 Vergütung

1. Herr Klotz erhält ein jährliches Bruttogehalt von 60 000,00 € (in Worten: sechzigtausend), das in 12 gleichen Monatsraten jeweils am Monatsende zur Auszahlung gelangt.

2. Mit der Vergütung ist die gesamte Tätigkeit von Herrn Klotz für die Gesellschaft abgegolten. Anspruch auf eine Vergütung von Mehrarbeit besteht nicht.

§ 7 Urlaub

Herr Klotz hat Anspruch auf einen jährlichen Erholungsurlaub von 30 Tagen. Der Zeitpunkt des Urlaubs ist unter Berücksichtigung des Interesses der Gesellschaft zu bestimmen.

§ 8 Bezüge bei Verhinderung, Tod

Ist Herr Klotz durch Krankheit oder andere unverschuldete Gründe an der Ausübung seiner Tätigkeit gehindert, so wird ihm die Vergütung gem. § 6 bis zur Dauer von insgesamt drei Monaten bezahlt.

§ 9 Dauer des Vertrags, Kündigung

1. Das Arbeitsverhältnis beginnt spätestens am 1. März . . und endet spätestens mit Erreichen des gesetzlichen Rentenalters.

2. Vor Beginn des Anstellungsverhältnisses ist die ordentliche Kündigung ausgeschlossen.

3. Der Vertrag ist frühestens ein Jahr nach Beginn des Arbeitsverhältnisses kündbar.

§ 10 Wettbewerbsverbot

1. Während der Dauer dieses Vertrags ist Herrn Klotz untersagt, sich in irgendeiner Weise an einem anderen Unternehmen, welches mit der Gesellschaft in Wettbewerb steht, zu beteiligen oder für ein solches Unternehmen in irgendeiner Form tätig zu sein.

2. Wenn das Anstellungsverhältnis über 12 Monate hinaus besteht, ist Herr Klotz verpflichtet, nach Beendigung des Anstellungsverhältnisses jede berufliche oder geschäftliche Tätigkeit zu unterlassen, welche der Gesellschaft Konkurrenz machen würde.

3. Die Verpflichtung gem. Abs. 2 gilt für 12 Monate ab Beendigung des Anstellungsverhältnisses und für das Gebiet Bundesrepublik Deutschland.

4. Während der Dauer des Wettbewerbsverbots gem. Abs. 2 zahlt die Gesellschaft Herrn Klotz eine Entschädigung in Höhe von 70% der von ihm zuletzt bezogenen vertragsmäßigen Vergütung auf sein Grundgehalt, ohne Berücksichtigung von Prämien, Tantiemen oder sonstigen Sonderzahlungen.

§ 11 Schlussbestimmung

1. Herr Klotz steht außerhalb des Geltungsbereichs der einschlägigen Mantel- und Gehaltstarifverträge. Herr Klotz gehört zu den leitenden Angestellten des Unternehmens nach § 5 Abs. 3 des Betriebsverfassungsgesetzes.

2. Änderungen und Ergänzungen dieses Vertrags bedürfen der Schriftform.

3. Sollte eine der Bestimmungen dieses Vertrags ungültig sein oder werden, so berührt dies die Gültigkeit der übrigen Bestimmungen dieses Vertrags nicht. Die ungültigen Bestimmungen sollen durch gültige ersetzt werden, mit denen der Zweck der ungültigen Bestimmung, soweit zulässig, möglichst erreicht wird.

4. Erfüllungsort und Gerichtsstand ist der Sitz der Gesellschaft.

Reutlingen, den 5. Februar ..

Aufgaben

1 Fragerecht des Arbeitgebers bei der Begründung eines Arbeitsverhältnisses

Entscheiden Sie, ob die folgenden Fragen des Arbeitgebers beim Vorstellungsgespräch zulässig sind und daher vom Bewerber beantwortet werden müssen. Begründen Sie Ihre Entscheidung!

(A) Frage nach der Note der kaufmännischen Abschlussprüfung,
(B) Frage nach der Parteizugehörigkeit,
(C) Frage nach einer Schwerbehinderung,
(D) Frage, ob aus einem früheren Arbeitsverhältnis noch ein vertragliches Wettbewerbsverbot besteht,
(E) Frage nach bestehenden Schulden,
(F) Frage nach Vorstrafen,
(G) Frage nach einer bestehenden Schwangerschaft,
(H) Frage nach besonderen Kenntnissen,
(I) Frage nach der Religionszugehörigkeit.

2 Rechte und Pflichten eines Arbeitnehmers

Klaus Schreiber, 40 Jahre alt, ist kaufmännischer Angestellter der Sanitär-Großhandlung Paul Tiemann und Söhne.

a) Schreiber ist Mitglied der Dienstleistungsgewerkschaft ver.di. Verletzt er seine Treuepflicht, wenn er einen Streikaufruf seiner Gewerkschaft befolgt?
b) Darf Schreiber nebenberuflich für eine Zeitung als Abonnentenwerber tätig sein?
c) Da der Fahrer erkrankt ist, wird Schreiber von der Geschäftsleitung angewiesen, den Lieferwagen zu fahren und eine Badezimmereinrichtung zu einer Baustelle zu bringen. Muss er diese Weisung befolgen?
d) Schreiber macht durch einen Bedienungsfehler am PC die Daten auf der Festplatte unlesbar. Der Sanitär-Großhandlung entsteht dadurch ein Schaden in Höhe von 1000,00 €. Kann Schreiber verpflichtet werden, den Schaden zu ersetzen?

3 Entgeltfortzahlung

Silva Heyer ist als Automechanikerin bei der Duisburger Autohof GmbH beschäftigt. Sie ist leidenschaftliche Motorrennsportlerin und beteiligt sich häufig an Rennen. Bei einem Motorrad-Querfeldeinrennen wird sie durch Verschulden einer anderen Teilnehmerin schwer verletzt. Sie ist zwei Jahre lang berufsunfähig.

Prüfen Sie, ob und wie lange Heyer Anspruch auf Entgeltfortzahlung durch den Arbeitgeber hat!

4 Grenzen der Gestaltungsfreiheit bei Arbeitsverträgen

Frau Hanke ist als Buchhalterin in einem Supermarkt beschäftigt. Ihr Arbeitsvertrag enthält u. a. die unten stehenden Regelungen.

Entscheiden Sie, welche dieser Regelungen

[1] gültig sind,

[2] ungültig sind.

(A) Frau Hanke erklärt sich bereit, bei Personalknappheit aushilfsweise auch an einer Kasse des Supermarktes tätig zu sein.

(B) Frau Hanke sichert in dem Vertrag zu, dass sie sich an keinem Streik beteiligt, der gegen das Unternehmen gerichtet ist. Sie erhält für diesen Verzicht eine zusätzliche monatliche Zahlung von 50,00 €.

(C) Frau Hanke verpflichtet sich, nicht selbstständig Geschäfte zu betreiben und auch keine nebenberuflichen Arbeiten zu übernehmen.

Wiederholungsfragen

1. Was versteht man unter einem Arbeitsverhältnis?
2. Nennen Sie Möglichkeiten zur Anbahnung eines Arbeitsverhältnisses!
3. Welcher Grundsatz gilt für das Fragerecht des Arbeitgebers vor Begründung eines Arbeitsverhältnisses?
4. Wodurch wird das Arbeitsverhältnis begründet?
5. In welchen Fällen bedarf der Abschluss eines Arbeitsvertrags einer besonderen Zustimmung?
6. Wodurch kommt das Berufsausbildungsverhältnis zustande?
7. Welche Pflichten hat der Arbeitnehmer aus dem Arbeitsvertrag?
8. In welchen Fällen haftet der Arbeitnehmer für Schäden, die er verursacht?
9. Welche Pflichten hat der Arbeitgeber aus dem Arbeitsvertrag?
10. In welchen Fällen hat der Arbeitgeber eine Entgeltfortzahlungspflicht, obwohl vom Arbeitnehmer keine Arbeit geleistet wird?

3 Beendigung des Arbeitsverhältnisses

3.1 Gründe für die Beendigung des Arbeitsverhältnisses

Arbeitsverhältnisse können auf unterschiedliche Art bzw. durch verschiedene Gründe beendet werden.

Gründe für die Beendigung des Arbeitsverhältnisses				
zukünftig				**rückwirkend**
Zeitablauf oder Zweckerreichung des Arbeitsvertrags	Einvernehmliche Aufhebung des Arbeitsvertrags	Tod des Arbeitnehmers	Kündigung des Arbeitsvertrags	Anfechtung des Arbeitsvertrags

Die genannten Gründe beenden das Arbeitsverhältnis i.d.R. für die Zukunft. Eine Ausnahme bildet die **Anfechtung**, welche das Arbeitsverhältnis rückwirkend beendet. Wie jede andere Willenserklärung auch kann die Erklärung zum Abschluss eines Arbeitsvertrages angefochten werden. Gründe dafür können Irrtümer die Person des Arbeitnehmers betreffend sein (z.B. der Arbeitnehmer hat die nötige Qualifikation nicht). Der Hauptgrund ist aber die arglistige Täuschung. Ein Arbeitnehmer lügt den Arbeitgeber bei einer berechtigten Frage an oder spielt falsche Tatsachen vor.

Beispiel: der Arbeitgeber fragt den angehenden Kassierer, ob er wegen Vermögensstraftaten (wie Unterschlagung oder Betrug) vorbestraft ist. Der Arbeitnehmer verneint dies. Nachdem der Arbeitgeber ein Führungszeugnis angefordert hat, stellt sich heraus, dass der Arbeitnehmer zu acht Monaten auf Bewährung wegen Diebstahl verurteilt wurde.

Nach der Anfechtung ist der Arbeitsvertrag von Anfang an nichtig. Dies bedeutet im Arbeitsrecht, dass der Vertrag ab sofort nicht mehr gültig ist. Bis dahin geleistete Arbeit wird noch entlohnt, aber eine Weiterbeschäftigung gibt es nicht. Bei einer Beendigung durch Täuschung könnten sogar Schadenersatzforderungen auf den Arbeitnehmer zukommen, z. B. die Kosten für ein neues Bewerbungsverfahren.

Das Arbeitsverhältnis kann aufgrund des Arbeitsvertrags von vornherein in seiner zeitlichen Dauer begrenzt sein. Dann endet es, ohne dass es einer Kündigung bedarf, durch **Zeitablauf** oder **Zweckerreichung**. Näheres hierzu unter 5.2 – Das Befristete Arbeitsverhältnis.

Neben der klassischen Kündigung wird das Arbeitsverhältnis häufig durch einen Vertrag beendet. Dieser ist gem. § 623 BGB schriftlich abzufassen und wird Aufhebungsvertrag genannt.

Zu bedenken ist aber, dass ein solcher Vertrag für den Arbeitnehmer zu einer Sperrfrist gem. § 159 SGB III bezüglich seines Arbeitslosengeldanspruchs führen kann. Der Arbeitnehmer hat schließlich den Verlust des Arbeitsplatzes selbst „verschuldet“.

Meistens bekommen die Arbeitnehmer einen Anreiz zur Aufhebung durch die Zahlung einer Abfindung. Die soll zum einen eine eventuelle Sperre durch die Bundesagentur für Arbeit überbrücken, zum anderen die Entscheidungsfindung erleichtern. Hier ist Vorsicht geboten! Insbesondere ist zu beachten, dass diese Abfindungen grundsätzlich nicht steuerfrei nach dem Einkommensteuergesetz (EStG) sind.

Interessant ist ein solches Vorgehen vor allem bei Arbeitnehmer, die man nicht „normal“ kündigen könnte. Grund für die Unkündbarkeit könnte eine Regelung in einem Tarifvertrag sein, die bestimmt, dass „ein Arbeitnehmer der das 45. Lebensjahr vollendet hat, mit einer Betriebszugehörigkeit von 15 Jahren“, nicht mehr ordentlich kündbar ist.

3.2 Sonderfälle, die das Arbeitsverhältnis nicht beenden

Tod des Arbeitgebers: Verstirbt der Arbeitgeber, wird das Arbeitsverhältnis mit den Erben zunächst fortgesetzt.

Erreichen des Rentenalters: Die meisten Arbeitsverträge enthalten die Klausel, dass ein Arbeitsverhältnis mit Erreichen dieser Grenze endet. Es liegt somit eine sachlich gerechtfertigte Befristung vor, die nach europäischem Recht zulässig und keine Diskriminierung wegen Alters ist. Wurde aber hierzu keine Regelung getroffen (oder steht in einem Tarifvertrag dazu nichts), endet das Arbeitsverhältnis nicht automatisch.

Insolvenz des Arbeitgebers: ist der Arbeitgeber zahlungsunfähig, steht dem Insolvenzverwalter ein Kündigungsrecht zu. Eine außerordentliche Kündigung ist nicht möglich, wohl aber eine ordentliche, mit einer einheitlichen Kündigungsfrist von maximal 3 Monaten zum Monatsende. Diese Frist gilt auch, wenn durch Gesetze eigentlich eine längere Frist einschlägig wäre.

Inhaberwechsel: wird der Betrieb verkauft, nutzt der **neue Inhaber** dies oft zu Restrukturierungen. Die Arbeitsverhältnisse enden aber dadurch nicht automatisch, sondern werden mit dem neuen Inhaber zu den alten Konditionen weitergeführt.

3.3 Die Kündigung des Arbeitsverhältnisses

3.3.1 Wesen der Kündigung

Die **Kündigung** ist eine einseitige, empfangsbedürftige Willenserklärung. Es genügt also die Erklärung von nur einer Partei, dass sie das Verhältnis nicht mehr fortsetzen will. Diese Erklärung muss zur Wirksamkeit aber der anderen Person zugehen (empfangen werden). Zugang bedeutet, dass die Kündigung derart in den Machtbereich des Empfängers gelangt sein muss, dass dieser unter gewöhnlichen Umständen von ihrem Inhalt Kenntnis erlangen kann. Der „Machtbereich“ ist z.B. der Briefkasten der Arbeitnehmer. Der Kündigungsbrief wird hier eingelegt. Üblicherweise leert man den Briefkasten am frühen Nachmittag. Wird der Brief erst nach 16 Uhr eingelegt, geht man üblicherweise von einem Zugang am nächsten Tag aus. Natürlich ist die Kündigung ebenfalls im „Machtbereich“ des zu Kündigenden, wenn sie ihm direkt übergeben wird. Wichtig ist, dass es nicht darauf ankommt, dass die gekündigte Person den Brief wirklich gelesen hat. Daher heißt es auch, dass der Empfänger Kenntnis nehmen kann – nicht dass er es muss.

In Betrieben mit einem Betriebsrat, ist dieser vor jeder Kündigung zunächst anzuhören. Wird dies missachtet, ist die Kündigung bereits formal unwirksam.

Eine weitere wichtige Voraussetzung ist, dass eine schriftliche Kündigungserklärung abgegeben werden muss (§ 623 BGB). Wirft der Arbeitgeber die Mitarbeiterin oder den Mitarbeiter „nur“ mündlich raus und gibt es keine schriftliche Erklärung, liegt keine Kündigung vor.

Die Kündigungserklärung muss eindeutig sein, wobei das Wort „Kündigung“ nicht verwendet werden muss. Der Empfänger muss aber eindeutig erkennen können, was gemeint ist. Schwammige Formulierungen sind daher zu vermeiden.

Insgesamt sind die ordentliche und die außerordentliche Kündigung zu unterscheiden, also eine Kündigung mit einer Kündigungsfrist oder ohne. Die entscheidende Frage ist, ob das Arbeitsverhältnis unter Einhaltung einer Kündigungsfrist beendet werden soll – oder sofort.

3.3.2 Die ordentliche Kündigung

Ordentliche Kündigung bezeichnet eine Kündigung unter Einhaltung einer Kündigungsfrist. Das bedeutet, das Arbeitsverhältnis ist nicht sofort (mit Zugang der Kündigung, s.o.) aufgelöst, sondern erst zu einem bestimmten Zeitpunkt.

3.3.2.1 Gesetzliche Kündigungsfristen

Die Kündigungsfrist selbst beträgt mindestens vier Wochen, zum 15. oder zum Monatsende (§ 622 Abs. 1 BGB). Ausnahme ist die Probezeit: Wird innerhalb der Probezeit gekündigt, beträgt die Frist nur tagesgenau zwei Wochen ab Zugang der Kündigung.

Sollte die Kündigung zugegangen, die darin beschriebene Kündigungsfrist aber zu kurz berechnet sein, so ist die Kündigung unter Umständen unwirksam. Daher sollte in einer Kündigung immer der Hinweis aufgenommen werden, dass die Kündigung hilfsweise zum nächsten möglichen Termin wirksam werden soll.

Für langjährig Beschäftigte verlängert sich die Kündigungsfrist für Kündigungen durch den Arbeitgeber wie in § 622 Abs. 2 BGB beschrieben.

Die genauen Zeiten können der unten stehenden Grafik entnommen werden.

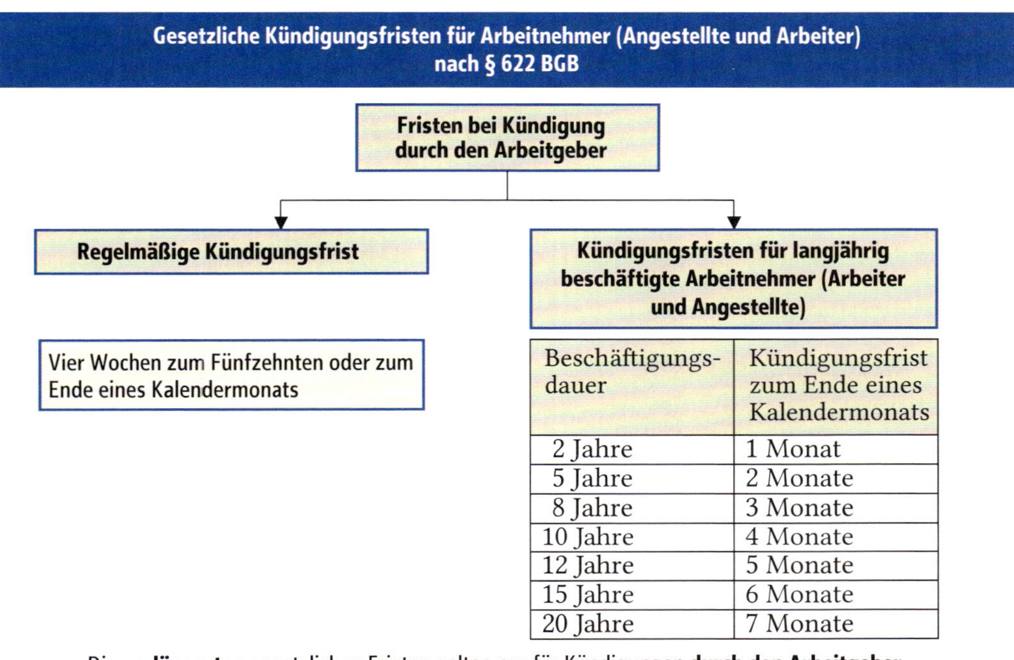

Beschäftigungs-dauer	Kündigungsfrist zum Ende eines Kalendermonats
2 Jahre	1 Monat
5 Jahre	2 Monate
8 Jahre	3 Monate
10 Jahre	4 Monate
12 Jahre	5 Monate
15 Jahre	6 Monate
20 Jahre	7 Monate

Die **verlängerten** gesetzlichen Fristen gelten nur für Kündigungen **durch den Arbeitgeber**.

Hinweis: In älteren Ausgaben des BGB hat das § 622 Abs. 1 einen Satz 2, wonach Zeiten vor der Vollendung des 25. Lebensjahres nicht mitgerechnet werden. Dieser Satz wurde nun gestrichen, war aber auch vorher schon nicht mehr anzuwenden. Dies hatte der Europäische Gerichtshof (EuGH) 2010 entschieden, da hier ein Fall der Altersdiskriminierung vorlag.

Entscheidend ist, dass diese Verlängerung der Kündigungsfrist grundsätzlich nur für den Arbeitgeber gilt. Der Arbeitnehmer hat auch bei längerem Bestand des Arbeitsverhältnisses eine Kündigungsfrist von vier Wochen zum 15. oder zum Monatsende.

3.3.2.2 Abweichende Vereinbarungen

Eine Verlängerung der Kündigungsfrist für Arbeitnehmer auf die in § 622 Abs. 2 BGB genannten Fristen (oder eine andere, im Einzelarbeitsvertrag festgelegte Frist) kann vereinbart werden (§ 622 Abs. 6 BGB). Eine Vereinbarung kann sich aus dem Arbeitsvertrag oder aus einem Tarifvertrag ergeben. Allerdings darf für Arbeitnehmer keine längere Frist als für Arbeitgeber gelten. Ein Arbeitnehmer darf nicht schlechter gestellt werden.

Kürzere Kündigungsfristen können durch den Einzelarbeitsvertrag nur vereinbart werden, wenn:

- der Arbeitgeber in der Regel nicht mehr als 20 Arbeitnehmer beschäftigt und die Kündigungsfrist vier Wochen nicht unterschreitet,
- wenn der Arbeitnehmer zur vorübergehenden Aushilfe eingestellt ist und das Arbeitsverhältnis nicht über die Zeit von drei Monaten hinaus fortgesetzt wird. (§ 622 Abs. 5 BGB).

Auch in einem anzuwendenden Tarifvertrag kann eine andere, eventuell auch schlechtere, Kündigungsfrist geregelt sein.

Auszubildende: Für Auszubildende ergeben sich die Regelungen zur Kündigung aus dem § 22 BBiG (Berufsbildungsgesetz).

Arten der Kündigungsfristen		
gesetzliche Kündigungsfristen	**tarifliche Kündigungsfristen**	**vertragliche Kündigungsfristen**
§ 622 BGB (für Auszubildende: § 22 Berufsbildungsgesetz)	(im Tarifvertrag vereinbarte Kündigungsfristen) **kürzer oder länger als die gesetzlichen Fristen möglich**	(im Einzelarbeitsvertrag vereinbarte Kündigungsfristen) **nur länger als die gesetzlichen Fristen möglich** (Ausnahmen: § 622 Abs. 5 BGB)

3.3.2.3 Kündigungsgründe

Der Kündigungsgrund muss grundsätzlich nicht angegeben werden.

Kündigt der Arbeitgeber, hat er bei einer außerordentlichen Kündigung den Grund aber auf Verlangen des gekündigten Arbeitnehmers unverzüglich schriftlich mitzuteilen (§ 626 Abs. 2 S. 3 BGB).

Ohne einen Grund sollte ein Arbeitgeber keine Kündigung aussprechen. Auch wenn er sie (bei einer ordentlichen Kündigung) nicht angeben muss, so hat er sie aber in einem anschließenden Kündigungsschutzprozess, soweit der Kündigungsschutz greift, vorzulegen. Dies wird dann für den Ausgang des Prozesses maßgeblich sein.

3.3.3 Die außerordentliche Kündigung

Eine **außerordentliche Kündigung** beendet das Arbeitsverhältnis ohne die Einhaltung einer Kündigungsfrist. Es ist immer zu fragen, ob es dem Kündigenden zumutbar ist, den Ablauf der Kündigungsfrist abzuwarten. Falls ja – dann ist die außerordentliche Kündigung ausgeschlossen.

Wichtige Gründe für außerordentliche Kündigungen	
Kündigung durch Arbeitgeber	**Kündigung durch Arbeitnehmer**
• Vorlage falscher Zeugnisse bzw. gefälschter Zeugnisse • Diebstahl, Unterschlagung, Betrug • grobe Beleidigung oder Tätlichkeit des Arbeitnehmers • unberechtigte Arbeitsverweigerung	• keine Zahlung des Arbeitsentgelts • grobe Beleidigung oder Tätlichkeit des Arbeitgebers • ernstliche Bedrohung von Leben oder Gesundheit durch das Arbeitsverhältnis

Beispiel 1: Der Arbeitnehmer schlägt den Chef während der Arbeit ins Gesicht. Er hatte sich geärgert. Der Chef möchte dem Arbeitnehmer daraufhin kündigen. Hier ist es dem Chef nicht zumutbar, die Kündigungsfrist abzuwarten. Schließlich müsste er während der Kündigungsfrist immer damit rechnen, dass er wieder geschlagen wird.

Beispiel 2: Der Arbeitnehmer kommt immer wieder zu spät zur Arbeit. Auch hier ärgert sich der Chef sehr und will dem Arbeitnehmer kündigen, da sein Verhalten auf Dauer nicht mehr tragbar ist. Dieses Fehlverhalten muss der Chef zwar nicht hinnehmen, aber es ist ihm dennoch zumutbar, dass er die Kündigungsfrist noch abwarten kann, bis das Verhältnis endgültig endet.

Wie man erkennen kann, muss für eine fristlose Kündigung ein sogenannter „wichtiger Grund" vorliegen (§ 626 Abs. 1 BGB).

Die Kündigungserklärung für eine außerordentliche Kündigung kann nur innerhalb von zwei Wochen nach Kenntniserlangung von dem wichtigen Grund erfolgen. Der zur Kündigung Berechtigte hat also eine gewisse „Entscheidungsfrist", ob er fristlos kündigen will, ordentlich kündigen will, oder ob er überhaupt kündigen möchte.

Grundsituationen der außerordentlichen Kündigung	
Eine **ordentliche Kündigung ist möglich**, jedoch ist die Einhaltung der Kündigungsfrist unzumutbar.	Für einen besonders geschützten Personenkreis ist die **ordentliche Kündigung nicht möglich**, die außerordentliche jedoch zulässig: • befristete Arbeitsverhältnisse (es sei denn, es ist im Arbeitsvertrag anders vereinbart (§ 15 Abs. 3 TzBfG)) • Berufsausbildungsverhältnisse nach der Probezeit • Mitglieder des Betriebsrats • ältere Arbeitnehmer mit tariflichem Kündigungsschutz

Exkurs: Die **Änderungskündigung** ist keine eigenständige, gesetzliche Kündigung. Mit einer Änderungskündigung werden einzelne Arbeitsbedingungen geändert. Es handelt sich um eine Kündigung verbunden mit dem Angebot das Arbeitsverhältnis unter geänderten Bedingungen fortzusetzen.

Beispiel: Der Arbeitgeber möchte den Arbeitnehmer grundsätzlich weiter beschäftigen, allerdings soll der Arbeitnehmer zukünftig weniger Stunden pro Woche arbeiten und auch weniger Gehalt erhalten. Eine Gehalts- und Stundenkürzung kann der Arbeitgeber nicht einfach anordnen. Daher muss er das alte Arbeitsverhältnis beenden und eine neues anbieten. Meistens wird dem Arbeitnehmer dies nicht so deutlich gesagt, sondern in positiven Formulierungen verschlüsselt.

Der Arbeitnehmer hat die Möglichkeit diese Änderungen anzunehmen und das Arbeitsverhältnis zu den neuen Bedingungen fortzusetzen. Er kann aber die Änderungen auch ablehnen, wobei das ursprüngliche Arbeitsverhältnis dann gekündigt ist.

Es besteht die Möglichkeit, die Änderungen unter dem Vorbehalt der Prüfung auf Gültigkeit anzunehmen, § 2 Kündigungsschutzgesetz (KSchG). Das angerufene Arbeitsgericht prüft dann, vergleichbar einer Kündigungsschutzklage, ob die Änderungen gerechtfertigt und gültig sind.

Falls die Prüfung positiv ausfällt, wird das Arbeitsverhältnis zu den neuen Bedingungen fortgesetzt. Ist das Ergebnis negativ, bleibt es für den Arbeitnehmer bei den alten Arbeitsbedingungen.

3.3.4 Die Abmahnung

Die Abmahnung ist vergleichbar mit der Gelben Karte im Fußball. Der betroffene Arbeitnehmer soll sehen und verstehen, dass der Arbeitgeber ein bestimmtes Verhalten nicht hinnehmen wird. Sollte sich dieses Verhalten wiederholen, werden stärkere Konsequenzen folgen. Ihr kommt also eine Warnfunktion zu.

Zu unterscheiden ist die Abmahnung von einer einfachen Ermahnung. Diese entspricht einer verschärften Ansprache. Sie hat arbeitsrechtlich keine Konsequenzen, soll aber zeigen, dass ein Fehlverhalten gesehen und nicht für gut befunden wurde. Da sie keine rechtlichen Folgen hat, kann hier eine unbestimmte Zahl von Ermahnungen ausgesprochen und „gesammelt" werden. Bei einer rechtsgültigen Abmahnung hat das Gegenüber das abzumahnende, nicht zu tolerierende Verhalten genau zu bezeichnen und mit der rechtlichen Folge (Kündigung) zu drohen. Der Arbeitnehmer muss genau wissen, welches Verhalten er ändern muss. (Datum – Ort – Was war – Was soll sein).

Abgemahnt werden kann nur ein Verhalten, dass grundsätzlich geändert werden kann.

Beispiele für Pflichtverletzungen im Verhaltensbereich

- zu geringe oder schlechte Arbeitsleistung
- unentschuldigtes Fehlen
- verspätetes Erscheinen am Arbeitsplatz
- Verursachung vieler Fehler
- Nichtbefolgung von Anweisungen

Auch die Rechtmäßigkeit einer Abmahnung kann durch die Arbeitsgerichte geprüft werden. Hierzu gelten aber nicht die strengen Fristen aus dem KSchG.

Eine Abmahnung muss nicht schriftlich erfolgen. Aus Gesichtspunkten der Beweisbarkeit empfiehlt sich die Schriftform aber dringend. So kann der Arbeitgeber bei einem späteren Prozess das Verhalten des Arbeitnehmers dokumentieren. Mahnt ein Arbeitgeber rechtswirksam ein Verhalten ab, kann bei wiederholtem Verhalten direkt eine Kündigung erfolgen. Die in den Köpfen vorherrschende Anzahl „3“ gilt nur bei verschiedenen Fehlverhalten.

Soweit seit der Abmahnung bereits längere Zeit vergangen ist, entfällt die Warnfunktion und es muss neu abgemahnt werden. Eine feste Zeitvorgabe gibt es gesetzlich nicht. Die Rechtsprechung geht regelmäßig von einer Zeit von ca. drei bis sechs Monaten aus.

Beispiel: Der Arbeitgeber mahnt den Arbeitnehmer ab: „Sie sind am 15.03.20xx zum wiederholten Mal nicht pünktlich (08:20 Uhr) zum Arbeitsbeginn an Ihrem Platz gewesen. Ich weise Sie nochmals darauf hin, dass Arbeitsbeginn um 08:00 Uhr und das Arbeitsende um 17:00 Uhr ist. Ein solches Verhalten werde ich nicht weiter tolerieren. Ich fordere Sie daher auf, die Arbeitszeiten zukünftig zu beachten. Sollten Sie dagegen nochmals verstoßen, werde ich weitere arbeitsrechtliche Schritte – z.B. eine Kündigung – in Betracht ziehen.“

3.3.5 Pflichten von Arbeitgeber und Arbeitnehmer bei Beendigung des Arbeitsverhältnisses

3.3.5.1 Pflichten des Arbeitgebers

Nach der Kündigung durch den Arbeitgeber, hat dieser dem Arbeitnehmer Zeit zu geben, sich eine neue Anstellung zu suchen. Das heißt, es muss dem Mitarbeiter ermöglicht werden, zu Vorstellungsgesprächen zu gehen (§ 629 BGB).

Außerdem hat jeder Arbeitnehmer einen Anspruch auf ein Arbeitszeugnis. Man unterscheidet zwischen einfachem und qualifiziertem Zeugnis. Der Anspruch ergibt sich aus § 630 BGB i.V.m. § 109 Gewerbeordnung.

Das einfache Zeugnis: ist ein reiner Tätigkeitsnachweis. Es wird lediglich bestätigt, dass der Arbeitnehmer in der Zeit von ... bis ... bei dem Unternehmen als ... beschäftigt war. Es erschöpft sich also im Grunde in einer Angabe von Daten.

Redewendungen der in der Praxis üblichen Zeugnissprache

Er/Sie hat die ihm/ihr übertragenen Aufgaben

- stets zu unserer vollen Zufriedenheit erledigt und unseren Erwartungen in jeder Hinsicht entsprochen = überdurchschnittliche Leistung
- stets zu unserer vollen Zufriedenheit erledigt = gute Leistung
- zu unserer Zufriedenheit erledigt = unterdurchschnittliche, aber ausreichende Leistung
- im Großen und Ganzen zu unserer Zufriedenheit erledigt; zu unserer Zufriedenheit zu erledigen versucht, oder führte die ihm/ihr übertragenen Leistungen mit großem Fleiß und Interesse durch = mangelhafte Leistung

Diese Redewendungen wurden in verschiedenen Urteilen des Bundesarbeitsgerichts und von Landesarbeitsgerichten in diesem Sinne ausgelegt.

Das qualifizierte Zeugnis: beinhaltet auch eine Leistungsbeschreibung und Bewertung. Es wird genauer beschrieben, was der Arbeitnehmer getan hat und auch bewertet, wie er sich dabei geführt hat. Ebenso wird sein Verhalten gegenüber Kollegen, Chefs und Kunden bewertet. Der Arbeitnehmer hat ein Wahlrecht, welche Art von Zeugnis er haben möchte. Es empfiehlt sich immer, das qualifizierte Zeugnis zu verlangen.

Das Zeugnis muss der Wahrheit entsprechen. Dennoch muss es „berufsfördernd" sein und darf die Arbeitnehmer nicht am beruflichen Vorankommen hindern.

Die Zeugnissprache ist eine eigene Sprache mit eigenen Codes und Regeln. Ein paar übliche „Redewendungen" finden sich im Schaubild.

3.3.5.2 Pflichten des Arbeitnehmers

Nach Beendigung des Arbeitsverhältnisses hat der Arbeitnehmer die Gegenstände des Arbeitgebers **zurückzugeben**. Dazu gehören z.B. Auto, Telefon, Werkzeuge usw. Entscheidend ist, dass der Arbeitnehmer die Sachen nicht selbst gekauft hat.

Die Pflicht zum **Stillschweigen** über Betriebsgeheimnisse und persönliche Daten betrifft beide Seiten unabhängig vom Arbeitsvertrag.

Teilweise ist in Arbeitsverträgen ein **Wettbewerbsverbot** geregelt, wonach ein Arbeitnehmer in einem bestimmten Zeitraum z.B. in einer bestimmten Branche nicht tätig werden darf oder generell bei einem direkten Konkurrenten keine Tätigkeit beginnen darf.

Nach den Vorschriften der §§ 74 ff. HGB, deren Wirkung von der Rechtsprechung auf alle Arbeitnehmer ausgedehnt wurde, muss eine Vereinbarung über ein Wettbewerbsverbot über das Arbeitsverhältnis hinaus

- schriftlich geschlossen werden,
- zum Schutz eines berechtigten geschäftlichen Interesses des Arbeitgebers dienen,
- auf einen Zeitraum von längstens zwei Jahren beschränkt sein,
- die Zahlung einer Entschädigung an den Arbeitnehmer vorsehen.

3.4 Der Kündigungsschutz

3.4.1 Allgemeiner Kündigungsschutz

Bei eine Kündigung haben Arbeitnehmer immer die Möglichkeit, die Rechtmäßigkeit im Rahmen eines Kündigungsschutzprozesses überprüfen zu lassen. Hier muss die Frist zur Anrufung des Arbeitsgerichts von drei Wochen ab Zugang der schriftlichen Kündigung beachtet werden.

Ob der komplette Schutzrahmen des Kündigungsschutzgesetzes (KSchG) Anwendung findet, ist zu prüfen. Fällt ein Arbeitnehmer unter den Geltungsbereich des Kündigungsschutzgesetzes, kann er nicht grundlos gekündigt werden. Damit das KSchG anwendbar ist, müssen zwei Voraussetzungen (sachlich und persönlich) vorliegen:

1. der im KSchG genannte Schwellenwert an Arbeitnehmern muss erreicht sein
2. die persönliche Wartezeit des Arbeitnehmers muss erfüllt sein

zu 1.: gem. §§ 1 Abs. 1; 23 S. 2 KSchG müssen im Betrieb regelmäßig mehr als 10 AN beschäftigt sein

zu 2.: der gekündigte Arbeitnehmer muss seit mindestens sechs Monaten im Betrieb beschäftigt gewesen sein.

Grundsätzlich ist bei einer Kündigung immer eine Interessenabwägung vorzunehmen und das sog. „ultima-ratio-Prinzip“ zu beachten.

- Interessenabwägung
  Vor einer Kündigung ist eine Interessenabwägung vorzunehmen. Die Interessen des Arbeitnehmers am Fortbestand des Arbeitsverhältnisses und das Interesse des Arbeitgebers an der Beendigung des Arbeitsverhältnisses sind gegeneinander abzuwägen.
- Ultima-ratio-Prinzip
  Kündigung ist das sog. Ultima ratio – das letzte Mittel. Da es sich hierbei um ein sehr scharfes Schwert handelt, fordert die Rechtsprechung, dass zuvor alle milderen Mittel auszuschöpfen sind.

Ein solches milderes Mittel könnte die Abmahnung sein.

3.4.1.1 Die sozial ungerechtfertigte Kündigung

Ist das KSchG anwendbar, ist eine ordentliche Kündigung nur wirksam, wenn sie sozial gerechtfertigt ist (§ 1 Abs. 1 KSchG).

Sie ist sozial gerechtfertigt,

- wenn sie durch Gründe, die in der Person des Arbeitnehmers liegen, bedingt ist (personenbedingt)

oder

- wenn sie durch Gründe, die in dem Verhalten des Arbeitnehmers liegen, bedingt ist (verhaltensbedingt)

oder

- dringende betriebliche Erfordernisse einer Weiterbeschäftigung entgegenstehen (betriebsbedingt).

Personenbedingte Kündigung

Die Gründe für die Kündigung liegen in der Person des Arbeitnehmers. Dieser ist zukünftig nicht mehr in der Lage, seine geschuldete Leistung zu erbringen. Der häufigste Fall ist die Kündigung wegen Krankheit. Aber Vorsicht: Es muss eine negative Zukunftsprognose vorliegen. Ein Indiz hierfür ist, wenn der Arbeitgeber in den letzten drei Jahren pro Jahr jeweils für mehr als sechs Wochen Entgeltfortzahlung gewähren musste.

Der Arbeitgeber hat die negative Gesundheitsprognose darzulegen und zu beweisen. Er muss sich ein möglichst genaues Bild vom Gesundheitszustand des Arbeitnehmers verschaffen.

Beispiele für sozial gerechtfertigte Kündigungsgründe

Das Kündigungsschutzgesetz beschränkt die grundsätzliche Kündigungsfreiheit des Arbeitgebers. Es erlaubt ihm nur die sozial gerechtfertigte Kündigung. Eine solche „soziale Rechtfertigung“ kann sich aus folgenden Gründen ergeben:

- Gründe in der Person des Arbeitnehmers:
  - mangelnde körperliche oder geistige Eignung,
  - Ungeschicklichkeit,
  - mangelnde Ausbildung,
  - mangelnde Fähigkeit, sich die erforderlichen Fähigkeiten zu erwerben,
  - lang andauernde Erkrankung, ohne dass die Genesung abzusehen ist.
- Verhaltensbedingte Gründe:
  - wiederholte Unpünktlichkeit,
  - Beleidigungen,
  - Schlechtarbeiten,
  - Verstöße gegen Gehorsams- und Verschwiegenheitspflicht.
- Betriebliche Gründe:
  - Absatzschwierigkeiten,
  - Rohstoffmangel,
  - Einführung arbeitssparender Maschinen, Änderung der Produktionsmethoden,
  - Stilllegung einzelner Abteilungen,
  - Betriebseinschränkungen.

Es müssen sich zudem erhebliche Beeinträchtigungen betrieblicher Interessen ergeben. Dazu zählen:

- Betriebsablaufstörungen, z.B. Unkalkulierbarkeit der Arbeitsleistung, Produktionsstau, Überlastung des verbleibenden Personals,
- wirtschaftliche Belastungen, z.B. außergewöhnlich hohe Lohnfortzahlungskosten,
- oder zusätzliche Kosten für Mehrarbeit.

Bevor es hier zu einer Kündigung kommt, müssen wieder umfassende Interessenabwägungen vorgenommen werden.

Verhaltensbedingte Kündigung

Der Arbeitnehmer zeigt immer wieder ein nicht hinnehmbares Verhalten und ändert das auch nach erfolgter Abmahnung nicht.

Nach der Rechtsprechung müssen die folgenden vier Voraussetzungen vorliegen, damit eine verhaltensbedingte Kündigung wirksam ist (fehlt auch nur eine dieser Voraussetzungen, ist die Kündigung unwirksam):

1. Der gekündigte Arbeitnehmer muss einen erheblichen Pflichtverstoß begangen haben
2. Der Pflichtverstoß des Arbeitnehmers muss rechtswidrig sein, d.h. es darf keine rechtfertigenden Umstände geben.
3. Die Kündigung muss verhältnismäßig sein, d.h., es darf als Reaktion des Arbeitgebers kein milderes Mittel als die Kündigung geben.
4. Bei der Abwägung der widerstreitenden Interessen, z. B. bei einer Abmahnung, muss das Interesse des Arbeitgebers an einer Beendigung überwiegen.

Betriebsbedingte Kündigung

Ursache für die dringenden betrieblichen Gründe muss der Wegfall des Arbeitsplatzes sein. Diese Kündigung hat ihre Ursache in unternehmerischen Entscheidungen. Hier ist aber zwingend eine Sozialauswahl durchzuführen, um zu entscheiden, wer das Unternehmen verlassen muss. Hierbei werden vergleichbare Arbeitnehmer überprüft und mit einem Punktesystem bewertet. Gängige Systeme bewerten u.a. Betriebszugehörigkeit, Alter, Unterhaltspflichten, usw. Wer am wenigsten Punkte hat, bekommt die Kündigung. Hier ist auch wieder ein bestehender Betriebsrat mit einzubinden. Auf Verlangen hat der Arbeitgeber dem Arbeitnehmer die bewerteten Aspekte zu benennen und auch das Ergebnis zu zeigen.

Der Arbeitgeber hat aber möglichst viele Arbeitsplätze zu erhalten. So muss er beispielsweise prüfen, ob ein Arbeitnehmer im Unternehmen auf eine freie, vergleichbare Stelle umgesetzt werden kann.

Um die Struktur des Unternehmens zu erhalten, ist es dem Arbeitgeber erlaubt, sog. Leistungsträger aus der Bewertung herauszunehmen. Ebenso darf er diverse Arbeitnehmer herausnehmen, um die Altersstruktur ausgeglichen zu halten und den Betrieb vor Überalterung zu schützen.

Kündigungsschutz bei sozial ungerechtfertigter Kündigung nach dem Kündigungsschutzgesetz				
Voraussetzungen für die Anwendbarkeit des Kündigungsschutzgesetzes		zulässige Kündigungsgründe		
zeitliche Voraussetzung: mehr als 6 Monate Betriebszugehörigkeit	**betriebliche** Voraussetzung: regelmäßig mehr als 10 Arbeitnehmer im Betrieb	**personenbedingte** Gründe	**verhaltensbedingte** Gründe	**betriebsbedingte** Gründe

3.4.1.2 Mitwirkung des Betriebsrats

Gemäß § 102 BetrVG ist der Betriebsrat vor jeder Kündigung zu hören. Das heißt, der Arbeitgeber fragt, ob der Betriebsrat Einwände oder Bedenken hinsichtlich der Kündigung hat. Eine nachträgliche Anhörung heilt den Mangel der Anhörung selbst dann nicht, wenn der Betriebsrat die Kündigung billigt. Die Kündigung ist dann rechtsunwirksam.

Der Betriebsrat kann einer Kündigung zustimmen, Bedenken äußern, widersprechen oder einfach nicht reagieren.

Hat er bezgl. einer Kündigung Bedenken, hat er diese bei einer ordentlichen Kündigung binnen einer Woche schriftlich mitzuteilen. Bei einer außerordentlichen Kündigung beträgt die Frist drei Tage.

Lässt der Betriebsrat die Frist ohne Äußerung verstreichen, gilt die Zustimmung als erteilt (§ 102 Abs. 3 BetrVG).

Hat der Betriebsrat einer ordentlichen Kündigung widersprochen, kann der Arbeitgeber dennoch kündigen. Allerdings ergeben sich daraus folgende zwei Konsequenzen:

- Ist dem Arbeitnehmer eine Abschrift der Stellungnahme zuzuleiten (wenn der Arbeitgeber trotzdem kündigt)
- Ist der Arbeitnehmer nach Ablauf der Kündigungsfrist weiter zu beschäftigen, wenn er Kündigungsschutzklage erhebt (§ 102 Abs. 5 BetrVG).

3.4.1.3 Kündigungsschutz bei Massenentlassungen

Wird in einem Betrieb mit mehr als 20 Arbeitnehmern ein großer Anteil der Belegschaft entlassen, hat der Arbeitgeber gem. § 17 KSchG die Pflicht, dies der Bundesagentur für Arbeit anzuzeigen. Diese angezeigten Kündigungen können nach § 18 KSchG vor Ablauf eines Monats nach Eingang der Anzeige nur mit Zustimmung der Agentur der Arbeit wirksam werden. Während dieser Zeit kann die Bundesagentur für Arbeit Kurzarbeit zulassen (§ 19 KSchG).

3.4.2 Kündigungsschutz für besondere Arbeitnehmergruppen

Einige Personengruppen unterliegen einem besonderen Kündigungsschutz.

- **Mutterschutz**
  Nach § 17 MuSchG können Frauen von Beginn der Schwangerschaft bis zum Ablauf von vier Monaten nach der Entbindung nicht gekündigt werden.
- **Elternzeit**
  Während der Elternzeit darf der Arbeitgeber das Arbeitsverhältnis grundsätzlich nicht kündigen (§ 18 BEEG).
- **Schwerbehinderte**
  Nach § 85 SGB IX bedarf jede Kündigung eines Schwerbehinderten oder eines Gleichgestellten der vorherigen Zustimmung des Integrationsamtes. Ohne Zustimmung ist die Kündigung unwirksam.
- **Betriebsräte**
  Nach § 15 Abs. 1 KSchG können Betriebsratsmitglieder während ihrer Amtszeit und bis zum Ablauf eines Jahres nach Ende der Amtszeit nicht ordentlich gekündigt werden.
- **Auszubildende**
  Hier müssen die Kündigungsmöglichkeiten gem. § 22 Berufsbildungsgesetz (BBiG) beachtet werden.

Während der Probezeit ist eine Kündigung ohne Einhaltung einer Kündigungsfrist möglich. Nach der Probezeit ist für den Ausbildenden (Unternehmer) nur noch die außerordentliche Kündigung möglich.
Der Auszubildende kann auch nach der Probezeit noch ordentlich mit einer Frist von vier Wochen kündigen, wenn er die Berufsausbildung aufgibt oder er sich für einen anderen Beruf ausbilden lassen möchte.

Aufgaben

1 Kündigungsfrist

Eine 42-jährige kaufmännische Angestellte ist seit 13 Jahren in demselben Unternehmen beschäftigt.
Zu welchem Termin und mit welcher Frist kann ihr gekündigt werden?

2 Vereinbarungen über Kündigungsfristen

Entscheiden Sie, ob die folgenden Vereinbarungen über Kündigungsfristen zulässig sind:

(A) Im Arbeitsvertrag des für vier Monate zur Aushilfe eingestellten Horst Laube wird eine Kündigungsfrist von zwei Wochen zum Monatsende vereinbart.

(B) In einem Tarifvertrag wird vereinbart, dass die verlängerten Kündigungsfristen nach § 622 Abs. 2 BGB für fünf-, zehn- und 20-jährige Betriebszugehörigkeit auf drei Wochen, einen Monat und zwei Monate abgekürzt werden.

(C) Im Arbeitsvertrag zwischen dem Prokuristen Walter Thiele und der Rheinischen Lebens- und Sachversicherungs AG wird eine Kündigungsfrist von 18 Monaten vereinbart.

(D) Im Arbeitsvertrag zwischen dem Bauunternehmer Hans Hartmann und seinem langjährigen, erfahrenen Mitarbeiter, dem Prokuristen Dieter Kaiser, wird vereinbart, dass:
- der Arbeitgeber mit einer Frist von sechs Monaten und
- der Arbeitnehmer mit einer Frist von neun Monaten

kündigen darf.

(E) Im Arbeitsvertrag zwischen dem Bauunternehmer Hartmann und dem Facharbeiter Thomas Heil wird eine Kündigungsfrist von einer Woche vereinbart.

3 Außerordentliche Kündigung

Darf ein Arbeitgeber aus folgenden Gründen eine außerordentliche Kündigung aussprechen?

[1] ja [2] nein

(A) Unterschlagung von Betriebsgeldern

(B) Übertretung des Rauchverbots

(C) Unsorgfältige und zu langsame Arbeitsweise

(D) Lang andauernde Erkrankung

(E) Unerwartete Stornierung eines Großauftrags

(F) Entziehung der Fahrerlaubnis für einen Kraftfahrer

4 Sozial gerechtfertigte oder sozial ungerechtfertigte Kündigungen

Entscheiden Sie, in welchen Fällen bei der Kündigung eines Arbeitsverhältnisses, das länger als sechs Monate bestand, die Voraussetzungen einer sozial ungerechtfertigten Kündigung vorliegen. (Das Unternehmen beschäftigt regelmäßig mehr als zehn Arbeitnehmer.)
Ordnen Sie zu:
[1] sozial gerechtfertigte Kündigung, [2] sozial ungerechtfertigte Kündigung.

(A) Kündigungsgrund: Stilllegung einzelner Abteilungen des Unternehmens. Soziale Gesichtspunkte bei der Auswahl des zu entlassenden Arbeitnehmers wurden berücksichtigt.

(B) Kündigungsgrund: wiederholte, abgemahnte Unpünktlichkeit des Arbeitnehmers, der außerdem schon mehrfach die Verschwiegenheitspflicht verletzt hat. Soziale Gesichtspunkte wurden nicht geprüft.

(C) Kündigungsgrund: einmalige Nichtbefolgung einer Anordnung der Unternehmensleitung.

(D) Kündigungsgrund: offensichtliche mangelnde fachliche Eignung des Arbeitnehmers. Ein Einsatz in einer anderen, niedriger bezahlten Beschäftigung wäre möglich, wurde aber von dem Arbeitnehmer verweigert.

5 Kündigungsschutz/Mitwirkung des Betriebsrats

Das Bauunternehmen Westbau K. Schlüter GmbH & Co. KG beschäftigt in der Regel 195 Arbeitnehmer. Nachdem ein Großauftrag storniert (rückgängig gemacht) worden ist, sieht sich das Unternehmen gezwungen, 45 Arbeitnehmern zu kündigen.

a) Was hat das Unternehmen wegen der geplanten Massenentlassung nach § 17 Kündigungsschutzgesetz zu veranlassen?

b) Welche Sperrfrist zugunsten der Arbeitnehmer enthält § 18 Kündigungsschutzgesetz?

6 Prüfungspflichten des Arbeitgebers zum Kündigungsschutz

In einem Maschinenbaubetrieb werden an einer Anlage drei Schlosser beschäftigt:

1. Alfred Alt, 49 Jahre alt, 17 Jahre Betriebszugehörigkeit, verheiratet, keine Kinder, kaum Fehlzeiten, ausgeglichene Leistungen;
2. Berthold Bertram, 37 Jahre alt, 15 Jahre Betriebszugehörigkeit, verheiratet, zwei Kinder, erhebliche Fehlzeiten, ausgeglichene Leistungen;
3. Claus Clausen, 22 Jahre alt, vier Jahre Betriebszugehörigkeit, unverheiratet, keine Fehlzeiten, sehr gute Leistungen.

Im Rahmen eines umfangreichen Investitionsprogrammes wird die Anlage durch eine modernere ersetzt, die nur noch von zwei Schlossern bedient zu werden braucht. Eine Umschulung der Arbeitnehmer auf eine andere Tätigkeit ist nicht möglich.
Welchem Arbeitnehmer kann der Betrieb kündigen?

Wiederholungsfragen

1. Wodurch kann ein Arbeitsvertrag beendet werden?
2. Welche regelmäßigen Kündigungsfristen gelten für Arbeitnehmer nach dem Bürgerlichen Gesetzbuch?
3. Welche Kündigungsfristen gelten für langjährig beschäftigte Arbeitnehmer?
4. Unter welchen Voraussetzungen und in welcher Weise können die gesetzlichen Kündigungsfristen abgeändert werden?
5. Unter welcher Voraussetzung ist eine außerordentliche Kündigung möglich? Geben Sie Beispiele für Gründe, die eine außerordentliche Kündigung rechtfertigen!
6. In welchen Fällen ist vor der Kündigung eine Abmahnung notwendig? Was bezweckt die Abmahnung?
7. Welche Pflichten hat der Arbeitnehmer nach Beendigung des Arbeitsverhältnisses?
8. In welchem Gesetz ist der allgemeine Kündigungsschutz geregelt?
9. Unter welchen Voraussetzungen liegt eine sozial ungerechtfertigte Kündigung vor?
10. Welche Möglichkeiten der Mitwirkung hat der Betriebsrat bei Kündigungen?
11. Für welche Arbeitnehmergruppen gelten besondere kündigungsrechtliche Schutzvorschriften?
12. In welchen Fällen kann ein Berufsausbildungsverhältnis gekündigt werden?
13. Wie ist der Kündigungsschutz bei Massenentlassungen geregelt?

4 Das Arbeitsschutzrecht

4.1 Begriff und Aufgaben des Arbeitsschutzes

Arbeitgeber tragen für ihre Arbeitnehmer eine Fürsorgepflicht und müssen sie so gut es geht schützen. Es bestehen Regelungen z. B. bei Gefahren wie Ausbeutung der Arbeitnehmer, Krankheit, Arbeitsunfähigkeit und sogar Tod. Diese Regelungen werden als **Arbeitsschutzrecht** bezeichnet.

Zum **technischen Arbeitsschutz** zählen alle Vorschriften, die sich auf die Erhöhung der Arbeitssicherheit beziehen. Der Arbeitgeber ist verpflichtet, die Arbeitsstätte (Maschinen, Geräte, Anlagen) so einzurichten, dass der Arbeitnehmer gegen Gefahren für Leben und Gesundheit geschützt ist.

Sozialer Arbeitsschutz betrifft vor allem den Arbeitszeitschutz, den Urlaubsanspruch und den Kündigungsschutz. Es gibt gesetzliche Regelungen, die für alle Arbeitnehmer gelten. Für einige Arbeitnehmergruppen gelten zusätzliche Schutzvorschriften, z. B. für Jugendliche, Frauen, werdende Mütter, behinderte Menschen.

4.2 Gesundheits- und Unfallschutz

4.2.1 Allgemeiner Gesundheitsschutz

Mit dem **Arbeitsschutzgesetz (ArbSchG)** wurden EU-Rahmenrichtlinien zum Arbeitsschutz in das deutsche Recht umgesetzt. Das Gesetz dient dazu, Sicherheit und Gesundheitsschutz der Beschäftigten bei der Arbeit zu sichern und zu verbessern. Für den Arbeitgeber stellt das Gesetz u.a. folgende allgemeine Grundsätze auf:

- Die Arbeit ist so zu gestalten, dass eine Gefährdung für Leben und Gesundheit möglichst vermieden wird.
- Der Stand von Technik, Arbeitsmedizin und Hygiene ist zu berücksichtigen.
- Spezielle Gefahren für besonders schutzbedürftige Personenkreise sind zu beachten.

Das Arbeitsschutzgesetz ist die zentrale Vorschrift für den Gesundheitsschutz am Arbeitsplatz. Außerdem finden sich Vorschriften z.B. in der Gewerbeordnung, in der Arbeitsstättenverordnung, in der Verordnung über Sicherheit und Gesundheitsschutz bei der Arbeit an Bildschirmgeräten und in den Unfallverhütungsvorschriften der Berufsgenossenschaften.

Verordnung über Arbeitsstätten (Arbeitsstätt-VO), Anhang zu § 3:

Einrichten und Betreiben von Arbeitsstätten

1.2 Abmessungen von Räumen, Luftraum
1.5 Fußböden, Wände, Decken, Dächer
3.2 Anordnung der Arbeitsplätze
3.3 Ausstattung
3.4 Beleuchtung und Sichtverbindung
3.5 Raumtemperatur
3.6 Lüftung
3.7 Lärm
4.2 Pausen- und Bereitschaftsräume

Die **Arbeitsstättenverordnung** und verschiedene EU-Richtlinien verpflichten den Arbeitgeber, Arbeitsräume, Betriebsvorrichtungen, Maschinen und Geräte so einzurichten und zu unterhalten, dass ein gefahrloser Betrieb möglich ist. Er hat Arbeitsstätten bereitzuhalten, die den anerkannten sicherheitstechnischen, arbeitsmedizinischen und hygienischen Forderungen entsprechen.

Die **staatlichen Gewerbeaufsichtsämter** und die staatlichen Berufsgenossenschaften überwachen die Einhaltung dieser Vorschriften.

4.2.2 Gesundheitsschutz für besondere Arbeitnehmergruppen

Für Jugendliche und für werdende Mütter gelten besondere Schutzvorschriften.

Die Beschäftigung von **Kindern unter 15 Jahren ist verboten** (§§ 2, 5 JArbSchG).

Das Verbot gilt nicht für Kinder über 13 Jahre, wenn die Beschäftigung leicht und für Kinder geeignet ist, täglich zwei Stunden nicht überschreitet und der Personensorgeberechtigte der Beschäftigung zustimmt. Kinder, die der Vollzeitschulpflicht nicht mehr unterliegen, dürfen in einem Berufsausbildungsverhältnis beschäftigt werden.

Jugendliche dürfen nicht mit Akkordarbeit und nicht mit solchen Arbeiten beschäftigt werden, bei denen durch gesteigertes Arbeitstempo ein höheres Entgelt erzielt werden kann (tempoabhängige Arbeit, §§ 22, 23 JArbSchG). Ein neu in das Berufsleben eintretender Jugendlicher darf nur nach einer **Erstuntersuchung** beschäftigt werden (§ 32 JArbSchG).

Rechtsgrundlage des Mutterschutzes ist vor allem das **Mutterschutzgesetz.** Es gelten folgende Beschäftigungsverbote:

- Werdende Mütter dürfen nicht mit schwerer körperlicher Arbeit und nicht mit gesundheitsgefährdenden Arbeiten beschäftigt werden (§ 4 MuSchG).
- Sechs Wochen vor und acht Wochen nach der Geburt dürfen werdende Mütter nicht beschäftigt werden. Innerhalb des Beschäftigungsverbots vor der Geburt ist eine Beschäftigung ausnahmsweise möglich, wenn sich die Frau zur Arbeitsleistung ausdrücklich bereit erklärt (§§ 3, 6 MuSchG).

4.3 Arbeitszeitschutz

4.3.1 Allgemeiner Arbeitszeitschutz

Die Arbeitszeitschutzbestimmungen sollen den Arbeitnehmer vor übermäßiger Belastung schützen und ihm im Interesse seiner Menschenwürde Raum für Freizeit und Muße geben. Das **Arbeitszeitgesetz** (ArbZG) legt lediglich Höchstgrenzen für die Arbeitszeit fest. Die tatsächliche zeitliche Arbeitsverpflichtung ergibt sich ganz überwiegend aus Tarifverträgen oder dem Einzelarbeitsvertrag. Das Arbeitszeitgesetz gilt nicht für leitende Angestellte (§ 18 Abs. 1 Nr. 1 ArbZG).

Die **werktägliche Arbeitszeit** darf acht Stunden nicht überschreiten. Als Werktage gelten alle Wochentage von Montag bis einschließlich Samstag. Die tägliche Arbeitszeit kann auf bis zu zehn Stunden verlängert werden, wenn innerhalb von sechs Kalendermonaten oder innerhalb von 24 Wochen im Durchschnitt acht Stunden werktäglich nicht überschritten werden (§ 3 ArbZG). Eine solche Verlängerung der Arbeitszeit ist an keinen besonderen Grund gebunden.

Arbeitnehmer dürfen nicht länger als sechs Stunden hintereinander ohne **Ruhepausen** beschäftigt werden (§ 4 ArbZG). Die Ruhepausen müssen insgesamt mindestens betragen:

- bei einer Arbeitszeit von mehr als sechs bis zu neun Stunden: 30 Minuten,
- bei einer Arbeitszeit von mehr als neun Stunden: 45 Minuten.

Die Ruhepausen müssen im Voraus festgelegt und dürfen in Zeitabschnitte von jeweils 15 Minuten aufgeteilt werden. Sie gelten einheitlich für Männer und Frauen. Nach Beendigung der täglichen Arbeitszeit muss eine ununterbrochene Ruhezeit von mindestens elf Stunden eingehalten werden (§ 5 ArbZG).

Die Festlegung der Arbeitszeit für **Nacht- und Schicht-Arbeitnehmer** hat die gesicherten arbeitswissenschaftlichen Erkenntnisse über die menschengerechte Gestaltung der Arbeit zu beachten (§ 6 Abs. 1 ArbZG). Die werktägliche Nachtschicht darf wie die normale Tagesarbeit acht Stunden nicht überschreiten. Sie kann bis auf zehn Stunden verlängert werden, wenn der Ausgleich auf durchschnittlich acht Stunden innerhalb eines Kalendermonats erreicht wird.

Arbeitswissenschaftliche Erkenntnisse zur Nacht- und Schichtarbeit – veröffentlicht von der Europäischen Stiftung zur Verbesserung der Lebens- und Arbeitsbedingungen:
- Nur bis zu vier Nachtschichten sollen hintereinander anfallen.
- Ruhepausen zwischen den Schichten sollen ausreichend sein.
- Die Wochenenden (Samstag/Sonntag) sollen regelmäßig arbeitsfrei sein.
- Der Zeitraum der Schichtfolgen soll acht Tage nicht überschreiten.
- Die Schichten sollen „vorwärts" gewechselt werden (von Frühschicht auf Spätschicht, von Spätschicht auf Nachtschicht).
- Über den Schichtplan soll rechtzeitig informiert werden.

Arbeitnehmer dürfen an Sonn- und gesetzlichen Feiertagen zwischen 0 und 24 Uhr nicht beschäftigt werden. Ausnahmen von der **Sonntags- und Feiertagsruhe** gelten für mehrschichtige Betriebe, bei Messen und Ausstellungen, in Notfällen und bei einigen anderen in § 10 ArbZG aufgezählten besonderen Fällen.

4.3.2 Arbeitszeitschutz für besondere Arbeitnehmergruppen

Das **Jugendarbeitsschutzgesetz** dient dem Zweck, die gesundheitliche Entwicklung von Jugendlichen (Personen, die noch nicht 18 Jahre alt sind) vor der Gefährdung durch zu frühe, **zu lange, zu schwere, zu gefährliche und ungeeignete Arbeiten** zu schützen. Die **Arbeitszeit** von Jugendlichen darf nicht mehr als acht Stunden täglich und 40 Stunden wöchentlich betragen (§ 8 JArbSchG). Die **Ruhepausen** für Jugendliche betragen mindestens 30 Minuten nach einer Arbeitszeit von mindestens 4,5 bis zu sechs Stunden und 60 Minuten nach einer Arbeitszeit von mehr als sechs Stunden (§ 11 JArbSchG). Nach Beendigung der täglichen Arbeitszeit dürfen Jugendliche erst nach einer ununterbrochenen Ruhepause von zwölf Stunden wieder beschäftigt werden (§ 13 JArbSchG). An Samstagen und an Sonntagen dürfen Jugendliche nicht beschäftigt werden (§§ 16, 17 JArbSchG). **Nachtarbeit** ist verboten (§ 14 JArbSchG). Ausnahmen gelten z. B. für die Beschäftigung in Krankenanstalten, Gaststätten und in der Landwirtschaft.

Der Arbeitgeber hat den Jugendlichen für die Teilnahme am **Berufsschulunterricht** freizustellen. Er darf den Jugendlichen gem. § 9 JArbSchG nicht beschäftigen:
- vor einem vor 9 Uhr beginnenden Unterricht; dies gilt auch für Personen, die über 18 Jahre alt und noch berufsschulpflichtig sind,
- an einem Berufsschultag mit mehr als fünf Unterrichtsstunden von mindestens je 45 Minuten, einmal in der Woche,
- in Berufsschulwochen mit einem planmäßigen Blockunterricht von mindestens 25 Stunden an mindestens fünf Tagen. Zusätzliche betriebliche Ausbildungsveranstaltungen bis zu zwei Stunden wöchentlich sind aber zulässig.

Volljährige Auszubildende können vor und nach der Berufsschule im Betrieb noch beschäftigt werden. Das Beschäftigungsverbot vor einem vor 9 Uhr beginnenden Unterricht gilt jedoch auch für volljährige Berufsschulpflichtige.

Berufsschultage mit mehr als fünf Unterrichtsstunden (à 45 Minuten) sind mit acht Stunden, Berufsschulwochen mit mindestens 25 Stunden bei Blockunterricht mit 40 Stunden auf die Arbeitszeit anzurechnen.

Neben den Jugendlichen sind besonders werdende und stillende Mütter zu schützen. Hier greift das Mutterschutzgesetz. Dieser Personenkreis darf nicht mit Mehrarbeit und Nachtarbeit und auch nicht an Sonn- und Feiertagen beschäftigt werden (§§ 4 bis 6 MuSchG). Daneben gelten absolute Beschäftigungsverbote. Gem. § 3 Abs. 1 MuSchG darf eine werdende Mutter in den letzten sechs Wochen vor dem errechneten Geburtstermin nur beschäftigt werden, wenn sie sich ausdrücklich dazu bereit erklärt und keine ärztlichen Bedenken bestehen. In den ersten acht Wochen (unter gewissen Umständen zwölf Wochen) nach der Geburt darf die Mutter ohne Ausnahme gar nicht beschäftigt werden (§ 3 Abs. 2 MuSchG).

4.4 Urlaubsanspruch

4.4.1 Allgemeiner Urlaubsanspruch

4.4.1.1 Anspruch auf Urlaubserteilung

Wie bereits dargestellt, bestehen für den Arbeitgeber neben den Hauptpflichten auch Nebenpflichten, wie z. B. die Fürsorgepflicht. Aus dieser ergibt sich u. a. der Urlaubsanspruch des Arbeitnehmers. Urlaub dient dem Gesundheitsschutz und fällt damit unter das große Thema Arbeitssicherheit.

Die Dauer des Urlaubs ist grundsätzlich verhandelbar. Dennoch gibt es Mindestansprüche, die sich entweder aus einem anwendbaren Tarifvertrag oder aus dem Bundesurlaubsgesetz ergeben. § 3 Abs. 1 BUrlG besagt, dass der Urlaub jährlich mindestens 24 Werktage betragen muss. Der Abs. 2 definiert dabei die Werktage als alle Tage, die nicht ein Sonn- oder gesetzlicher Feiertag sind. Der Anspruch bezieht sich also auf eine Sechstagewoche. Arbeitet der Arbeitnehmer weniger Tage in der Woche, reduziert sich der Anspruch im gleichen Verhältnis. Im Ergebnis hat der Arbeitnehmer einen Anspruch auf vier Wochen Urlaub.

Bsp.:

- bei einer Fünftagewoche bestünde ein Urlaubsanspruch i. H. v. 20 Tagen
- bei einer Dreitagewoche bestünde ein Urlaubsanspruch i. H. v. 12 Tagen

Bei den Arbeitstagen kommt es nicht darauf an, dass diese voll gearbeitet werden, vielmehr genügt es, dass der Arbeitnehmer an einem Tag seine Arbeit aufnehmen muss – unabhängig von deren Dauer.

Der Urlaubsanspruch entsteht auch dann, wenn der Arbeitnehmer langfristig, z. B. auch während des gesamten Urlaubsjahres (dies ist im Regelfall das Kalenderjahr, § 1 BUrlG), erkrankt war.

Unter dem Begriff „Urlaubsentgelt“ in § 11 BUrlbG ist nicht ein Extraentgelt zu verstehen, sondern vielmehr die Höhe der Vergütung durch den Arbeitgeber während des Urlaubs. Diese richtet sich nach dem Durchschnittsverdienst, das der Arbeitnehmer in den letzten 13 Wochen vor dem Beginn des Urlaubs erhalten hat. Nicht berücksichtigt wird die Vergütung für Überstunden.

Nach einer Wartezeit von sechs Monaten hat der Arbeitnehmer den vollen Urlaubsanspruch für das ganze Jahr (§ 4 BUrlG). Vorher erwirbt der Arbeitnehmer nur einen Teilanspruch i. H. v. 1/12 für jeden vollen Monat der Beschäftigung. Grundsätzlich kann der Arbeitnehmer auch in der Anfangszeit Urlaub nehmen – in den meisten Fällen wird dies aber nicht genutzt, um einen „guten Eindruck“ zu machen.

Ebenfalls gibt es nur einen Anspruch auf Teilurlaub, wenn (§ 5 BurlB):

- die Wartezeit im Kalenderjahr nicht erfüllt werden könnte, weil die Beschäftigung erst nach dem 01.07. aufgenommen wurde, oder
- der Arbeitnehmer nach Erfüllung der Wartezeit in der ersten Hälfte eines Kalenderjahres aus dem Arbeitsverhältnis ausscheidet

- der Arbeitnehmer vor Erfüllung der Wartezeit bereits wieder aus dem Beschäftigungsverhältnis ausscheidet

Sollte ein Arbeitnehmer in einem Kalenderjahr bereits bei einem anderen Arbeitgeber Urlaubsansprüche gehabt und genommen haben, können die genommenen Tage ebenfalls angerechnet werden.

Eine wichtige Frage ist das Verhältnis von Urlaub und Krankheit. Erkrankt ein Arbeitnehmer während eines Urlaubs, so werden die durch ärztliches Zeugnis nachgewiesenen Krankheitstage nicht auf die Urlaubszeit angerechnet, § 9 BUrlbG. Dies gilt auch für Bescheinigungen aus dem Ausland.

Die Frage, wann und wie Urlaub zu gewähren ist, beantwortet § 7 BUrlbG. Hier sind die Wünsche des Arbeitnehmers grundsätzlich zu berücksichtigen. So darf ein Wunsch nur dann abgelehnt werden, wenn dringende betriebliche Belange oder die Urlaubswünsche anderer Arbeitnehmer, die unter sozialen Gesichtspunkten den Vorrang verdienen, entgegenstehen.

Bsp.:

- Betriebliche Gründe: Arbeitsspitze – ein KFZ-Mechaniker wird keinen Urlaub machen dürfen zu einer Zeit, in der besonders viele Kunden zum Radwechseln kommen
- Andere Arbeitnehmer: Urlaubswünsche von Arbeitnehmern mit schulpflichtigen Kindern in den Schulferien sind meistens vorzuziehen

Grundsätzlich ist der Urlaub im laufenden Kalenderjahr zu nehmen.

4.4.1.2 Anspruch auf Urlaubsabgeltung

Wie beschrieben ist der Urlaub im laufenden Kalenderjahr zu nehmen. Ein automatischer Übertrag geschieht nur, wenn der Urlaub aufgrund von Gründen, die in der Person des Arbeitnehmers liegen (z. B. Krankheit) oder die im Betrieb liegen (z. B. Arbeitsauftrag), nicht genommen werden konnte. Andernfalls verfällt der Urlaub.

Aber: Der Arbeitgeber hat den Arbeitnehmer auf den drohenden Verfall ausdrücklich hinzuweisen. Macht er dies nicht oder nicht nachdrücklich genug, so verfällt der Urlaub nicht. (Urteil des EuGH vom 6. November 2018 – Az: C-619/16 und C-684/16).

Wird der Urlaub übertragen, ist er grundsätzlich innerhalb der ersten drei Kalendermonate des Folgejahres zu nehmen und zu gewähren.

Sollte der Urlaub längere Zeit nicht genommen werden können, stellt sich die Frage, ob der Urlaubsanspruch der Verjährung unterliegt.

Der EUGH hatte in jüngster Zeit diese Frage wiederholt zu entscheiden. Derzeit unterliegt wohl nur der Urlaubsanspruch der Verjährung, bei dem ein Arbeitnehmer das komplette Jahr erkrankt war. Dieser Urlaub verjährt in der 15-Monats-Frist.

Bsp.: Der Urlaubsanspruch aus 2024 verjährt dann beginnend am 01.01.2025 mit Ablauf des 31.03.2026.

Sollte ein Arbeitnehmer im Laufe eines Jahres arbeitsfähig gewesen sein, unterliegt dieser Urlaubsanspruch keiner Verjährung.

Einige Arbeitnehmer (und auch einige Arbeitgeber) kommen immer wieder auf die Idee, dass sie, statt Urlaub zu nehmen, diesen gegen Geld abgeben, also verkaufen. Dies würde dem eigentlichen Zweck des Urlaubs (Gesundheitsschutz, Erholung) zuwiderlaufen und ist daher nicht gestattet.

Einzige Ausnahme, bei der ein Urlaubsanspruch in Geld abgegolten werden kann, ist, dass das Arbeitsverhältnis beendet wurde und der Resturlaub nicht genommen werden konnte, § 7 Abs. 4 BUrlbG.

4.4.2 Urlaubsansprüche besonderer Personenkreise und Elterngeld

Jugendlichen gewährt § 19 des Jugendarbeitsschutzgesetzes eine Urlaubszeit, die länger ist als der Mindesturlaub nach dem BUrlG. Der Urlaub Jugendlicher beträgt, wenn der Jugendliche zu Beginn des Kalenderjahres

- noch nicht 16 Jahre alt ist, mindestens 30 Werktage,
- noch nicht 17 Jahre alt ist, mindestens 27 Werktage,
- noch nicht 18 Jahre alt ist, mindestens 25 Werktage.
- **Schwerbehinderte** haben gem. § 208 SGB IX Anspruch auf fünf zusätzliche bezahlte Urlaubstage.

Gem. § 15 des Bundeselterngeld- und Elternteilzeitgesetzes (BEEG) haben Arbeitnehmerinnen und Arbeitnehmer Anspruch auf **Elternzeit**. Elternzeit ist der Anspruch der Arbeitnehmer gegen den Arbeitgeber auf unbezahlte Freistellung von der Arbeit. Voraussetzung ist, dass die Eltern mit dem Kind in einem Haushalt leben und das Kind betreuen und erziehen. Der Arbeitnehmer kann verlangen, von der Arbeit vollständig freigestellt zu werden oder dass seine Beschäftigung auf Teilzeitarbeit umgestellt wird. Er darf während der Elternzeit aber höchstens 32 Wochenstunden erwerbstätig sein.

Dem Zweck nach ist die Freistellung ein Sonderurlaub, wenn auch nicht zur Erholung. Väter und Mütter haben je einen Anspruch auf Elternzeit bis zur Vollendung des dritten Lebensjahres des Kindes. Die Elternzeit kann auch zwischen den Eltern aufgeteilt werden.

Die Elternteile können den Beginn ihrer Elternzeit frei wählen. Sie muss aber spätestens sieben Wochen vor ihrem Beginn vom Arbeitgeber schriftlich verlangt werden. Ein Anteil der dreijährigen Elternzeit von bis zu 24 Monaten kann angespart und bis zur Vollendung des achten Lebensjahres übertragen werden.

Elterngeld erhalten Väter oder Mütter, die eine Zeit lang ganz oder teilweise auf Erwerbstätigkeit verzichten, um ihr Kind zu betreuen. Dadurch soll der Wegfall des Einkommens bis zur Vollendung des 14. Lebensmonats des Kindes (§ 4 BEEG) ausgeglichen werden, der durch den Verzicht auf die Erwerbstätigkeit eingetreten ist. Das Elterngeld beträgt 67 Prozent des monatlich vor der Geburt verfügbaren Nettoeinkommens, höchstens 1 800,00 €, mindestens jedoch 300,00 € (§ 2 BEEG). Für Geringverdiener mit einem Einkommen unter 1 000,00 € vor der Geburt wird das Elterngeld auf bis zu 100 Prozent angehoben. Ein Elternteil kann höchstens für 12 Monate Elterngeld in Anspruch nehmen. Die Bezugsdauer erhöht sich auf 14 Monate, wenn sich der andere Elternteil an der Betreuung des Kindes beteiligt und in dieser Zeit Erwerbseinkommen wegfällt.

Das 2015 eingeführte „ElterngeldPlus“ gibt die Möglichkeit, den Elterngeldanspruch auf die doppelte Bezugsdauer, also auf 24 bzw. 28 Monate zu strecken. Voraussetzung für dieses ElterngeldPlus ist allerdings, dass während der Elternzeit in Teilzeit gearbeitet wird. Es beträgt höchstens die Hälfte des normalen Höchstbetrages also maximal 900,00 €.

4.5 Kündigungsschutz

Der Kündigungsschutz ist ein wesentlicher Bereich des sozialen Arbeitsschutzes. Ein Arbeitnehmer, der seinen Arbeitsplatz durch Kündigung verliert, ist meist nicht mehr in der Lage, seine Existenz und die seiner Familie aus eigener Kraft zu sichern. Die Kündigung eines Arbeitnehmers ist deshalb nicht mehr in das freie Belieben des Arbeitgebers gestellt. Das Kündigungsschutzgesetz gibt dem Arbeitnehmer das Recht, durch das Arbeitsgericht nachprüfen zu lassen, ob die ihm gegenüber ausgesprochene Kündigung sozial gerechtfertigt ist.

Zum Kündigungsschutz im Einzelnen siehe 3.4.

Arbeitsschutzbestimmungen in der Bundesrepublik Deutschland

	Gesundheits- und Unfallschutz	Arbeitszeitschutz	Urlaubsanspruch	Kündigungsschutz
Allgemeine Schutzbestimmungen durch – Gewerbeordnung – BGB – Arbeitszeitgesetz – Bundesurlaubsgesetz – Kündigungsschutzgesetz	• Schutz von Leben und Gesundheit	• regelmäßige tägliche Arbeitszeit: 8 Stunden • Ausdehnung für bestimmte Arbeiten um 2 Stunden täglich, jedoch höchstens auf 10 Stunden • Mindestruhepausen und -zeiten	• Mindesturlaub: 24 Werktage (bzw. 20 Tage bei einer 5-Tage-Arbeitswoche)	• Regelmäßige Kündigungsfrist: 4 Wochen zum 15. oder zum Ende eines Kalendermonats • Erfordernis der sozial gerechtfertigten Kündigung
Sonderschutz für Jugendliche durch – Jugendarbeitsschutzgesetz	• Verbot der Kinderarbeit (unter 15 Jahre) • Verbot gefährlicher und tempoabhängiger Arbeit (Fließband- und Akkordarbeit) • Erstuntersuchungspflicht	• tägliche Arbeitszeit höchstens 8 Stunden • wöchentliche Arbeitszeit höchstens 40 Stunden • Fünftagewoche • Verbot der Sonntags- und Nachtarbeit	• erhöhter Urlaubsanspruch: bis 16 Jahre 30 Werktage, bis 17 Jahre 27 Werktage, bis 18 Jahre 25 Werktage	
Sonderschutz für Mütter durch – Mutterschutzgesetz – Bundeselterngeld- und Elternteilzeitgesetz (gilt auch für Väter)	• Verbot schwerer körperlicher Arbeit für werdende Mütter • Beschäftigungsverbot für 6 Wochen vor und 8 Wochen nach der Geburt	• Verbot der Mehrarbeit, Sonntags- und Nachtarbeit für werdende und stillende Mütter	• Anspruch auf Elternzeit bis zur Vollendung des 3. Lebensjahres eines Kindes	• Kündigungsschutz während der Schwangerschaft und bis 4 Monate nach der Geburt • Kündigungsschutz während der Elternzeit
Sonderschutz für Schwerbehinderte Menschen durch – SGB IX		Schwerbehinderte Menschen sind auf Verlangen von Mehrarbeit freizustellen	• Anspruch auf Zusatzurlaub	• Kündigung nur mit Zustimmung des Integrationsamtes
Sonderschutz für langjährig beschäftigte Arbeitnehmer durch das BGB (§ 622 Abs. 2)				• Verlängerung der Kündigungsfrist für langjährig beschäftigte Arbeitnehmer Betriebszugehörigkeit – Kündigungsfrist 2 Jahre – 1 Monat 5 Jahre – 2 Monate 8 Jahre – 3 Monate 10 Jahre – 4 Monate 12 Jahre – 5 Monate 15 Jahre – 6 Monate 20 Jahre – 7 Monate
Sonderschutz bei freiwilligem Wehrdienst durch – Arbeitsplatzschutzgesetz				• Kündigungsschutz während des freiwilligen Wehrdienstes oder während einer Wehrübung

4.6 Die Arbeitsgerichtsbarkeit

Arbeitsrechtsstreitigkeiten, die nicht gütlich (außergerichtlich) beigelegt werden können, werden von „Gerichten für Arbeitssachen“ (Arbeitsgerichte) entschieden. Die Tätigkeit der Arbeitsgerichte wird durch das Arbeitsgerichtsgesetz (ArbGG) geregelt.

Die Arbeitsgerichte sind zuständig für:

- bürgerlich-rechtliche Streitigkeiten zwischen Arbeitnehmern und Arbeitgebern aus dem Arbeitsverhältnis,
- bürgerlich-rechtliche Streitigkeiten zwischen Tarifvertragsparteien aus Tarifverträgen,
- betriebsverfassungsrechtliche Streitigkeiten (§ 2 Abs. 1 ArbGG).

Zuständigkeit des Arbeitsgerichts
Bürgerlich-rechtliche Streitigkeiten zwischen Arbeitnehmern und Arbeitgebern:
Klage auf ausstehendes Arbeitsentgelt
Bürgerlich-rechtliche Streitigkeiten zwischen Tarifvertragsparteien: Streit über die Auslegung einer Klausel des Tarifvertrags
Betriebsverfassungsrechtliche Streitigkeiten:
Streit über die vom Arbeitgeber zu tragenden Kosten der Arbeit des Betriebsrats (Beschaffung von Literatur)

Die Arbeitsgerichtsbarkeit wird durch **Arbeitsgerichte** und **Landesarbeitsgerichte** sowie das **Bundesarbeitsgericht** (BAG) ausgeübt (§ 8 ArbGG). Das Bundesarbeitsgericht hat seinen Sitz in Erfurt.

Das Arbeitsgericht und das Landesarbeitsgericht bestehen aus **Kammern,** die mit einem Berufsrichter als Vorsitzendem und je einem ehrenamtlichen Richter aus Kreisen der Arbeitnehmer und der Arbeitgeber besetzt sind (§§ 16 Abs. 2 und 35 Abs. 2 ArbGG). Das Bundesarbeitsgericht besteht aus **Senaten.** Jeder Senat hat einen Berufsrichter als Vorsitzenden und zwei Berufsrichter als Beisitzer. Hinzu kommen zwei ehrenamtliche Richter (Arbeitsrichter) aus den Kreisen der Arbeitgeber und der Arbeitnehmer (§ 41 Abs. 2 ArbGG).

Die **Verfahrensvorschriften** für einen Prozess vor dem Arbeitsgericht sind im ArbGG so ausgestaltet, dass der Arbeitnehmer nicht aus Kostengründen abgehalten wird, Rechtsschutz vor dem Arbeitsgericht zu suchen.

Arbeitgeber und Arbeitnehmer können vor dem Arbeitsgericht den Prozess selbst führen. In der ersten Instanz besteht kein **Vertretungszwang.** Sie können sich aber auch durch Vertreter von Gewerkschaften bzw. Verbänden oder durch Rechtsanwälte vertreten lassen (§ 11 Abs. 1 ArbGG). Vor den Landesarbeitsgerichten und vor dem Bundesarbeitsgericht müssen sich Arbeitgeber und Arbeitnehmer vertreten lassen (Vertretungszwang, § 11 Abs. 4 ArbGG). Durch die gegenüber anderen Gerichten (z. B. Zivilgericht, Strafgericht) vereinfachte Regelung für die Vertretung vor Gericht sind die Kosten eines arbeitsgerichtlichen Verfahrens niedriger.

Hinzu kommt, dass in der ersten Instanz jede Partei nur ihre eigenen **Anwaltskosten** zu tragen hat, gleichgültig, ob sie den Prozess gewinnt oder verliert (§ 12a Abs. 1 ArbGG).

Im Arbeitsgerichtsverfahren sind die **Gerichtsgebühren** niedriger als bei anderen Gerichtsverfahren.

In erster Instanz geht der streitigen Verhandlung vor der Kammer des Arbeitsgerichts stets eine **Güteverhandlung** voraus (§ 54 ArbGG). Dieser Gütetermin vor dem Vorsitzenden dient dem Versuch, den Rechtsstreit durch Vermittlung des Richters gütlich zu beenden und einen Vergleich zu schließen. Darüber hinaus kann das Gericht auch eine Mediation vorschlagen (§ 54a ArbGG). Eine gütliche Erledigung des Rechtsstreits soll darüber hinaus während des gesamten Verfahrens angestrebt werden (§ 57 ArbGG).

Berufungen nach Urteilen der Arbeitsgerichte sind nur unter bestimmten gesetzlich festgelegten Voraussetzungen möglich (§§ 64 ff. ArbGG); Gleiches gilt für die **Revision** (§§ 72 ff. ArbGG).

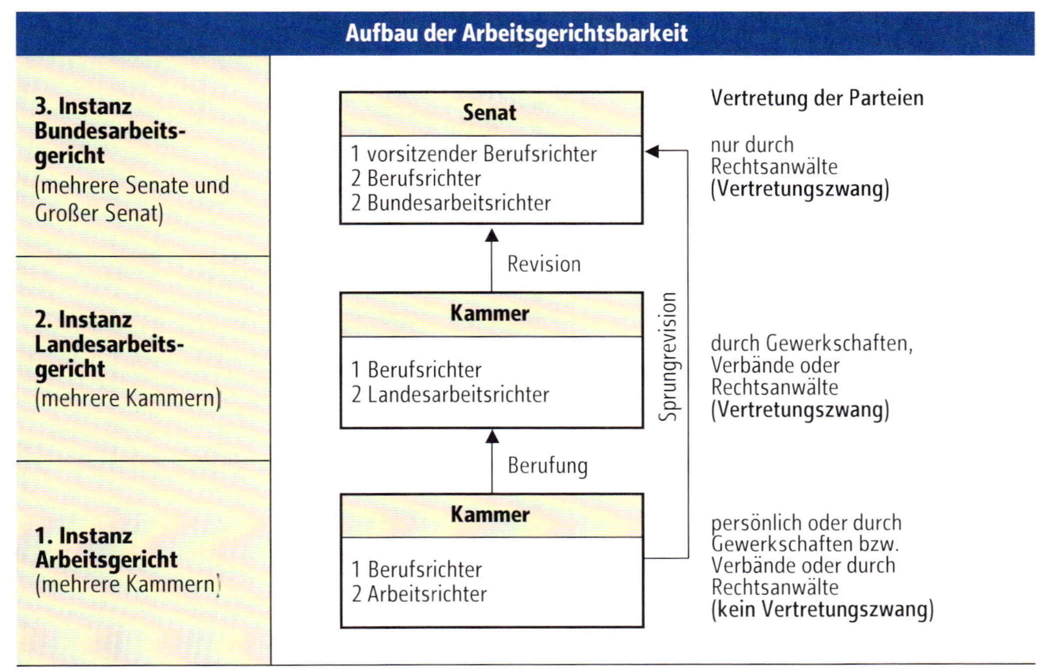

Berufung:	Ziel ist Neuverhandlung über Tatfragen und Neuentscheidung.
Revision:	Ziel ist Neuverhandlung über Rechtsfragen und Neuentscheidung.
Arbeitsrichter:	ehrenamtliche Beisitzer aus Kreisen der Arbeitgeber und Arbeitnehmer

Aufgaben

1 Fürsorgepflicht des Arbeitgebers/Arbeitsschutz

Frau Kramer ist in einer chemischen Reinigung bei der Warenrückgabe an Kunden beschäftigt. Sie ist schwanger. Vier Wochen vor der Geburt erscheint sie nicht mehr zur Arbeit, obwohl sie sich körperlich wohlfühlt. Gegenüber dem Arbeitgeber beruft sie sich auf ihre Schwangerschaft.

Der Arbeitgeber fordert Frau Kramer auf, zur Arbeit zu erscheinen, da wegen der ernsthaften Erkrankung einer Arbeitskollegin von Frau Kramer in dem kleinen Unternehmen ein Personalengpass entstanden ist. Da sich Frau Kramer weigert, zur Arbeit zu erscheinen, kündigt ihr der Arbeitgeber fristgemäß und schriftlich. Ist die Kündigung wirksam?

2 Arbeitsschutzrecht

Geben Sie zu den folgenden Gesetzen jeweils ein Beispiel für eine arbeitsrechtlich bedeutsame Regelung:

(A) Bürgerliches Gesetzbuch
(B) Arbeitsplatzschutzgesetz
(C) Kündigungsschutzgesetz
(D) Bundeselterngeld- und Elternzeitgesetz
(E) SGB IX
(F) Mutterschutzgesetz
(G) Jugendarbeitsschutzgesetz

3 Jugendarbeitsschutz

Geben Sie die zutreffenden Aussagen über das Jugendarbeitsschutzgesetz an.

(A) Jugendliche dürfen täglich höchstens acht Stunden beschäftigt werden.

(B) Jugendliche dürfen täglich höchstens neun Stunden beschäftigt werden.

(C) Jugendliche dürfen wöchentlich höchstens 42 Stunden beschäftigt werden.

(D) Jugendliche dürfen wöchentlich höchstens 40 Stunden beschäftigt werden.

(E) An Tagen mit Berufsschulunterricht von mindestens fünf Zeitstunden dürfen Jugendliche nicht mehr beschäftigt werden.

(F) An einem Berufsschultag mit mehr als fünf Unterrichtsstunden von mindestens 45 Minuten dürfen Jugendliche nicht mehr beschäftigt werden. Dies gilt für einen Tag in der Woche.

(G) Unter das Jugendarbeitsschutzgesetz fallen Jugendliche, die noch nicht 18 Jahre alt sind.

(H) Unter das Jugendarbeitsschutzgesetz fallen Jugendliche zwischen dem 15. und 21. Lebensjahr.

4 Urlaubsanspruch Jugendlicher

Hilde Seeger ist nach ihrem Realschulabschluss bei der Software-Handelsgesellschaft GmbH als kaufmännische Auszubildende eingestellt worden. Sie hat das 17. Lebensjahr noch nicht vollendet. Im Arbeitsvertrag wurden ihr 25 Urlaubstage zugesichert. Nach achtmonatiger Beschäftigung nimmt sie 18 Tage Urlaub. Während ihres Urlaubs erkrankt sie. Ihrem Arbeitgeber legt sie ein Attest für vier Krankheitstage vor. Wie viele Tage Urlaub stehen ihr für das erste Jahr ihrer Beschäftigung noch zu?

Wiederholungsfragen

1. Was ist Gegenstand des technischen Arbeitsschutzes?
2. Welches sind die Rechtsgrundlagen für den Gesundheits- und Unfallschutz?
3. Welche Personengruppen haben einen besonderen Gesundheits- und Unfallschutz?
4. In welchem Gesetz ist der allgemeine Arbeitszeitschutz geregelt und welche Arbeitszeiten lässt er höchstens zu?
5. Welche Personengruppen haben einen besonderen Arbeitszeitschutz?
6. In welchem Gesetz ist der allgemeine Urlaubsanspruch geregelt und wie viele Mindesturlaubstage sind dort festgelegt?
7. Welchen besonderen Arbeitsschutz haben werdende und stillende Mütter?
8. Welchen besonderen Arbeitsschutz haben Jugendliche?
9. Was regelt das Bundeselterngeld- und Elternzeitgesetz?
10. Für welche Fälle ist das Arbeitsgericht zuständig?
11. Welche Vorteile hat ein arbeitsgerichtliches Verfahren gegenüber einem Verfahren vor anderen Gerichten?

5 Besondere Formen des Arbeitsverhältnisses

5.1 Das Berufsausbildungsverhältnis

5.1.1 Berufsausbildungsverhältnis und Berufsausbildungsvertrag

Ausbildungsverhältnisse und Ausbildungsverträge sind grundsätzlich „echte“ oder „normale“ Arbeitsverhältnisse. Sie werden nur durch die Besonderheiten in der Ausbildung ergänzt.

Die gesetzliche Grundlage bildet das Berufsbildungsgesetz BBiG. Nach § 4 Abs. 3 BBiG dürfen Jugendliche unter 18 Jahren nur in sog. „anerkannten Ausbildungsberufen“ ausgebildet werden.

Die Grundlage bildet auch hier der (Berufsausbildungs-)Vertrag nach § 10 BBiG. Das vorrangige Ziel ist es, die Auszubildenden auf die Abschlussprüfung so vorzubereiten, dass sie diesen Abschluss erreichen. Daher sind den Auszubildenden innerhalb der vorgegebenen Ausbildungszeit sämtliche theoretische und praktische Fähigkeiten zu vermitteln. Während dieser Zeit gelten die Azubis als Arbeitnehmer, sodass auch hier die Gesetze oder Tarifverträge gelten. In gewissen Ausbildungszweigen gibt die Handwerksordnung noch Verweise auf spezielle Gesetze für die Handwerksberufe.

Der Berufsausbildungsvertrag wird zwischen den Auszubildenden und dem Ausbildungsbetrieb als Ausbildender geschlossen. Oft kommt hier das Problem hinzu, dass die Auszubildenden noch minderjährig sind und daher die Zustimmung ihres gesetzlichen Vertreters (= regelmäßig die Eltern) benötigen.

Mindestinhalt der Niederschrift eines Ausbildungsvertrags (§ 11 BBiG)

- Art, sachliche und zeitliche Gliederung sowie Ziel der Berufsausbildung,
- Beginn und Dauer der Berufsausbildung,
- Ausbildungsmaßnahmen außerhalb der Ausbildungsstätte,
- Dauer der regelmäßigen täglichen Arbeitszeit,
- Dauer der Probezeit,
- Zahlung und Höhe der Vergütung,
- Dauer des Urlaubs,
- Voraussetzungen, unter denen das Ausbildungsverhältnis gekündigt werden kann,
- ein in allgemeiner Form gehaltener Hinweis auf die Tarifverträge, Betriebs- oder Dienstvereinbarungen, die auf das Berufsausbildungsverhältnis anzuwenden sind.
- die Form des Ausbildungsnachweises

Der Berufsausbildungsvertrag ist, wie der Arbeitsvertrag, formfrei zu schließen. Der ausbildende Betrieb hat aber unverzüglich nach Abschluss, spätestens vor Beginn der Berufsausbildung, den wesentlichen Inhalt niederzuschreiben und diese Niederschrift dem Auszubildenden auszuhändigen, § 11 Abs. 1 und Abs. 3 BBiG. Daneben ist der Vertrag der zuständigen Kammer (IHK, HWK oder Ähnliche) zuzuleiten, sodass dieser Vertrag in das Ausbildungsverzeichnis eingetragen werden kann. Sollte die Niederschrift unterbleiben, ist der Ausbildungsvertrag trotzdem gültig.

5.1.2 Die Ausbildungsordnung

Die Ausbildungsordnung ist die Grundlage für eine geordnete und einheitliche Berufsausbildung (§§ 4 f. Abs. 2 BBiG). Sie hat mindestens festzulegen (§ 5 BBiG):

- die Bezeichnung des Ausbildungsberufs,
- die Ausbildungsdauer; sie soll nicht mehr als drei und nicht weniger als zwei Jahre betragen,
- die Fertigkeiten und Kenntnisse, die Gegenstand der Berufsausbildung sind (Ausbildungsberufsbild),
- eine Anleitung zur sachlichen und zeitlichen Gliederung der Fertigkeiten und Kenntnisse (Ausbildungsrahmenplan),
- die Prüfungsanforderungen.

5.1.3 Pflichten aus dem Ausbildungsvertrag

5.1.3.1 Pflichten des Ausbildenden

Ausbildende haben vor allem die Ausbildungspflicht.

- Es besteht die Verpflichtung dafür zu sogen, dass den Auszubildenden die Fertigkeiten und Kenntnisse vermittelt werden, die sie zur Erreichung des Ausbildungsziels benötigen. Er hat die Ausbildung planmäßig, zeitgemäß und sachlich so durchzuführen, dass das Ausbildungsziel in der vorgesehenen Ausbildungszeit erreicht werden kann.
- Ausbildende haben die Ausbildung selbst auszuführen oder einen Ausbildenden ausdrücklich damit zu beauftragen.

- Arbeitsmittel sind kostenlos zur Verfügung zu stellen, insbesondere Werkzeuge und Werkstoffe, die zur Berufsausbildung und zur Ablegung der Prüfungen erforderlich sind.

Ausbildende haben die Auszubildenden zum **Besuch der Berufsschule** und zu Prüfungen freizustellen und zum Führen von Berichtsheften anzuhalten, soweit solche im Rahmen der Berufsausbildung verlangt werden. Die Berichtshefte haben die Ausbildenden durchzusehen (§ 14 Abs. 2 BBiG).

Auszubildende haben einen Anspruch auf eine monatliche **Ausbildungsvergütung** (§ 17 BBiG).

Bei Beendigung des Berufsausbildungsverhältnisses ist ein Zeugnis auszustellen, in dem Art, Dauer und Ziel des Berufsausbildungsverhältnisses und die erworbenen Fähigkeiten und Kenntnisse anzugeben sind. Auf Verlangen ist auch auf Verhalten und Leistung einzugehen.

5.1.3.2 Pflichten des Auszubildenden

Die Pflichten der Auszubildenden sind in § 13 BBiG niedergelegt. Sie haben sich vor allem zu bemühen, die zum Erreichen des Ausbildungsziels erforderlichen Fertigkeiten und Kenntnisse zu erwerben. Sie müssen insbesondere

- die im Rahmen der Berufsausbildung aufgetragenen Verrichtungen sorgfältig ausführen,
- am Berufsschulunterricht und an Prüfungen sowie an sonstigen Ausbildungsveranstaltungen außerhalb der Ausbildungsstätte teilnehmen,
- den Weisungen des Ausbildenden, des Ausbilders oder anderer im Rahmen der Berufsausbildung Weisungsberechtigter folgen,
- die für die Ausbildungsstätte geltende Ordnung beachten,
- Werkzeuge, Maschinen und sonstige Einrichtungen pfleglich behandeln,
- über Betriebs- und Geschäftsgeheimnisse Stillschweigen bewahren,
- einen schriftlichen oder elektronischen Ausbildungsnachweis führen (Berichtsheft).

5.1.4 Beendigung des Berufsausbildungsverhältnisses

Während der **Probezeit,** die mindestens einen Monat betragen muss und höchstens vier Monate betragen darf (§ 20 BBiG), kann das Ausbildungsverhältnis von beiden Seiten fristlos gekündigt werden. Gründe müssen in der Kündigung nicht angegeben werden (§ 22 Abs. 1 BBiG).

Nach **Ablauf der Probezeit** kann das Ausbildungsverhältnis nur noch bei Vorliegen eines wichtigen Grundes fristlos gekündigt werden. Will der Auszubildende nach Ablauf der Probezeit die Ausbildung aufgeben oder den Beruf wechseln, kann er das Ausbildungsverhältnis mit einer Frist von vier Wochen kündigen (§ 22 Abs. 2 BBiG). Eine Kündigung nach der Probezeit muss schriftlich mit der Angabe der Kündigungsgründe erfolgen (§ 22 Abs. 3 BBiG).

Das **Berufsausbildungsverhältnis** endet mit Ablauf der Ausbildungszeit (§ 21 Abs. 1 BBiG). Legt der Auszubildende vorher die Abschlussprüfung ab, endet das Ausbildungsverhältnis mit Bestehen der Prüfung (§ 21 Abs. 2 BBiG). Bei Nichtbestehen muss der Ausbildende auf Antrag des Auszubildenden den Vertrag bis zur nächstmöglichen Wiederholungsprüfung, höchstens um ein Jahr verlängern (§ 21 Abs. 3 BBiG).

5.2 Das befristete Arbeitsverhältnis

In der heutigen Arbeitswelt wird es, insbesondere für Berufseinsteiger, immer schwieriger, eine unbefristete Anstellung zu finden. Meistens werden befristete Arbeitsverhältnisse angeboten, die dann ohne ausdrückliche Kündigung enden. Um einen effektiven Kündigungsschutz nicht umgehen zu können, wurde das Teilzeit- und Befristungsgesetz (TzBfG) geschaffen. Hier finden sich die Regelungen, unter welchen Umständen Befristungen möglich sind (§ 14 TzBfG).

Zum einen ist eine Befristung ohne zeitliche Höchstdauer möglich, solange ein sog. **sachlicher Grund** vorliegt. Die nebenstehende Aufzählung ist nicht abschließend, zeigt aber die häufigsten Fälle.

Als **sachliche Gründe für ein befristetes Arbeitsverhältnis** werden in § 14 TzBfG aufgezählt:

- Der betriebliche Bedarf an Arbeitsleistung besteht nur vorübergehend.
- Die Befristung folgt im Anschluss an eine Ausbildung oder ein Studium, um dem Arbeitnehmer den Übergang in eine Anschlussbeschäftigung zu erleichtern.
- Der Arbeitnehmer wird zur Vertretung eines anderen Arbeitnehmers beschäftigt.
- Die Eigenart der Arbeitsleistung rechtfertigt eine Befristung.
- In der Person des Arbeitnehmers liegende Gründe rechtfertigen eine Befristung.
- Der Arbeitnehmer wird aus Haushaltsmitteln vergütet, die haushaltsrechtlich für eine befristete Beschäftigung bestimmt sind.
- Die Befristung beruht auf einem gerichtlichen Vergleich.

Daneben ist eine **zeitliche Befristung**, also ohne Vorliegen eines sachlichen Grundes, möglich. Hier bestehen die Höchstgrenzen von maximal zwei Jahren insgesamt, sowie höchstens dreimalige Verlängerung des Verhältnisses innerhalb dieser zwei Jahre.

Beispiele für zulässige befristete Arbeitsverträge ohne sachlichen Grund

- Zweijahresvertrag
- Einjahresvertrag, einmal verlängert um ein Jahr
- Sechsmonatsvertrag, dreimal verlängert um je sechs Monate

Sollte mit dem Arbeitgeber zuvor ein Arbeitsverhältnis bestanden haben, ist eine Befristung ohne Sachgrund nicht mehr möglich. Dabei ist es unerheblich, ob das frühere Arbeitsverhältnis befristet oder unbefristet war und auch wieviel Zeit mittlerweile vergangen ist. Das Bundesverfassungsgericht hat diese Regelung nochmals 2018 durch Beschluss bestätigt. Damit sind sachgrundlose Befristungen nur bei Neueinstellungen möglich.

An ein befristetes Arbeitsverhältnis ohne Sachgrund kann sich aber ein befristetes Arbeitsverhältnis anschließen, für das ein Sachgrund gegeben ist (§ 14 Abs. 2 TzBfG). Sollte ein befristeter Arbeitsvertrag mit einem Sachgrund vorliegen, können hieran unbegrenzt viele weitere Befristungen folgen – solange für diese immer ein Sachgrund gegeben ist, z. B.: Zunächst erfolgt eine befristete Einstellung als Schwangerschaftsvertretung. Daran schließt sich eine Befristung als Krankheitsvertretung an, auf diese dann eine Krankheitsvertretung für einen anderen erkrankten Kollegen.

In den ersten vier Jahren nach Gründung eines Unternehmens haben Gründer die Möglichkeit, befristete Arbeitsverträge ohne zusätzlichen Befristungsgrund bis zu einer Dauer von vier Jahren abzuschließen. Damit soll ihnen die Entscheidung einer Einstellung erleichtert werden.

Für einen Arbeitnehmer, der das 52. Lebensjahr vollendet hat und mindestens vier Monate beschäftigungslos war, ist ohne Vorliegen eines sachlichen Grundes die kalendermäßige Befristung eines Arbeitsvertrags höchstens bis zur Dauer von fünf Jahren zulässig (§ 14 Abs. 3 TzBfG). Durch einen anwendbaren Tarifvertrag ist es möglich, dass sowohl die Dauer der Befristung, als auch die Anzahl der Befristungsverlängerungen abweichend geregelt werden.

Wie bereits erwähnt kann ein Arbeitsvertrag formfrei abgeschlossen werden. Dies bedeutet, dass Arbeitsverhältnisse auch mündlich geschlossen werden können. Soll ein Arbeitsverhältnis aber nur befristet gelten, so ist diese Befristung schriftlich festzuhalten (§ 14 Abs. 4 TzBfG). Sollte dies nicht eingehalten werden, gilt das Arbeitsverhältnis als unbefristet geschlossen (§ 16 TzBfG).

Aus dem besonderen Charakter des befristeten Arbeitsverhältnisses ergibt sich, dass eine ordentliche Kündigung nicht zulässig ist, es sei denn, dies wurde im Arbeitsvertrag anders vereinbart (§ 14 Abs. 3 TzBfG; siehe dazu auch 3.3.2). Wird ein befristetes Arbeitsverhältnis nach Ablauf der Zeit oder nach Zweckerreichung mit Wissen des Arbeitgebers fortgesetzt, so gilt es als auf unbestimmte Zeit verlängert (§ 15 Abs. 5 TzBfG). Befristet eingestellte Arbeitnehmer müssen vom Arbeitgeber über freie unbefristete Arbeitsplätze informiert werden. Neu ist die Regelung der Probezeit: Grundsätzlich ist auch in einem befristeten Arbeitsverhältnis die Vereinbarung einer Probezeit möglich. Mit § 15 Abs. 3 TzBfG regelt der Gesetzgeber nun, dass diese nicht mehr „standardmäßig“ 6 Monate betragen darf, sondern bezüglich der (erwarteten) Dauer und Art der Beschäftigung in einem angemessenen Verhältnis stehen muss. Maximal sind noch immer 6 Monate die Grenze.

5.3 Das Teilzeitarbeitsverhältnis

5.3.1 Allgemeine Vorschriften

Ein Teilzeitarbeitsverhältnis liegt vor, wenn die Wochenarbeitszeit kürzer ist als die regelmäßige Wochenarbeitszeit von vergleichbar vollbeschäftigten Arbeitnehmern des Betriebs (§ 2 TzBfG). Es ist Ziel des Gesetzes, Teilzeitarbeit – auch für leitende Mitarbeitende – zu fördern (§ 1 TzBfG).

Teilzeitbeschäftigte dürfen gegenüber Vollzeitbeschäftigten **nicht unterschiedlich behandelt** werden, wenn hierfür nicht ein sachlicher Grund vorliegt. Teilzeitarbeitskräfte dürfen deshalb z. B. keinen geringeren Stundenlohn erhalten als Vollzeitkräfte und bei der Zulassung zu Ausbildungs- und Weiterbildungsmaßnahmen nicht benachteiligt werden (§ 4 TzBfG).

Ein Arbeitsplatz muss **als Teilzeitarbeitsplatz ausgeschrieben** werden, wenn er hierfür geeignet ist. Das betrifft sowohl die öffentliche als auch die betriebsinterne Ausschreibung (§ 7 TzBfG).

Die Voraussetzungen, zu denen ein Arbeitnehmer die **Verringerung der Arbeitszeit** verlangen kann, ergeben sich aus § 8 TzBfG. Grundvoraussetzungen sind, dass der Arbeitgeber in der Regel mehr als 15 Arbeitnehmer beschäftigt. Außerdem muss die persönliche Voraussetzung erfüllt sein, dass der Arbeitnehmer seit mindestens sechs Monaten dem Betrieb angehört. Der Arbeitnehmer muss mindestens drei Monate im Voraus einen schriftlichen Antrag auf Verringerung der Arbeitszeit stellen, § 8 Abs. 2 TzBfG. Der Arbeitgeber hat diesem Antrag und den darin enthaltenen Wünschen zuzustimmen, soweit betriebliche Belange nicht entgegenstehen. Spätestens einen Monat vor Beginn der Verringerung hat der Arbeitgeber seine Entscheidung schriftlich mitzuteilen, § 8 Abs. 5 TzBfG.

Der Arbeitgeber hat einen teilzeitbeschäftigten Mitarbeiter, der den Wunsch nach **Verlängerung der Arbeitszeit** angezeigt hat, bei der Besetzung eines Vollzeitarbeitsplatzes bevorzugt zu berücksichtigen (§ 9 TzBfG).

Der Arbeitgeber darf einem Arbeitnehmer nicht deshalb kündigen, weil der Arbeitnehmer sich geweigert hat, **von Vollzeit- auf Teilzeitarbeit** oder umgekehrt zu wechseln. Die Kündigung aus diesem Grunde ist unwirksam (§ 11 TzBfG).

Arbeitgeber und Arbeitnehmer können vereinbaren, dass der Arbeitnehmer seine Arbeitsleistung entsprechend dem Arbeitsanfall zu leisten hat **(Arbeit auf Abruf)**. Das Teilzeit- und Befristungsgesetz schreibt vor, dass bei Arbeit auf Abruf im Arbeitsvertrag ein bestimmtes Arbeitszeitvolumen vereinbart werden muss. Andernfalls gelten zehn Stunden wöchentlicher Arbeitszeit als vereinbart. Ist in dem Vertrag die tägliche Arbeitsdauer nicht festgelegt, muss der Arbeitgeber den Arbeitnehmer für mindestens drei aufeinanderfolgende Stunden beschäftigen.

Dem Arbeitnehmer muss seine Einsatzzeit mindestens vier Tage im Voraus mitgeteilt werden (§ 12 TzBfG).

5.3.2 Altersteilzeitarbeit

Das **Gesetz zur Förderung der Teilzeitarbeit älterer Arbeitnehmer** (Altersteilzeitgesetz) schafft für Arbeitgeber und Arbeitnehmer besondere Rahmenbedingungen für Vereinbarungen über Teilzeitarbeit für ältere Arbeitnehmer. Altersteilzeitarbeit wird von der Bundesagentur für Arbeit unter drei Voraussetzungen gefördert (§§ 2 und 3 AltersTZG):

- Die Arbeitszeit eines Arbeitnehmers, der das 55. Lebensjahr vollendet hat, wird halbiert. Wie die Arbeitszeit verteilt wird, bleibt Unternehmen und Arbeitnehmern überlassen.
- Der Arbeitgeber stockt das anteilige Arbeitsentgelt für den in Altersteilzeit nur zu 50% der Vollarbeitszeit Beschäftigten um 20% auf. Das geringere Arbeitsentgelt führt auch zu geringeren Beiträgen zur Rentenversicherung und würde deshalb später auch zu einer geringeren Rente führen. Der Arbeitgeber muss deshalb einen zusätzlichen Beitrag in die Rentenversicherung entrichten (der sich auf 80% des Entgelts während der Altersteilzeit bezieht).
- Der infolge der Altersteilzeitarbeit frei gewordene Arbeitsplatz wird durch Einstellung eines Arbeitslosen oder die Übernahme eines Auszubildenden wieder besetzt.

Mögliche Konzepte für Altersteilzeitarbeit
(Voraussetzung: Altersrente wird mit dem 65. Lebensjahr gewährt. Zu berücksichtigen ist das Erreichen der Regelaltersgrenze, die bis zum Jahr 2029 stufenweise auf 67 Jahre erhöht wird.)
Fünf-Jahres-Modell ab 60: Volle Arbeitszeit, anschließend 2 1/2 Jahre Freizeitblock bis zum 65. Lebensjahr, danach Rente.
Zehn-Jahres-Modell ab 55: Volle Arbeitszeit vom 55. bis zum 60. Lebensjahr, danach Freizeitblock bis zum 65. Lebensjahr, danach Rente.
Fünf-Jahres-Modell ab 55: 2½ Jahre volle Arbeitszeit, 2½ Jahre Freizeitblock, danach vorzeitige Rente mit Abschlägen (für jedes Jahr, das der Arbeitnehmer vor Erreichen der Altersrente in Ruhestand geht, 3,6%, hier also 18% Rentenkürzung).

Der vom Arbeitgeber gezahlte Aufstockungsbetrag ist steuerfrei. Der Arbeitgeber trägt die ihm durch die Aufstockung entstehenden Kosten selbst und erhält von der Bundesagentur für Arbeit einen Zuschuss, sobald der freigewordene Arbeitsplatz wieder besetzt ist.

Die **Förderfähigkeit** durch die Agentur für Arbeit besteht allerdings nur noch dann, wenn die Voraussetzungen für die Altersteilzeit bereits vor dem **1. Januar 2010** vorgelegen haben (§ 16 AltersTZG).

Das Altersteilzeitgesetz gibt dem Arbeitnehmer keinen Anspruch auf Altersteilzeitarbeit. Es ist dem Arbeitgeber freigestellt, ob er den Arbeitnehmer auf seinen Antrag in Teilzeitarbeit beschäftigen will oder nicht. Ein Anspruch des Arbeitnehmers auf Altersteilzeit, ebenso wie eine höhere Nettoentgeltzahlung, kann in Tarifverträgen oder Betriebsvereinbarungen vereinbart werden.

5.3.3 Arbeitsplatzteilung

Eine besondere Art der Teilzeitarbeit ist die **Arbeitsplatzteilung („Jobsharing“).** Hierbei verpflichtet sich der Arbeitnehmer, den ihm zugewiesenen Arbeitsplatz in Abstimmung mit einem anderen Arbeitnehmer, der am selben Arbeitsplatz beschäftigt ist, für die volle Arbeitszeit zu besetzen.

Ist einer dieser Arbeitnehmer an der Arbeitsleistung verhindert, besteht die Pflicht zur Vertretung für den anderen Arbeitnehmer nur,

- wenn der Arbeitsvertrag für den Fall dringender betrieblicher Gründe eine Vertretung vorsieht oder.
- wenn der Arbeitnehmer im Einzelfall der Vertretung zustimmt (§ 13 TzBfG).

Es ist nicht zulässig, einem Arbeitnehmer allein deshalb zu kündigen, weil der Arbeitsplatzpartner ausgeschieden ist.

5.4 Das Leiharbeitsverhältnis

Ein **Leiharbeitsverhältnis** liegt vor, wenn ein Arbeitgeber einen Arbeitnehmer für eine begrenzte Zeit an einen anderen Arbeitgeber zur Arbeitsleistung „ausleiht“ und ihn dessen Weisungsrecht unterstellt. Die Pflicht zur Entgeltzahlung hat weiterhin der „Verleiher“. Seine Arbeitsleistung schuldet der Arbeitnehmer jedoch dem Arbeitgeber, auf den der Anspruch auf die Arbeitsleistung übergegangen ist. Demselben Arbeitgeber („Entleiher“) darf ein Leiharbeitnehmer maximal 18 aufeinander folgende Monate überlassen werden (§ 1 Abs. 1 b AÜG). Zu Gunsten des Leiharbeitnehmers gilt der sog. „Gleichstellungsgrundsatz“. Er muss die gleichen Arbeitsbedingungen einschließlich des Arbeitsentgelts erhalten wie die vergleichbaren Arbeitnehmer des Entleihers.

Die Arbeitnehmerüberlassung bedarf nach dem **Arbeitnehmerüberlassungsgesetz** (AÜG) der Erlaubnis der Bundesagentur für Arbeit, sofern sie vom Arbeitgeber im Rahmen seiner wirtschaftlichen Tätigkeit erfolgt.

Die Erlaubnis der Bundesagentur für Arbeit wird auf Antrag erteilt und grundsätzlich auf ein Jahr befristet (§ 2 AÜG). Der zwischen dem Verleiher und dem Entleiher zu schließende Vertrag wird als **Arbeitnehmerüberlassungsvertrag** bezeichnet. Er bedarf der Schriftform.

Wenn der Verleiher keine Beschäftigungsmöglichkeit mehr findet, behält der Arbeitnehmer den Anspruch auf das Arbeitsentgelt. Der Arbeitgeber (Verleiher) trägt also wirtschaftlich das Risiko, dass der Arbeitnehmer nicht verliehen und damit nicht beschäftigt werden kann.

Aufgaben

1 Kündigungsmöglichkeiten beim Berufsausbildungsverhältnis

Welche Möglichkeiten sieht das Berufsbildungsgesetz für die Kündigung eines Berufsausbildungsverhältnisses vor?

Kennzeichnen Sie
richtige Aussagen mit einer [1],
falsche Aussagen mit einer [2].

(A) Das Berufsausbildungsverhältnis kann jederzeit ohne Einhaltung einer Kündigungsfrist gekündigt werden.

(B) Das Berufsausbildungsverhältnis kann während der Probezeit auch ohne wichtigen Grund und ohne Einhaltung einer Kündigungsfrist gekündigt werden.

(C) Das Berufsausbildungsverhältnis kann nach der Probezeit aus wichtigem Grund ohne Einhaltung einer Kündigungsfrist gekündigt werden.

(D) Das Berufsausbildungsverhältnis kann nach der Probezeit aus wichtigem Grund nur mit Einhaltung einer Kündigungsfrist gekündigt werden.

(E) Das Berufsausbildungsverhältnis kann nach der Probezeit ohne Einhaltung einer Kündigungsfrist gekündigt werden, wenn der Auszubildende sich für einen anderen Beruf entscheidet.

(F) Das Berufsausbildungsverhältnis kann nach der Probezeit mit Einhaltung einer Kündigungsfrist von vier Wochen gekündigt werden, wenn der Auszubildende sich für eine andere Berufstätigkeit entscheidet.

(G) Das Berufsausbildungsverhältnis kann nur schriftlich gekündigt werden.

2 Befristete Arbeitsverhältnisse

Paul Halander hat seine Ausbildung als Großhandelskaufmann bei der Elektrogroßhandlung Lux GmbH abgeschlossen. Von der Geschäftsführung wird ihm ein auf sechs Monate befristeter Arbeitsvertrag mit der Begründung angeboten, dass ein Dauerarbeitsplatz nicht zur Verfügung stehe.

a) Erlaubt das Teilzeit- und Befristungsgesetz den Abschluss dieses befristeten Arbeitsvertrags?

b) Was spricht für, was gegen ein gesetzliches Verbot befristeter Arbeitsverträge?

Wiederholungsfragen

1. In welchen Gesetzen und Verordnungen finden sich Vorschriften zum Berufsausbildungsverhältnis?
2. Wie kommt ein Berufsausbildungsverhältnis zustande?
3. Welche Pflichten hat der Ausbildende aus dem Berufsausbildungsverhältnis?
4. Welche Pflichten hat der Auszubildende aus dem Berufsausbildungsverhältnis?
5. Welche Bestimmungen enthält das Berufsbildungsgesetz für Probezeit und Kündigung des Berufsausbildungsverhältnisses?
6. Welche Bedingungen müssen erfüllt sein, damit ein befristetes Arbeitsverhältnis abgeschlossen werden darf?
7. Was ist ein „Kettenarbeitsvertrag"?
8. Wann liegt ein Teilzeitarbeitsverhältnis vor?
9. Was versteht man unter „Jobsharing"?
10. Wodurch ist ein Leiharbeitsverhältnis gekennzeichnet?
11. Welchen Zweck hat das Arbeitnehmerüberlassungsgesetz?

6 Tarifvertragsrecht und Arbeitskampf

6.1 Der Tarifvertrag

6.1.1 Tarifvertragsparteien

In den bisherigen Kapiteln ging es hauptsächlich um Arbeitsverhältnisse von einzelnen Arbeitnehmern. Es standen sich also einzelne Arbeitnehmer und ein Arbeitgeber als Vertragsparteien gegenüber. Man spricht auch vom Individualarbeitsrecht. In den Kapiteln 6 und 7 hingegen stehen die Arbeitnehmer als Gruppe dem Arbeitgeber gegenüber. Dieser Bereich das Arbeitsrechts wird allgemein als Kollektivarbeitsrecht bezeichnet.

Das Grundgesetz garantiert in Art. 9 Abs. 3 jedem Deutschen das Recht, eine Gewerkschaft oder einen Arbeitgeberverband (Koalition) zu gründen oder sich einer solchen Koalition anzuschließen. Mit der **Koalitionsfreiheit** verbunden ist das Recht dieser Koalitionen, zur Wahrung und Förderung der Arbeits- und Wirtschaftsbedingungen tätig zu werden. Dazu gehört auch die **Tarifautonomie.** Diese bezeichnet das Recht der Arbeitnehmer- und Arbeitgebervereinigungen, durch Tarifverträge die gemeinsamen Arbeitsbedingungen für die Beschäftigten ihres Bereichs innerhalb der gesetzlichen Schranken und damit ohne staatliche Einflussnahme zu vereinbaren. Zum Abschluss von Tarifverträgen berechtigt (tariffähig) sind gem. § 2 Tarifvertragsgesetz (TVG) Gewerkschaften, einzelne Arbeitgeber (Firmen-, Haus- oder Werktarifvertrag) sowie Vereinigungen von Arbeitgebern (Verbandstarifvertrag). Sie werden als **Tarifvertragsparteien,** Tarif- oder Sozialpartner bezeichnet.

Damit eine Koalition tariffähig ist, müssen vor allem folgende Bedingungen erfüllt sein: Es muss sich um einen freiwilligen Zusammenschluss von Arbeitgebern oder Arbeitnehmern handeln, die Vereinigung muss auf Dauer angelegt sein, ihr Hauptzweck muss die Wahrung und Förderung der Arbeits- und Wirtschaftsbedingungen sein, die Vereinigung muss unabhängig vom Staat sein, innerhalb der Organisation muss demokratische Willensbildung möglich sein.

In der Bundesrepublik Deutschland ist das Gewerkschaftssystem im Wesentlichen auf die im **Deutschen Gewerkschaftsbund (DGB)** zusammengeschlossenen Gewerkschaften und den **Deutschen Beamtenbund (DBB)** konzentriert. Diese Gewerkschaften betonen ihre politische und weltanschauliche Neutralität, d.h., es sind sog. „Einheitsgewerkschaften". 1959 kam zu diesen Einheitsgewerkschaften der Christliche Gewerkschaftsbund (CGB) hinzu. Daneben gibt es kleinere Gewerkschaften vor allem in den Bereichen Gesundheit und Luftverkehr.

Die Gewerkschaften sind in der Bundesrepublik Deutschland regelmäßig nach dem **Industrieverbandsprinzip** organisiert. Zum Beispiel sind in der Industriegewerkschaft Bergbau, Chemie, Energie innerhalb des DGB alle in diesem Industriezweig beschäftigten Arbeitnehmer organisiert, gleichgültig ob sie Chemiefacharbeiter, Elektriker, Kraftfahrer, Bergleute oder kaufmännische Angestellte sind. Einige Gewerkschaften sind nach dem **Berufsverbandsprinzip** organisiert. Bei der Vereinigten Dienstleistungsgewerkschaft ver.di, die aus dem Zusammenschluss mehrerer Einzelgewerkschaften und der Deutschen Angestellten-Gewerkschaft (DAG) hervorgegangen ist, können alle Beschäftigten in Dienstleistungsbetrieben, z.B. des Einzelhandels, des Kreditgewerbes, des öffentlichen Dienstes, Mitglied werden.

Auch die **Arbeitgeberverbände** sind regelmäßig nach dem **Industrieverbandsprinzip** organisiert. Sie sind gegliedert in regionale Fachverbände, Landesverbände und Spitzenfachverbände auf Bundesebene (z.B. Gesamtverband der metallindustriellen Arbeitgeberverbände e.V.).

Aufgrund ausdrücklicher gesetzlicher Regelungen sind auch die **Handwerksinnungen und Innungsverbände** (§§ 54 Abs. 3 und 82 Handwerksordnung) tariffähig. Handwerkskammern und Industrie- und Handelskammern, für die eine gesetzliche Mitgliedspflicht besteht, können nicht Tarifvertragsparteien sein.

Beim Abschluss eines Tarifvertrags steht nicht ein einzelner Arbeitnehmer, sondern eine Vereinigung von Arbeitnehmern dem Arbeitgeber gegenüber. Weil annähernd gleich starke Vertragsparteien den Tarifvertrag abschließen, werden einseitige Ergebnisse zum Nachteil des schwächeren Arbeitnehmers vermieden.

„Tarifkollisionen", also verschieden ausgestaltete Tarifverträge für die gleiche Beschäftigtengruppe innerhalb eines Betriebs, sollen durch § 4 a TVG vermieden werden. Beispielsweise werden die Lokführer sowohl von der Lokführergewerkschaft (GDL) als auch von der Eisenbahn- und Verkehrsgewerkschaft (EVG) vertreten. Es sollen für die Lokführer bei der Bahn aber nicht abhängig von ihrer Gewerkschaftszugehörigkeit unterschiedliche Regeln gelten.

Kollidieren die Tarifverträge verschiedener im Betrieb vertretener Gewerkschaften miteinander, ist insoweit nur der Tarifvertrag derjenigen Gewerkschaft anwendbar, die im Betrieb die meisten in einem Arbeitsverhältnis stehenden Mitglieder hat. Diese Regelung wurde durch das sog. „Tarifeinheitsgesetz" 2015 eingeführt.

Das Bundesverfassungsgericht hat mit Urteil vom 11. Juli 2017 entschieden, dass diese Regelung weitgehend mit dem Grundgesetz vereinbar sind.

Nach den Vorgaben des Bundesverfassungsgericht kann ein Tarifvertrag von einem kollidierenden Tarifvertrag nur verdrängt werden, „wenn plausibel dargelegt ist, dass die Mehrheitsgewerkschaft die Interessen der Berufsgruppen, deren Tarifvertrag verdrängt wird, ernsthaft und wirksam in ihrem Tarifvertrag berücksichtigt hat."[1]

6.1.2 Abschluss und Inhalt des Tarifvertrags

Der Tarifvertrag ist ein privatrechtlicher Vertrag zwischen Tarifvertragsparteien. Rechtsgrundlage für Tarifverträge ist das **Tarifvertragsgesetz** (TVG).

Tarifverträge müssen schriftlich abgeschlossen und in ein **Tarifregister** eingetragen werden (§§ 1 und 6 TVG), das vom Bundesministerium für Arbeit und Soziales geführt wird. In das Tarifregister werden Abschluss, Änderung und Aufhebung von Tarifverträgen sowie Beginn und Beendigung der Allgemeinverbindlichkeit eingetragen (§ 6 TVG).

Der Tarifvertrag besteht aus zwei Teilen, dem schuldrechtlichen (obligatorischen) und dem normativen Teil.

Der **schuldrechtliche (obligatorische) Teil** enthält die gegenseitigen Rechte und Pflichten, die sich für die Tarifvertragsparteien (Arbeitgeberverbände – Gewerkschaften) ergeben. Diese Verpflichtungen binden nur die Tarifpartner, nicht die einzelnen Arbeitgeber und Arbeitnehmer. Die wichtigsten Pflichten aus dem obligatorischen Teil des Tarifvertrags sind die Friedenspflicht und die Durchführungspflicht.

Die **Friedenspflicht** verbietet, dass die Tarifpartner während der Laufzeit des Tarifvertrags Kampfmaßnahmen ergreifen. Man unterscheidet zwischen **absoluter** und **relativer** Friedenspflicht. Sollte eine absolute Friedenspflicht vereinbart worden sein, dürfen für die Laufzeit des Tarifvertrages gar keine Kampfmaßnahmen ergriffen werden. Wurde nur eine relative Friedenspflicht vereinbart, dürfen z. B. (Warn-)Streiks bezüglich nicht tarifvertraglich geregelter Sachverhalte durchgeführt werden.

Durchführungspflicht
Die Maschinenfabrik Willmann GmbH & Co. KG ist Mitglied des Arbeitgeberverbandes, der einen Tarifvertrag abgeschlossen hat. Der Arbeitgeber kümmert sich nicht um den Tarifvertrag und zahlt untertarifliche Löhne an die Gewerkschaftsmitglieder. Diese wehren sich nicht, um ihren Arbeitsplatz nicht zu verlieren.
Der Arbeitgeberverband muss mit allen Mitteln, die ihm die Verbandssatzung erlaubt, auf den Arbeitgeber einwirken, damit dieser sich tarifmäßig verhält.

Die **Durchführungspflicht** verlangt von den Tarifvertragsparteien, auf ihre Mitglieder einzuwirken, dass diese sich tarifvertragsmäßig verhalten.

Im **normativen Teil** des Tarifvertrags wird der Inhalt der tarifgebundenen Arbeitsverhältnisse geregelt. Diese Rechtsnormen gelten unmittelbar für die Mitglieder der Arbeitgeberverbände und der Gewerkschaften, d. h., sie bestimmen den Inhalt der Arbeitsverhältnisse. Vereinbarungen im Arbeitsvertrag, die ungünstiger sind als die Normen des Tarifvertrags, sind daher unwirksam. Die Tarifvertragsnormen stellen Mindestbedingungen für Arbeitsverträge dar. Günstigere Regelungen sind im Arbeitsvertrag möglich **(Günstigkeitsprinzip).**

Der **normative Teil** des Tarifvertrags kann enthalten:

- Normen für den Inhalt des Arbeitsverhältnisses (z. B. Vergütung, Arbeitszeit, Urlaub, Kündigungsfristen). Diese Inhaltsnormen regeln Rechte und Pflichten der Arbeitsvertragsparteien (Arbeitgeber – Arbeitnehmer). Sie sind sowohl in Manteltarifverträgen als auch in Lohn- und Gehaltstarifverträgen enthalten.

---

[1] Quelle: Bundesverfassungsgericht - Pressemitteilung Nr. 55/2020 vom 2. Juli 2020, online abrufbar unter: https://www.bundesverfassungsgericht.de/SharedDocs/Pressemitteilungen/DE/2020/bvg20-055.html#:~:text=Nach%20den%20Vorschriften%20des%20Tarifvertragsgesetzes,weniger%20Mitglieder%20im%20Betrieb%20organisiert [28.01.2025].

- Normen für den Abschluss von Arbeitsverträgen, z.B. Abschlussgebot (Wiedereinstellungspflicht nach Arbeitskämpfen),
- Normen für die Beendigung des Arbeitsverhältnisses (z.B. Ende des Arbeitsverhältnisses bei Erreichen eines bestimmten Alters, Schriftform für die Kündigung),
- Normen zur Regelung von betrieblichen Fragen (z.B. Arbeitsschutz, Absicherung von Arbeitsplatz und Einkommen bei Rationalisierungsmaßnahmen) und betriebsverfassungsrechtlichen Fragen.

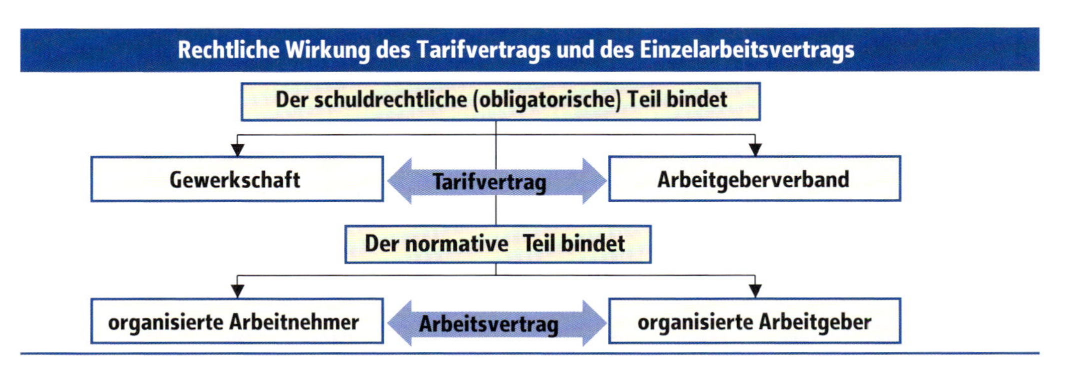

Die allgemeinen, auf längere Zeit gültigen Arbeitsbedingungen, wie z.B. regelmäßige Arbeitszeit, Teilarbeitszeit, Urlaub, Eingruppierung in Tarifgruppen, werden in **Manteltarifverträgen** mit meist längerer Laufzeit geregelt. Die Lohn- und Gehaltssätze in den einzelnen Tarifgruppen werden in **Lohn- bzw. Gehaltstarifverträgen mit kürzerer Laufzeit vereinbart.**

6.1.3 Tarifgebundenheit

Schließen eine Gewerkschaft und ein Arbeitgeberverband einen Tarifvertrag ab, dann sind die Mitglieder der Tarifvertragsparteien tarifgebunden (§ 3 TVG). Die Normen des Tarifvertrags gelten dann unmittelbar für das Arbeitsverhältnis zwischen den tarifgebundenen Arbeitnehmern und den tarifgebundenen Arbeitgebern.

Weihnachtsgeld laut Tarifvertrag
Erika Köhnlein ist als Sachbearbeiterin in einer Speditionsgesellschaft beschäftigt. In ihrem Arbeitsvertrag ist kein Weihnachtsgeld vereinbart. Später wird ein Tarifvertrag abgeschlossen, der die Zahlung von Weihnachtsgeld vorsieht. Frau Köhnlein ist Mitglied der Gewerkschaft, ihr Arbeitgeber Mitglied des Arbeitgeberverbandes. Frau Köhnlein hat Anspruch auf Weihnachtsgeld.

Das Tarifvertragsgesetz sieht die Möglichkeit vor, Tarifverträge für allgemein verbindlich zu erklären (§ 5 Abs. 1 TVG). Mit der **Allgemeinverbindlichkeitserklärung** erfassen die Rechtsnormen des Tarifvertrags in seinem Geltungsbereich auch die bisher nicht tarifgebundenen Arbeitgeber und Arbeitnehmer (§ 5 Abs. 4 TVG). Die Allgemeinverbindlichkeitserklärung erfolgt durch das Bundesministerium für Arbeit und Soziales im Einvernehmen mit einem aus je drei Vertretern der Spitzenorganisationen von Arbeitgebern und Arbeitnehmern bestehenden Ausschuss.

Aufgrund des **Arbeitnehmer-Entsendegesetzes** gelten Mindestarbeitsbedingungen in bestimmten Branchen für solche Arbeitnehmer, die grenzüberschreitend, also aus dem Ausland nach Deutschland, entsandt werden. Dadurch sollte ursprünglich die deutsche Wirtschaft vor der „Billiglohn-Konkurrenz“ des Auslands geschützt werden. Einbezogen sind z.B. folgende Branchen:

- Baugewerbe
- Gebäudereinigung
- Briefdienstleistungen
- Sicherheitsdienstleistungen
- Wäschereidienstleistungen im Objektkundengeschäft
- Abfallwirtschaft, einschließlich Straßenreinigung und Winterdienst
- Schlachten und Fleischverarbeitung

Das Gesetz bietet auch die Möglichkeit, für alle in einer Branche tätigen Arbeitnehmer Branchen-**Mindestlöhne** festzulegen. Dies geschieht dadurch, dass das Bundesministerium für Arbeit und Soziales einen Tarifvertrag durch Rechtsverordnung für allgemeinverbindlich erklärt. Das Einvernehmen der Arbeitgeberseite ist dafür nicht erforderlich. Grundlage der Mindestarbeitsbedingungen ist also stets ein Tarifvertrag, nicht die einseitige staatliche Festsetzung einer Lohnuntergrenze. Der „Mindestlohn", auf den sich die Tarifvertragsparteien geeinigt haben, wird aber auch auf nicht tarifgebundene Arbeitnehmer erstreckt. Eine Ausnahme bildet der Pflegebereich. Hier erfolgt die Festlegung durch eine Kommission (§ 12 AEntG).

6.2 Die Betriebsvereinbarung

Die Betriebsvereinbarung ist ein Vertrag zwischen Arbeitgeber und Betriebsrat, der wie Tarifverträge gegenseitige Pflichten für Arbeitgeber und Arbeitnehmer schaffen kann. Betriebsvereinbarungen können auch über Angelegenheiten getroffen werden, die nach § 87 BetrVG der Mitbestimmung des Betriebsrats unterliegen (siehe 7.4.4).

Durch Betriebsvereinbarung können insbesondere geregelt werden (§ 88 BetrVG):

- zusätzliche Maßnahmen zur Verhütung von Arbeitsunfällen und Gesundheitsschädigungen,
- die Errichtung von Sozialeinrichtungen, deren Wirkungsbereich auf den Betrieb, das Unternehmen oder den Konzern beschränkt ist,
- Maßnahmen zur Förderung der Vermögensbildung.

Arbeitsentgelte und sonstige Arbeitsbedingungen, die durch einen Tarifvertrag geregelt sind oder üblicherweise geregelt werden, können nicht Gegenstand einer Betriebsvereinbarung sein. Diese Regelungen sind den Tarifpartnern vorbehalten (§ 77 Abs. 3 BetrVG, **Primat der Tarifvertragspartner**).

Tarifverträge: (Beispiel: private und öffentliche Banken, Bausparkassen, Volks- und Raiffeisenbanken)

Manteltarifvertrag
enthält Regelungen über
- **Arbeitszeit** (regelmäßige Arbeitszeit, Mehrarbeit usw.),
- **Arbeitsentgelt** (Tarifgruppen, Eingruppierung in die Tarifgruppe usw.),
- **Sozialzulagen** (Kinderzulagen),
- **Urlaub** (Erholungsurlaub, Arbeitsbefreiung),
- **Kündigung und Entlassung.**

Beispiele zu den Regelungen der Arbeitszeit (Auszüge aus dem Manteltarifvertrag)[1]:
- Die regelmäßige wöchentliche Arbeitszeit (ohne Pausen gerechnet) beträgt 39 Stunden.
- Mehrarbeit ist soweit wie irgend möglich zu vermeiden. Sie ist nur ausnahmsweise und im Rahmen der gesetzlichen Vorschriften und der Bestimmungen dieses Tarifvertrages zulässig.
- Mehrarbeit ist die über die regelmäßige Arbeitszeit (§2) bzw. bei ungleichmäßiger Verteilung die über die festgelegten Einsatzzeiten hinaus angeordnete und geleistete Arbeit, soweit sie nicht entweder in der vorhergehenden oder in den darauffolgenden 4 Wochen durch entsprechende Freizeitgewährung ausgeglichen wird.
- Die Arbeitszeit kann im Bedarfsfalle durch Mehrarbeit ausnahmsweise bis zu 10 Stunden am Tage und 53 Stunden in der Woche ausgedehnt werden.

Beispiele zu den Regelungen des Arbeitsentgelts:
Für die Feststellung der tariflichen Mindestgehälter gelten folgende Tarifgruppen:

Tarifgruppe1
Tätigkeiten, die Vorkenntnisse nicht erfordern, z. B.:
- Küchenhilfen

Tarifgruppe 2
Tätigkeiten, die Kenntnisse oder Fertigkeiten erfordern, wie sie in der Regel durch eine kurze Einarbeitung erworben werden, z. B.:
- Arbeitnehmer mit einfacher Tätigkeit im Zahlungs-, Überweisungs- und Abrechnungsverkehr
- in der Belegaufbereitung
- in Registraturen, Expeditionen und Materialverwaltungen in Fachabteilungen (Sortierarbeiten)
- im Kantinenbereich (z. B. Anrichten)
- Boten
- Pförtner
- Wächter [...]

Tarifgruppe 5
Tätigkeiten, die gründliche oder vielseitige Kenntnisse erfordern, wie sie in der Regel auf dem in Gruppe 4 angegebenen Wege – ergänzt durch weitere Berufserfahrung, Berufsfortbildung oder die Aneignung zusätzlicher Kenntnisse im jeweiligen Sachgebiet – erworben werden, z. B.:
- Kontoführer/Disponenten mit schwierigen Arbeiten oder mit beratender Tätigkeit
- Schalterangestellte mit beratender Tätigkeit

- Kassierer
- Sachbearbeiter mit erhöhten Anforderungen in der Belegaufbereitung, im Zahlungs-, Überweisungs- und Abrechnungsverkehr sowie in der Datenerfassung
- Sachbearbeiter mit einfacheren Tätigkeiten in Kredit-, Wertpapier-, Auslands- und Stabsabteilungen
- Sachbearbeiter mit einfachen Tätigkeiten in der EDV-Arbeitsvorbereitung
- Arbeitnehmer in der EDV-Nachbereitung mit erhöhten Anforderungen (z. B. Abstimmungstätigkeit)
- Peripherie-Operators
- Datenarchivare
- Stenotypistinnen mit erhöhten Anforderungen
- Fremdsprachen-Stenotypistinnen
- Fernschreiberinnen mit besonderen Anforderungen
- Sekretärinnen
- Leiter von Registraturen, Expeditionen und Materialverwaltungen
- Handwerker/Facharbeiter mit hochwertigen Arbeiten
- Leiter gewerblicher Arbeitsgruppen (auch Hausmeister)
- Botenmeister
- Köche

Gehaltstarifvertrag[2]
legt **Gehälter in den einzelnen Tarifgruppen** fest
Auszug aus der Gehaltstabelle für Beschäftigte der öffentlichen Banken, in € (gültig ab 1. November 2025)

Berufsjahr	TG 1	TG 2	TG 3	TG 4	TG 5	TG 6	TG 7	TG 8	TG 9
im 1.–2.	2 630,00	2 723,00	2 859,00	2 981,00	3 104,00	–	–	–	–
im 3.–4.	2 778,00	2 894,00	3 001,00	3 133,00	3 272,00	3 446,00	–	–	–
im 5.–6.	2 922,00	3 056,00	3 137,00	3 282,00	3 439,00	3 626,00	3 905,00	–	–
im 7.–8.	3 104,00	3 253,00	3 279,00	3 432,00	3 613,00	3 866,00	4 165,00	4 505,00	–
im 9.	–	–	3 451,00	3 581,00	3 778,00	4 087,00	4 420,00	4 792,00	5 162,00
im 10.	–	–	–	3 730,00	3 951,00	4 304,00	4 682,00	5 080,00	5 486,00
im 11.	–	–	–	–	4 128,00	4 520,00	4 939,00	5 373,00	5 808,00

Nachwuchskräfte:

1. Ausbildungsjahr/Studienjahr	1 496,00 €
2. Ausbildungsjahr/Studienjahr	1 558,00 €
3. Ausbildungsjahr/Studienjahr	1 620,00 €

[1] Quelle: ver.di-Vereinte Dienstleistungsgewerkschaft: Tarifverträge für die öffentlichen Banken 4/2022, 1. Auflage: Berlin, September 2022, online abrufbar unter: https://banken.verdi.de/++file++646773181770ad6e5aea68f9/download/2204_Tarifbroschuere_O%CC%88ffentlicheBanken_4-22.pdf [28.01.2025] (verändert).

[2] Quelle: ver.di-Vereinte Dienstleistungsgewerkschaft: Gehaltstabellen für Beschäftigte der öffentlichen Banken, Berlin 2021 unter: https://banken.verdi.de/++file++6728c2c1b7d7eb9f4ac65b6a/download/241101_Entgelttabellen_o%CC%88ffentlicheBanken.pdf (verändert).

6.3 Der Arbeitskampf

6.3.1 Der Arbeitskampf in einer freiheitlichen, demokratischen Grundordnung

6.3.1.1 Arbeitskampf als wirtschaftliches Druckmittel

Arbeitskämpfe sind Auseinandersetzungen, die von Arbeitgebern oder Arbeitgeberverbänden auf der einen Seite und Arbeitnehmern oder Arbeitnehmerverbänden auf der anderen Seite um Arbeitsentgelt oder sonstige Arbeitsbedingungen geführt werden. **Kampfmittel** sind vor allen Dingen Streik und Aussperrung.

Im Arbeitskampf versuchen beide Seiten, durch wirtschaftlichen Druck die Gegenseite zum Einlenken zu bewegen und so die eigene Position durchzusetzen.

Der Streik verursacht Produktionsausfälle beim Arbeitgeber und fügt ihm so Verluste zu. Auf die Gewerkschaft entsteht wirtschaftlicher Druck dadurch, dass sie die Lohnausfälle ihrer Mitglieder zu tragen hat, die durch den Streik entstehen. Die Gewerkschaften versuchen deshalb, durch den Streik möglichst weniger Arbeitnehmer den größtmöglichen Druck auf die Arbeitgeber auszuüben.

Die Arbeitgeber ihrerseits haben die Möglichkeit, diese Aufwendungen der Gewerkschaften zu erhöhen, indem sie weitere Arbeitnehmer, die bisher nicht im Streik sind, von der Arbeit aussperren. Das hat zur Folge, dass auch diese Arbeitnehmer ihren Anspruch auf Arbeitsentgelt verlieren.

6.3.1.2 Grundsätze rechtmäßiger Kampfführung

Das Arbeitskampfrecht ergibt sich aus dem im Grundgesetz verankerten Koalitionsrecht. Das Bundesarbeitsgericht hat in einer Entscheidung ausdrücklich festgestellt, dass Arbeitskämpfe in der freiheitlichen, sozialen Grundordnung der Bundesrepublik Deutschland zugelassen sind.

Das Recht auf Streik ist im Einzelnen rechtlich kaum geregelt. Das Arbeitskampfrecht beruht deshalb fast ausschließlich auf Richterrecht. Für die Rechtmäßigkeit eines Arbeitskampfes gelten folgende Grundsätze:

- Ein Arbeitskampf darf nur von Tarifvertragsparteien geführt werden.
- Das Ziel des Arbeitskampfes muss ein tariflich regelbares Ziel sein.
- Der Arbeitskampf darf nicht gegen die Friedenspflicht verstoßen.
- Zwischen den Tarifparteien soll ein hinreichendes Verhandlungs- und Kampfgleichgewicht bestehen (Kampfparität).
- Im Arbeitskampf muss die Verhältnismäßigkeit der Mittel gewahrt bleiben. Vor einem Arbeitskampf müssen alle Verhandlungsmöglichkeiten ausgeschöpft sein (Ultima-Ratio-Prinzip). Ist ein Schlichtungsverfahren vorgesehen, dann muss dieses vorher durchgeführt sein.

6.3.2 Der Streik

Der Streik ist wohl das bekannteste Arbeitskampfmittel. Durch ihn sollen bestimmte Forderungen (z.B. höhere Löhne, mehr Urlaub usw.) der Arbeitnehmer durchgesetzt und in einem Tarifvertrag verankert werden. Damit möglichst viel Druck aufgebaut werden kann, muss die Arbeitsniederlegung gemeinsam und geplant durchgeführt werden. Einzelne Arbeitnehmer allein können und dürfen nicht streiken. Eine einzelne Arbeitsniederlegung wäre Arbeitsverweigerung und würde zu einer Abmahnung, schlimmstenfalls zu einer Kündigung führen. Darüber hinaus kann der Arbeitgeber von dem Arbeitnehmer Schadensersatz verlangen. Eine solche Situation nennt man auch „wilder Streik".

Ein Streik ist nur rechtmäßig und damit nicht illegal, wenn er gewerkschaftlich organisiert ist und in dem vorgesehenen Verfahren durchgeführt wird. Ist dies der Fall, ruhen in der Streikzeit die Hauptleistungspflichten, sodass der Arbeitgeber das Arbeitsentgelt nicht zahlen braucht, der Arbeitnehmer aber auch nicht seine Leistung erbringen muss. Arbeitswilligen Arbeitnehmern ist der Arbeitgeber ebenfalls nicht zur Lohnzahlung verpflichtet, sollte die Beschäftigung für ihn aufgrund des Streiks unwirtschaftlich oder unzumutbar sein.

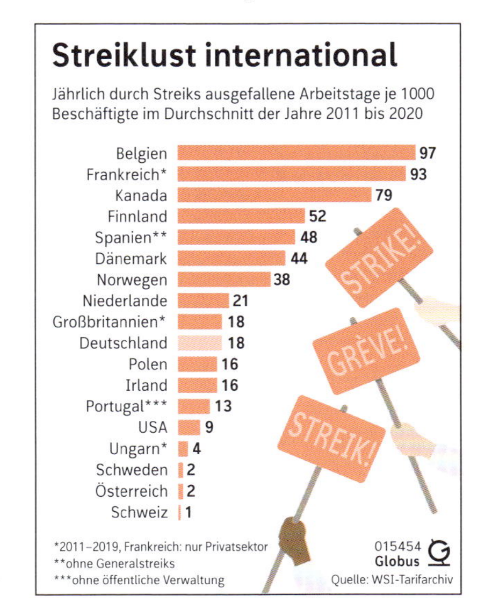

Der Streik kann Wirkungen nicht nur in dem unmittelbar bestreikten Betrieb, sondern auch Fernwirkungen in einem anderen Betrieb hervorrufen.

Beispiel: Wegen des Streiks bei einem Kfz-Zulieferer muss auch ein Autohersteller die Produktion einstellen. Die Rechtsprechung hat entschieden, dass in diesem Fall die Arbeitnehmer ihren Anspruch auf Arbeitsentgelt ebenfalls verlieren, wenn durch die Lohnzahlung in dem mittelbar betroffenen Betrieb die Kampfstellung der bestreikten Arbeitgeber erheblich geschwächt würde. Dies ist z.B. der Fall, wenn der Betrieb, bei dem die Fernwirkungen eintreten, dem gleichen Arbeitgeberverband angehört.

Der Streik muss ein Ziel haben, das tarifvertraglich geregelt werden kann. Deshalb ist auch ein **politischer Streik** nicht erlaubt, da durch ihn nicht Druck auf den Arbeitgeber, sondern auf Regierung und Parlament ausgeübt werden soll.

Mit einem **Sympathiestreik** sollen Arbeitgeber bestreikt werden, die an dem Arbeitskampf gar nicht beteiligt sind. Dazu hat das Bundesarbeitsgericht entschieden, dass ein solcher Streik dann unzulässig ist, wenn er zur Unterstützung des „Hauptarbeitskampfes" offensichtlich ungeeignet, offensichtlich nicht erforderlich oder unangemessen ist (Urteil vom 19. Juni 2007 – 1 AZR 396/06).

Unter **Warnstreik** versteht man kurzfristige Arbeitsniederlegungen, mit denen nach einem einheitlichen Plan immer wieder wechselseitig Betriebe bestreikt werden sollen. Sie werden von der Gewerkschaft im Rahmen einer Strategie der „neuen Beweglichkeit" nach Ablauf der Friedenspflicht durchgeführt, um Druck auf die laufenden Tarifverhandlungen auszuüben. Warnstreiks sind nach einem Urteil des Bundesarbeitsgerichts erlaubt.

6.3.3 Die Aussperrung

Die **Aussperrung** ist das Kampfmittel der Arbeitgeber. Eine Aussperrung ist die Nichtzulassung von Arbeitnehmern zur Arbeit bei gleichzeitiger Verweigerung der Lohn- und Gehaltszahlung. Da streikende Arbeitnehmer ohnehin keinen Anspruch auf Lohn- und Gehaltszahlung haben, entfaltet die Aussperrung vor allem dann Wirkung, wenn solche Arbeitnehmer ausgesperrt werden, die bisher noch nicht im Streik waren. Reagiert der Arbeitgeber auf einen Streik mit Aussperrung, dann wird diese Aussperrung als **„Abwehraussperrung"** bezeichnet. Die Aussperrung ist nach der Rechtsprechung zulässig; die Gewerkschaften fordern jedoch ein Verbot der Aussperrung. Sie begründen dies damit, dass nur bei einem **Verbot der Aussperrung** die Kampfparität gewährleistet sei. Die Arbeitgeber hätten im Arbeitskampf von vornherein die stärkere Position.

Abwehraussperrungen sind nach der Rechtsprechung des Bundesarbeitsgerichts grundsätzlich gerechtfertigt, um bei Verhandlungen ein Ungleichgewicht zugunsten der Gewerkschaften zu verhindern. Im Einzelnen hat die Rechtsprechung dazu folgende Grundsätze entwickelt:

- Ein generelles Aussperrungsverbot ist mit den tragenden Grundsätzen des Tarifrechts unvereinbar und deshalb unzulässig.
- Der zulässige Umfang von Abwehraussperrungen richtet sich nach dem Grundsatz der Verhältnismäßigkeit **(Übermaßverbot).** Maßgebend ist der Umfang des Angriffsstreiks. Ist der Streik auf weniger als 25 % der Arbeitnehmer des Tarifgebiets beschränkt, so erscheint eine Abwehraussperrung nicht unverhältnismäßig, wenn sie ihrerseits 25 % der Arbeitnehmer des Tarifgebiets erfasst. Der Beschluss eines Arbeitgeberverbandes, begrenzte Teilstreiks mit einer unbefristeten Aussperrung aller Arbeitnehmer eines Tarifgebiets zu beantworten, ist im Allgemeinen unverhältnismäßig.
- Eine Aussperrung, die gezielt nur die Mitglieder einer streikenden Gewerkschaft erfasst, nicht organisierte Arbeitnehmer jedoch verschont, ist unzulässig. Die Aussperrung kommt so gut wie nie vor. Der letzte große Fall lag im Jahr 1984 vor, als um die Einführung der 35-Stunden-Woche gekämpft wurde.

6.3.4 Das Schlichtungsverfahren

Das **Schlichtungsverfahren** dient der Vermeidung oder der Beendigung eines Arbeitskampfes. Es hat das Ziel, zum Abschluss eines Tarifvertrags beizutragen und so den Arbeitsfrieden zu erhalten oder wiederherzustellen.

In der Bundesrepublik Deutschland gibt es

- die vereinbarte Schlichtung und
- die staatliche Schlichtung.

Die **vereinbarte Schlichtung** beruht auf Abkommen zwischen den Tarifvertragsparteien. Schlichtungsvereinbarungen können in Tarifverträgen enthalten oder in Abkommen geregelt sein, so z.B. in der Schlichtungs- und Schiedsvereinbarung in der Metallindustrie. Schlichtungsstellen sind in der Regel mit Beisitzern der streitenden Tarifvertragsparteien und einem unparteiischen Vorsitzenden besetzt.

Am Ende des Schlichtungsverfahrens kann ein Einigungsvorschlag stehen. Er kann von den Tarifvertragsparteien angenommen oder abgelehnt werden. Kommt es zu keinem Einigungsvorschlag oder wird der Vorschlag nicht von beiden Tarifvertragsparteien angenommen, ist die Schlichtung gescheitert. Die Friedenspflicht besteht dann nicht mehr.

Grundlage der **staatlichen Schlichtung** ist ein Kontrollratsgesetz aus dem Jahre 1946. Die staatliche Schlichtung tritt in der Bundesrepublik Deutschland deutlich hinter der vereinbarten Schlichtung zurück. Das entspricht dem Prinzip der Tarifautonomie. Der Schiedsspruch im staatlichen Schlichtungsverfahren ist nur verbindlich, wenn die streitenden Tarifvertragsparteien ihn annehmen. Es gibt keine staatliche Zwangsschlichtung.

6.3.5 Der Ablauf des Arbeitskampfes

Arbeitskämpfe beginnen regelmäßig mit Streiks, weil bei guter Wirtschaftsentwicklung zunächst die Unternehmereinkommen steigen und die Arbeitnehmereinkommen nachhinken. Streik ist dann der „Angriff“ der Arbeitnehmer mit dem Ziel, höhere Löhne oder bessere Arbeitsbedingungen durchzusetzen. Auf diesen Angriff können die Arbeitgeber mit einer Aussperrung **(Abwehraussperrung)** antworten.

Beispiel für den möglichen Ablauf einer Tarifauseinandersetzung mit Arbeitskampf

Forderung der IG Bergbau, Chemie, Energie:		**Angebot des Arbeitgeberverbandes der chemischen Industrie:**	
Lohnerhöhung um	5 %	Lohnerhöhung um	1 %
Begründung:		**Begründung:**	
Erwarteter Produktivitätsfortschritt	1 %	Erwarteter Produktivitätsfortschritt	0 %
Erwartete Inflationsrate	3 %	Erwartete Inflationsrate	1,5 %
Umverteilungsforderung	1 %		1,5 %
	5 %	– bereits gezahlte Lohndrift	0,5 %
			1 %

Umverteilungsforderung ist die Forderung nach einer höheren Lohnquote.
In manchen Tarifauseinandersetzungen fordern die Gewerkschaften absolute Lohnsteigerungen (z. B. 50,00 € Mehreinkommen für jede Tarifgruppe) und neben diesem Sockelbetrag eine prozentuale Einkommensverbesserung.

Lohndrift ist der Unterschied zwischen dem tarifvertraglich festgelegten Mindestlohn und dem Effektivlohn, d. h. dem tatsächlich gezahlten übertariflichen Lohn.

Kündigung des Tarifvertrags
zum 31.01. . .

Im Tarifvertrag ist festgelegt, zu welchem Zeitpunkt und mit welcher Frist der Vertrag von beiden Seiten gekündigt werden kann.

↓

Tarifverhandlungen:
Forderung: 5 %
Angebot: 1 %
Keine Einigung

Die Gewerkschaft unterbreitet ihre Forderung, der Arbeitgeberverband unterbreitet sein Angebot. Daraus ergeben sich Verhandlungen über einen Kompromiss.

↓

Verhandlungen werden für gescheitert erklärt.	Beide Seiten haben das Recht, die Verhandlungen für gescheitert zu erklären.
Schlichtungsverfahren durch neutralen Schlichter Schlichtungsvorschlag: 2 %	Schlichtung erfolgt im Beispiel aufgrund einer zwischen den Tarifparteien bestehenden Schlichtungsvereinbarung.
Scheitern der Schlichtung, da der Arbeitgeberverband den Vorschlag zwar annimmt, die Gewerkschaft ihn aber ablehnt.	Der Schlichtungsvorschlag führt nur dann zum Ende der Tarifauseinandersetzung, wenn er von beiden Seiten angenommen wird.
Erlöschen der Friedenspflicht	Mit Ablauf der Friedenspflicht dürfen Arbeitskampfmaßnahmen eingeleitet werden.
Urabstimmung der organisierten Arbeitnehmer über den Streikvorschlag der Gewerkschaft Zustimmung: 88 %, Voraussetzung für den Streik ist damit erfüllt.	Die Urabstimmung wird in der Regel vom Hauptvorstand der Gewerkschaft auf Antrag der Tarifkommission festgesetzt. Nur Mitglieder der Gewerkschaft dürfen abstimmen. Für den Streik müssen 75 % der Gewerkschaftsmitglieder stimmen.
Ausrufung des Streiks durch die Gewerkschaft für den Tarifbezirk	Der Hauptvorstand der Gewerkschaft setzt den Streik fest und bestimmt Beginn und Art des Streiks.
Beginn des Streiks als Schwerpunktstreik bei sechs großen Betrieben der chemischen Industrie	Schwerpunktstreik ist Teilstreik. Nicht im gesamten Tarifbezirk wird gestreikt, sondern nur bei einigen Betrieben, die aufgrund ihrer Größe besondere Bedeutung haben. Stellen sie die Produktion ein, sind viele Zulieferer betroffen. Durch den Schwerpunktstreik spart die Gewerkschaft Streikgeld.
Aussperrung bisher nicht streikender Arbeitnehmer	Eine Aussperrung bisher nicht streikender Arbeitnehmer kann von den Arbeitgebern als Abwehrmaßnahme durchgeführt werden. Ziel ist es, die Gewerkschaft zu zwingen, an die ausgesperrten Arbeitnehmer Unterstützungen (Streikgeld) zu zahlen und sie so kompromissbereit zu machen.
Neue Tarifverhandlung Einigung: 2,5 %	Aus der Höhe des Ergebnisses ist zu ersehen, wessen Ziele durchgesetzt werden konnten.
Urabstimmung der organisierten Arbeitnehmer über das Verhandlungsergebnis Zustimmung: 60 %	Für die Annahme des Ergebnisses müssen mindestens 25 % der Gewerkschaftsmitglieder stimmen.
Abschluss eines neuen Tarifvertrages **Friedenspflicht für die Dauer des Vertrages**	Wiederaufnahme der Arbeit; die Arbeitsverhältnisse waren für die Dauer des Arbeitskampfes nur „suspendiert", d. h. zeitweilig aufgehoben. Ein rechtmäßiger Streik bricht die Arbeitsverträge nicht.

6.3.6 Auswirkungen von Arbeitskämpfen

Der **Streik** kann in seiner unmittelbaren Wirkung zu wirtschaftlichen Nachteilen führen.

Die Arbeitnehmer haben Einkommenseinbußen hinzunehmen. Während eines Streiks bleibt zwar der Arbeitsvertrag bestehen, die Entgeltzahlungspflicht des Arbeitgebers ist aber für die Dauer des Streiks aufgehoben. Dies gilt in der Regel auch für Aussperrungen.

Sind die Arbeitnehmer Mitglieder der Gewerkschaft, die den Arbeitskampf führt, erhalten sie von der Gewerkschaft **Streikunterstützung.** Diese richtet sich nach den geleisteten Beiträgen, der Mitgliedszeit und dem Familienstand. Nichtorganisierte Arbeitnehmer erhalten im Fall der Bedürftigkeit Sozialhilfe (siehe 8.9).

Zur Frage, ob Arbeitnehmer, die von einem Arbeitskampf betroffen sind, Anspruch auf Arbeitslosengeld bzw. Kurzarbeitergeld haben, siehe 6.3.7 „Die Neutralität der Bundesagentur für Arbeit".

In den **Unternehmungen** kommt es infolge des Streiks zu Produktionsausfällen und damit auch zu Umsatzeinbußen. Da die fixen Kosten weiter anfallen und eventuell sogar Vertragsstrafen bei Nichterfüllung von Lieferverträgen zu zahlen sind, müssen die Arbeitgeber mit Gewinneinbußen rechnen.

Für den **Staat** können Arbeitskämpfe zu einem Rückgang der Steuereinnahmen führen (z. B. Umsatzsteuer, Einkommensteuer).

6.3.7 Die Neutralität der Bundesagentur für Arbeit

Nach § 160 Abs. 1 Satz 1 SGB III (Arbeitsförderung) darf durch die Gewährung von Arbeitslosengeld nicht in Arbeitskämpfe eingegriffen werden.

Ein Arbeitnehmer, der sich **unmittelbar an einem Streik beteiligt,** hat bis zur Beendigung des Streiks **keinen Anspruch auf Arbeitslosengeld** (§ 160 Abs. 2 SGB III). Das gilt auch für ausgesperrte Arbeitnehmer. Die Bundesagentur für Arbeit darf in diesen Fällen kein Arbeitslosengeld zahlen, da sie zur Neutralität verpflichtet ist. Dadurch soll verhindert werden, dass die Kampfparität durch Gewährung von Lohnersatzleistungen verändert wird.

Wenn der Arbeitnehmer nur **mittelbar von einem Arbeitskampf betroffen** ist, gilt die Regelung des § 160 SGB III. Mittelbar von einem Arbeitskampf betroffen sind Arbeitnehmer eines Betriebs, der weder bestreikt wird noch selbst aussperrt, aber wegen eines Arbeitskampfes seine Tätigkeit einstellen muss. Die Produktion muss z. B. ein-

Leistungen der Bundesagentur für Arbeit an Arbeitnehmer, die als Streikfolge kein Arbeitsentgelt erhalten

Im Bereich Nord-Württemberg der Metallindustrie wird gestreikt. Eine große Automobilfabrik muss die Produktion einstellen. Sie kann auch keine Zulieferungen mehr annehmen.

Folgende Zulieferbetriebe müssen deshalb die Produktion ebenfalls einstellen:

Betrieb A, der Radkappen an die Automobilfabrik liefert und ebenfalls zum Fachbereich der Metallindustrie gehört, hat seinen Standort im Tarifbezirk Nord-Württemberg.

Die Arbeitnehmer des Betriebs A erhalten keine Leistungen der Bundesagentur für Arbeit.

Betrieb B, der Gummiabdichtungen für Autotüren und Autofenster herstellt, gehört nicht zum Fachbereich der Metallindustrie. Er hat seinen Standort ebenfalls in Nord-Württemberg. Die Arbeitnehmer des Betriebs B erhalten Leistungen der Bundesagentur für Arbeit.

Betrieb C hat seinen Standort in Nordrhein-Westfalen und liefert Standheizungen für Autos. Der Betrieb gehört zum Fachbereich der Metallindustrie. Die in Nord-Württemberg erkämpften Löhne und Arbeitsbedingungen sollen im Wesentlichen in den Tarifvertrag der Metallindustrie für Nordrhein-Westfalen übernommen werden.

Die Arbeitnehmer des Betriebs C erhalten keine Leistungen der Bundesagentur für Arbeit.

gestellt werden, weil Zulieferungen von Betrieben ausbleiben, die von einem Arbeitskampf betroffen sind.

Ist ein vom Streik mittelbar betroffener Arbeitnehmer **innerhalb des räumlichen und fachlichen Geltungsbereichs** des umkämpften Tarifvertrags beschäftigt, dann hat er keinen Anspruch auf Arbeitslosengeld.

Selbst wenn der Arbeitnehmer **außerhalb des räumlichen Geltungsbereichs** des umkämpften Tarifvertrags beschäftigt ist, kann ihm von der Bundesagentur für Arbeit die Gewährung von Leistungen versagt werden. Dies ist dann der Fall, wenn der Arbeitnehmer im fachlichen Geltungsbereich des umkämpften Tarifvertrags beschäftigt ist und die erstrittenen wesentlichen Regelungen aller Voraussicht nach in den für seinen Raum gültigen Tarifvertrag übernommen werden sollen (§ 160 Abs. 3 Nr. 2 SGB III).

Der Arbeitskampf wird dann „stellvertretend" auch für die mittelbar betroffenen Arbeitnehmer geführt.

Ein Arbeitnehmer, der gem. § 160 SGB III kein Arbeitslosengeld erhält, hat auch keinen Anspruch auf Kurzarbeitergeld. Bei Bedürftigkeit kann der Arbeitnehmer Sozialhilfe beanspruchen (siehe 8.9).

Aufgaben

1 Tarifvertragsfähigkeit

Entscheiden Sie für die folgenden Fälle, ob Tarifvertragsfähigkeit gegeben ist!

[1] Tarifvertragsfähigkeit liegt vor,

[2] Tarifvertragsfähigkeit liegt nicht vor.

(A) IG Metall bei einem Werkstarifvertrag

(B) Volkswagenwerk bei einem Tarifvertrag der Automobilindustrie

(C) Bundesverband der Deutschen Industrie bei einem Tarifvertrag mit der Maschinenbauindustrie

(D) Vereinigte Dienstleistungsgewerkschaft ver.di bei einem Gehaltstarifvertrag für die Beschäftigten des privaten Bankgewerbes

(E) Arbeitgeberverband der Druckindustrie bei einem Tarifvertrag mit der Dienstleistungsgewerkschaft ver.di

(F) Deutsche Bank AG bei einem Haustarifvertrag

2 Mantel- und Gehaltstarifvertrag

Welche der folgenden Aussagen betreffen

[1] den Manteltarifvertrag,

[2] den Gehaltstarifvertrag?

(A) Er hat eine verhältnismäßig kurze Laufzeit (meistens 12 bis 15 Monate).

(B) Er legt die einzelnen Vergütungsgruppen fest.

(C) Er legt die Höhe des Arbeitsentgelts in den einzelnen Tarifgruppen fest.

(D) Er regelt die Arbeitsbedingungen.

(E) Er regelt die Zuordnung von Tätigkeiten zu den Vergütungsgruppen.

(F) Er regelt den Erholungsurlaub und die Arbeitsbefreiung.

3 Arbeitsrechtliche Verträge

Was liegt vor?

1 Tarifvertrag
2 Betriebsvereinbarung
3 Arbeitsvertrag
4 weder Tarifvertrag noch Betriebsvereinbarung noch Arbeitsvertrag

(A) Vereinbarung zwischen einer Gewerkschaft und einem Betrieb zum Schutz der Arbeitnehmer vor den Auswirkungen von Rationalisierungsmaßnahmen (Rationalisierungsschutz)

(B) Vereinbarung zwischen dem Betriebsrat und dem Betrieb über einen Sozialplan

(C) Vereinbarung zwischen einer Gewerkschaft und dem Arbeitgeberverband über Vorruhestandsregelungen

(D) Vereinbarung zwischen einer Gewerkschaft und dem Betriebsrat einer Gesellschaft über einen Vortrag eines Gewerkschaftsvertreters in der Betriebsversammlung

(E) Vereinbarung zwischen einer Gewerkschaft und drei bei ihr einzustellenden Sekretärinnen über Arbeitszeitregelungen

4 Aussagen zu Tarifverträgen

Welche der folgenden Aussagen über Tarifverträge sind zutreffend?

(A) Tarifvertragliche Vereinbarungen können in Arbeitsverträgen zulasten der Arbeitnehmer abgeändert werden.

(B) Während der Laufzeit eines Tarifvertrags herrscht Friedenspflicht.

(C) Während einer Tarifauseinandersetzung herrscht nach dem Scheitern eines Schlichtungsverfahrens Friedenspflicht.

(D) Tarifverträge können vom Betriebsrat für allgemein verbindlich erklärt werden. Sie gelten dann für alle Arbeitnehmer des Betriebs, auch für Nichtmitglieder der Gewerkschaft.

(E) Tarifverträge können auf Antrag vom Bundesministerium für Arbeit und Soziales für allgemein verbindlich erklärt werden. Sie gelten dann innerhalb eines Bereichs, auf den sich der Tarifvertrag erstreckt, für alle Arbeitnehmer.

(F) Alle Tarifverträge werden in das beim Bundesministerium für Arbeit und Soziales geführte Tarifregister eingetragen.

(G) Nur die für allgemein verbindlich erklärten Tarifverträge werden in das beim Bundesministerium für Arbeit und Soziales geführte Tarifregister eingetragen.

5 Streik/Aussperrung

In einer Tarifauseinandersetzung wollen die Arbeitgeber auf einen Schwerpunktstreik mit Aussperrung reagieren.

1. Die Arbeitgeber sperren alle Arbeitnehmer des bestreikten Wirtschaftszweiges im Tarifbereich aus.
   a) Welche Gründe sprechen aus der Sicht der Unternehmungen dafür, auch arbeitswillige Arbeitnehmer auszusperren?
   b) Wie beurteilen Sie die Maßnahme aus der Sicht der betroffenen Arbeitswilligen?
2. Dürfen die Arbeitgeber sich darauf beschränken, alle gewerkschaftlich organisierten Arbeitnehmer auszusperren?

Wiederholungsfragen

1. Was ist ein Tarifvertrag?
2. Wer ist tarifvertragsfähig?
3. Was versteht man unter Tarifautonomie?
4. Aus welchen beiden Teilen besteht ein Tarifvertrag? Geben Sie Beispiele für den Inhalt jedes der beiden Teile des Tarifvertrags!
5. Wodurch unterscheiden sich Manteltarifverträge und Lohn- und Gehaltstarifverträge?
6. Erklären Sie die Begriffe „Tarifgebundenheit“ und „Allgemeinverbindlichkeitserklärung“!
7. Welche Grundsätze rechtmäßiger Kampfführung sind in einem Arbeitskampf zu beachten?
8. Was ist ein Streik?
9. Wie unterscheiden sich Streik und Arbeitsverweigerung?
10. Was ist ein wilder Streik?
11. Wie unterscheidet sich ein politischer Streik von einem Streik als Mittel des Arbeitskampfes?
12. Erklären Sie die Begriffe „Sympathiestreik“ und „Warnstreik“!
13. Wann liegt eine Aussperrung vor?
14. Erläutern Sie das Hauptargument der Gewerkschaft gegen die Aussperrung!
15. Welche Grundsätze zum Recht der Aussperrung haben die Arbeitgeber zu beachten?
16. Schildern Sie, über welche verschiedenen Stationen in einem Arbeitskampf Tarifverträge zustande kommen können!
17. Welchen Zweck verfolgt die Schlichtung bei Tarifauseinandersetzungen?
18. Wie ist die Zahlung von Arbeitslosengeld an Arbeitnehmer geregelt, die von einem Arbeitskampf betroffen sind?

7 Das Recht der Mitbestimmung

7.1 Mitbestimmung in Betrieb und Unternehmen

7.1.1 Begründung der Mitbestimmung

In Betrieben und Unternehmen wirken Kapital und Arbeit bei der Erstellung von Sachgütern und Dienstleistungen zusammen. Arbeitnehmer erbringen die Arbeitsleistung, sind aber mehr als nur ein Produktionsfaktor wie das Kapital. Das Leben des Arbeitnehmers wird wesentlich durch den Betrieb des Arbeitgebers bestimmt. Das Unternehmen kann den Betrieb umorganisieren, Arbeitsplätze um gestalten oder Betriebsordnung en aufstellen. Es können zahlreiche Entscheidungen getroffen werden, die sich auf die Arbeitnehmer auswirken.

Sinn der betrieblichen Mitbestimmung ist es, dass die Arbeitnehmer bei den Entscheidungen, die sie und ihren Arbeitsplatz betreffen, mitbestimmen können. Sie sollen nicht nur „Objekt" unternehmerischer Entscheidungen, sondern auch „Subjekt" sein.

Darüber hinaus sind Arbeitnehmer auch in den **Leitungsgremien von Unternehmen,** z. B. in der Rechtsform von Aktiengesellschaft und GmbH, vertreten (Unternehmensmitbestimmung). Sie können in dieser Weise die Geschicke des Unternehmens mitbestimmen, also auch an wirtschaftlichen und planerischen Entscheidungen mitwirken, die von den Organen dieser Unternehmen getroffen werden.

Die gesetzlichen Regelungen über eine Mitwirkung und Mitbestimmung der Arbeitnehmer verwirklichen das Bekenntnis zum **sozialen Rechtsstaat** in Art. 20 Abs. 1 des Grundgesetzes für die Bundesrepublik Deutschland.

7.1.2 Die Ebenen der Mitbestimmung

Schlüsselbegriffe für die Unterscheidung zwischen betrieblicher Mitbestimmung und Unternehmensmitbestimmung sind die Begriffe „Betrieb" und „Unternehmen". Im Arbeitsrecht versteht man unter einem **Betrieb** eine räumliche und organisatorische Zusammenfassung von Arbeitsmitteln durch den Arbeitgeber zu einem bestimmten arbeitstechnischen Zweck. Arbeitsmittel sind z. B. Werkhallen, Maschinen, Material, Patente. Der arbeitstechnische Zweck kann z. B. in der Herstellung von Autos bestehen. Der Begriff des Unternehmens ist im arbeitsrechtlichen Sinne weiter als der des Betriebs. Das **Unternehmen** hat eine über den arbeitstechnischen Zweck hinausgehende, zumeist wirtschaftliche Zwecksetzung. Mehrere Betriebe können von einem Unternehmen organisatorisch zur Verfolgung des gleichen Zwecks zusammengefasst und unter einer einheitlichen Leitung geführt werden (z. B. ein Sägewerk, eine Möbelfabrik und ein Möbeleinzelhandelsgeschäft; eine Großbank mit zentralem Firmensitz und Filialen im gesamten Bundesgebiet). Unter einem Konzern versteht man die Zusammenfassung mehrerer Unternehmen unter einheitlicher Leitung (§ 18 AktG).

Das Recht auf **Mitbestimmung im allgemeinen Sinne** ist in der Bundesrepublik Deutschland durch das Betriebsverfassungsgesetz, das Mitbestimmungsgesetz, das Drittelbeteiligungsgesetz und das Montanmitbestimmungsgesetz geregelt. Regelungen, die dem Arbeitnehmer ein individuelles Beteiligungsrecht (auf der Ebene des Arbeitsplatzes) und ein Beteiligungsrecht über den Betriebsrat gewähren, werden als Betriebsverfassungsrecht bezeichnet.

Diese Rechte betreffen vor allem soziale Belange. Die Möglichkeit, auf wirtschaftliche Entscheidungen einzuwirken, wird vor allem auf der Ebene der Unternehmensmitbestimmung (**Unternehmensverfassung**) gewährt.

Für den öffentlichen Dienst gelten das Personalvertretungsgesetz des Bundes und die Personalvertretungsgesetze der Länder.

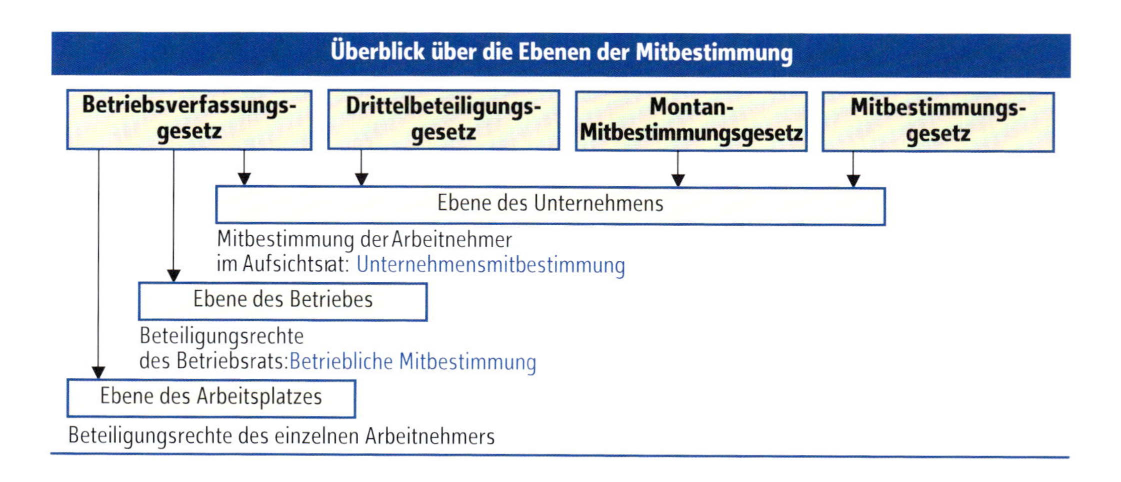

7.2 Die Beteiligungsrechte des Arbeitnehmers auf der Ebene des Arbeitsplatzes

Der Arbeitnehmer hat gemäß Betriebsverfassungsgesetz auf der **Ebene des Arbeitsplatzes** individuelle Rechte, die er ganz persönlich wahrnehmen kann. Es sind vor allem die folgenden Unterrichtungs-, Anhörungs- und Beschwerderechte:

- Recht auf Unterrichtung über seine Aufgaben und die damit verbundene Verantwortung sowie über die Einordnung seiner Tätigkeit in den betrieblichen Arbeitsablauf (§ 81 Abs. 1 BetrVG),
- Recht auf Unterrichtung über Unfall- und Gesundheitsgefahren am Arbeitsplatz sowie über Maßnahmen und Einrichtungen zur Abwendung dieser Gefahren (§ 81 Abs. 1 BetrVG),
- Recht auf Anhörung in betrieblichen Angelegenheiten, die seine Person betreffen,
- Recht auf Erörterung der Beurteilung seiner Leistungen (§ 82 BetrVG),
- Recht auf Einsicht in seine Personalakte (§ 83 BetrVG),
- Recht auf Beschwerde, wenn er sich benachteiligt oder ungerecht behandelt fühlt. Die Beschwerde kann der Arbeitnehmer bei der zuständigen Stelle des Betriebs (§ 84 Abs. 1 BetrVG) vorbringen. Der Betriebsrat ist verpflichtet, Beschwerden von Arbeitnehmern entgegenzunehmen und, falls er sie für berechtigt hält, beim Arbeitgeber auf Abhilfe hinzuwirken (§ 85 Abs. 1 BetrVG).

7.3 Die Betriebsverfassung und ihre Organe

Die **Betriebsverfassung** ist die arbeitsrechtliche Grundordnung des Betriebes. Sie regelt die Zusammenarbeit zwischen Arbeitgeber und Arbeitnehmer auf Betriebsebene. Ihre Rechtsgrundlage hat sie im Betriebsverfassungsgesetz. Die wichtigsten Träger der Betriebsverfassung sind, neben dem Arbeitgeber, der Betriebsrat und die Betriebsversammlung.

7.3.1 Betriebsrat

Der Betriebsrat ist die vom Betriebsverfassungsgesetz geschaffene **gesetzliche Vertretung der Arbeitnehmerschaft** des Betriebes. Er hat die Interessen der Arbeitnehmer zu vertreten, aber auch die Interessen des Betriebs zu berücksichtigen. Der Betriebsrat übt Beteiligungsrechte für die Arbeitnehmer des Betriebs aus. Er ist auf der Ebene des Betriebs tätig (betriebliche Mitbestimmung). Bestehen in einem Unternehmen mehrere Betriebe (ein Unternehmen mit Filialen oder Niederlassungen), wird auf Unternehmensebene ein Gesamtbetriebsrat gebildet. Die Betriebsräte entsenden Mitglieder in den **Gesamtbetriebsrat.** Für einen Konzern kann durch Beschlüsse der einzelnen Gesamtbetriebsräte ein **Konzernbetriebsrat** gebildet werden.

Im Raum der Europäischen Gemeinschaft tätige Unternehmen müssen einen **Europäischen Betriebsrat** oder ein Verfahren zur Unterrichtung und Anhörung der Arbeitnehmer vereinbaren (§ 1 Europäisches Betriebsräte-Gesetz). Ein Unternehmen ist gemeinschaftsweit tätig, wenn es insgesamt mindestens 1 000 Arbeitnehmer in den Mitgliedstaaten beschäftigt, davon mindestens je 150 Arbeitnehmer in verschiedenen Mitgliedstaaten.

Arbeitgeber und Betriebsrat haben die Pflicht zur **vertrauensvollen Zusammenarbeit.** Sie sollen mindestens einmal im Monat eine Besprechung abhalten (§ 74 Abs. 1 BetrVG). Sie sollen ihre Verhandlungen mit dem ernsten Willen zur Einigung führen und Vorschläge für die Beseitigung von Meinungsverschiedenheiten machen.

Arbeitnehmer im Sinne des BetrVG sind Angestellte, Arbeiter und Auszubildende (zur Abgrenzung des Begriffs „Arbeitnehmer" siehe 1.2). Gemäß § 1 Sprecherausschussgesetz werden in Betrieben mit mehr als zehn leitenden Angestellten **Sprecherausschüsse für die leitenden Angestellten** gebildet. Auf leitende Angestellte findet das BetrVG keine Anwendung, soweit im Gesetz nichts anderes bestimmt ist.

7.3.2 Betriebsversammlung

Die **Betriebsversammlung** hat die Aufgabe, den Kontakt und den Informationsfluss zwischen Belegschaft und Betriebsrat herzustellen. Sie besteht aus den Arbeitnehmern des Betriebs und wird von dem Vorsitzenden des Betriebsrats geleitet (§ 42 Abs. 1 BetrVG). Der **Betriebsrat** hat einmal in jedem Kalendervierteljahr eine **Betriebsversammlung** einzuberufen und ihr einen Tätigkeitsbericht zu erstatten (§ 43 Abs. 1 BetrVG). Der Betriebsrat hat zwei der vierteljährlich vorgeschriebenen vier Pflicht-Betriebsversammlungen als **Abteilungsversammlungen** durchzuführen, sofern der Betrieb „räumlich und organisatorisch abgegrenzte Betriebsteile" (Abteilungen) hat. Die Abteilungsversammlung soll der Erörterung besonderer Anliegen der Arbeitnehmer in Betriebsabteilungen dienen.

Der **Arbeitgeber** ist zu den Betriebs- und Abteilungsversammlungen unter Mitteilung der Tagesordnung einzuladen. Er ist berechtigt, in den Versammlungen zu sprechen.

Der Arbeitgeber ist verpflichtet, mindestens einmal in jedem Kalenderjahr in einer Betriebsversammlung über das Personal- und Sozialwesen des Betriebs und über die wirtschaftliche Lage und Entwicklung des Betriebs zu berichten. Er ist jedoch nicht verpflichtet, Betriebs- oder Geschäftsgeheimnisse offenzulegen (§ 43 Abs. 2 BetrVG).

7.3.3 Jugend- und Auszubildendenvertretung

Die besonderen Belange

- der jugendlichen Arbeitnehmer (Arbeitnehmer, die das 18. Lebensjahr noch nicht vollendet haben) und
- der Auszubildenden

werden durch die Jugend- und Auszubildendenvertretung wahrgenommen (§ 60 BetrVG).

Die Jugend- und Auszubildendenvertretung kann zu **allen Sitzungen des Betriebsrats** einen Vertreter entsenden. Werden im Betriebsrat Angelegenheiten behandelt, die besonders jugendliche Arbeitnehmer und Auszubildende betreffen, so hat zu diesem Tagesordnungspunkt die gesamte Jugend- und Auszubildendenvertretung ein Teilnahmerecht. Die Jugend- und Auszubildendenvertreter haben in der Sitzung des Betriebsrats Stimmrecht, soweit die zu fassenden Beschlüsse überwiegend jugendliche Arbeitnehmer und Auszubildende betreffen (§ 67 BetrVG).

Jugend- und Auszubildendenvertretungen werden in Betrieben gewählt, in denen in der Regel mindestens fünf Arbeitnehmer das 18. Lebensjahr noch nicht vollendet haben (jugendliche Arbeitnehmer) oder die zu ihrer Berufsausbildung beschäftigt sind.

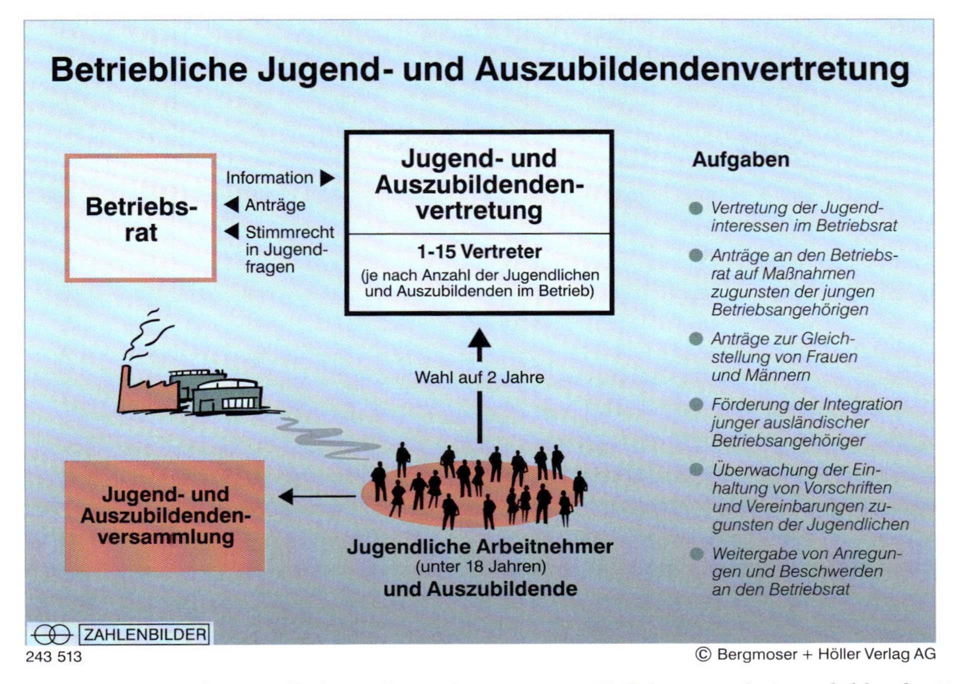

Wahlberechtigt sind jugendliche Arbeitnehmer unter 18 Jahren und Auszubildende (§ 61 BetrVG).

Wählbar sind alle Arbeitnehmer des Betriebs, die das 25. Lebensjahr noch nicht vollendet haben oder die zu ihrer Berufsausbildung beschäftigt sind, § 61 Abs. 2 BetrVG. Bestehen in einem Unternehmen mehrere Jugendvertretungen, so ist auf Unternehmensebene eine Gesamt-Jugend- und Auszubildendenvertretung zu errichten (§ 72 Abs. 1 BetrVG).

7.4 Betriebsrat und betriebliche Mitbestimmung

7.4.1 Die Bildung des Betriebsrats

7.4.1.1 Errichtung

Betriebsräte werden in den Betrieben gebildet, die in der Regel mindestens fünf ständige wahlberechtigte Arbeitnehmer haben, von denen drei wählbar sind (§ 1 BetrVG). Als Betrieb im Sinne des Betriebsverfassungsgesetzes gelten Industrie-, Handels-, Bankbetriebe usw., auch Handwerksbetriebe und Büros von Freiberuflern (z.B. Rechtsanwälte, Steuerberater, Apotheker). Dies gilt auch für gemeinsame Betriebe mehrerer Unternehmen. Ein gemeinsamer Betrieb mehrerer Unternehmen wird vermutet, wenn zur Verfolgung arbeitstechnischer Zwecke die Betriebsmittel sowie die Arbeitnehmer von den Unternehmen gemeinsam genutzt werden. Eine gemeinsame Leitung ist nicht erforderlich (§ 1 BetrVG).

7.4.1.2 Wahlrecht und Amtszeit

Die **Wahlberechtigung (das aktive Wahlrecht)** für die Wahl des Betriebsrats haben alle Arbeitnehmer (also auch Auszubildende), die das 16. Lebensjahr vollendet haben. Wahlberechtigt sind auch Arbeitnehmer, die dem Betrieb von einem anderen Arbeitgeber zur Arbeitsleistung überlassen worden sind (**Leiharbeiter**). Sie sind vom ersten Tag ihres Arbeitseinsatzes an wahlberechtigt, wenn sie länger als drei Monate im Betrieb eingesetzt werden (§ 7 BetrVG).

Wählbar sind mindestens fünf Arbeitnehmer, die das 18. Lebensjahr noch nicht vollendet haben (jugendliche Arbeitnehmer) oder die zu ihrer Berufsausbildung beschäftigt sind (**passives Wahlrecht,** § 8 BetrVG).

Auch **Arbeitnehmer mit ausländischer Staatsangehörigkeit** sind wählbar. Nicht wählbar ist, wer infolge strafrechtlicher Verurteilung die Fähigkeit nicht besitzt, Rechte aus öffentlichen Wahlen zu erlangen. Gesellschafter bzw. Vertreter juristischer Personen sind keine Arbeitnehmer, also ebenfalls nicht wählbar.

Das Amt des Betriebsrats ist ein Ehrenamt. Ein Betriebsrat erhält keine besondere Vergütung. Durch eine Betriebsratstätigkeit versäumte Zeit hat jedoch der Arbeitgeber zu bezahlen. Mitglieder des Betriebsrats sind von ihrer beruflichen Tätigkeit zu befreien, soweit dies für die Betriebsratstätigkeit erforderlich ist. Je nach Anzahl der Arbeitnehmer in dem Betrieb ist eine in § 38 BetrVG festgelegte Zahl von Betriebsratsmitgliedern von ihrer beruflichen Tätigkeit völlig freigestellt (z. B. bei 200 bis 500 Arbeitnehmern ein Betriebsratsmitglied, von 501 bis 900 Arbeitnehmern zwei und von 901 bis 1 500 Arbeitnehmern drei Betriebsratsmitglieder).

Aktives Wahlrecht zum Betriebsrat und zur Jugend- und Auszubildendenvertretung			
Betriebsrat		**Jugend- und Auszubildendenvertretung**	
Arbeitnehmer über 16 Jahre	Auszubildende über 16 Jahre	Arbeitnehmer unter 18 Jahre	Auszubildende

Die regelmäßige **Amtszeit** des Betriebsrats beträgt vier Jahre (§ 21 BetrVG).

7.4.1.3 Wahlverfahren

Die regelmäßigen **Betriebsratswahlen** finden alle vier Jahre in der Zeit vom 1. März bis 31. Mai statt (§ 13 Abs. 1 BetrVG). Der Betriebsrat wird in geheimer und unmittelbarer Wahl gewählt (§ 14 Abs. 1 BetrVG). Die Wahl erfolgt nach den Grundsätzen der Verhältniswahl. Wahlvorschläge können die wahlberechtigten Arbeitnehmer und die im Betrieb vertretenen Gewerkschaften machen (§ 14 BetrVG). In Kleinbetrieben (fünf bis 50 wahlberechtigte Arbeitnehmer) wird der Betriebsrat auf einer Wahlversammlung in geheimer und unmittelbarer Wahl gewählt (§ 14a BetrVG). Dies gilt auch für die Jugendvertretung (§ 63 Abs. 4 BetrVG).

7.4.1.4 Anzahl der Betriebsratsmitglieder und Zusammensetzung des Betriebsrats

Der Betriebsrat **soll** sich möglichst aus Arbeitnehmern der einzelnen Organisationsbereiche und der verschiedenen Beschäftigungsarten der im Betrieb tätigen Arbeitnehmer zusammensetzen. Männer und Frauen **müssen** entsprechend ihres zahlenmäßigen Verhältnisses im Betriebsrat vertreten sein (§ 15 BetrVG).

Die Zahl der Betriebsratsmitglieder ist in § 9 BetrVG festgelegt.

Zahl der wahlberechtigten Arbeitnehmer	Zahl der Betriebsratsmitglieder
5 - 20	1
21 - 50	3
51 - 100	5
101 - 200	7
201 - 400	9
401 - 700	11
701 - 1 000	13
1 001 - 1 500	15
1 501 - 2 000	17

Zahl der wahlberechtigten Arbeitnehmer	Zahl der Betriebsratsmitglieder
1501 - 2000	17
2001 - 2500	19
2501 - 3000	21
3001 - 3500	23
3501 - 4000	25
4001 - 4500	27
4501 - 5000	29
5001 - 6000	31
6001 - 7000	33
7001 - 9000	35

In Betrieben mit mehr als 9000 Arbeitnehmern erhöht sich die Zahl der Mitglieder je angefangene weitere 3000 Arbeitnehmer um zwei Mitglieder.

7.4.2 Die allgemeinen Aufgaben des Betriebsrats

In § 80 BetrVG werden die **allgemeinen Aufgaben** des Betriebsrats aufgezählt.

Allgemeine Aufgaben des Betriebsrats	
Aufzählung	**Beispiele**
1. **Überwachung der Einhaltung von Rechtsnormen und arbeitsrechtlichen Grundsätzen**, die zugunsten von Arbeitnehmern gelten	**Rechtsnormen**: Kündigungsschutzgesetz, Entgeltfortzahlungsgesetz, Arbeitszeitgesetz, Gewerbeordnung, Mutterschutzgesetz, Betriebsverfassungsgesetz usw. **Arbeitsrechtliche Grundsätze**: Gleichbehandlungsgrundsatz, Fürsorgepflicht
2. **Beantragung von Maßnahmen**, die dem Betrieb und der Belegschaft dienen	**Anregungen** für Einstellungen, Versetzungen, Umgruppierungen; Anregungen für Verbesserung der Arbeitsmethoden, für die Beseitigung vermeidbarer Arbeitserschwernisse
3. **Entgegennahme von Anregungen** der Arbeitnehmer und der Jugendvertretung; Vertretung der Anregungen	**Anregungen** jeder Art, die den Betrieb und die Mitarbeitenden einschließlich der jugendlichen Arbeitnehmer betreffen
4. Durchsetzung der tatsächlichen **Gleichstellung von Männern und Frauen** und der Vereinbarkeit von Familie und Beruf	**Vorschlag** zur Einführung von Teilzeitarbeit
5. **Eingliederung schutzbedürftiger Personen**	**Eingliederung** Schwerbehinderter, Eingliederung von Arbeitnehmern aus krisenanfälligen Wirtschaftszweigen
6. **Zusammenarbeit mit der Jugend- und Auszubildendenvertretung**	**Maßnahmen** der Berufsausbildung, Vorbereitung und Durchführung der Wahl einer Jugendvertretung
7. **Förderung der Beschäftigung älterer Arbeitnehmer**	**Erhaltung von Arbeitsplätzen**, die besonders für ältere Arbeitnehmer geeignet sind
8. **Integration ausländischer Arbeitnehmer sowie Maßnahmen zur Bekämpfung von Rassismus und Fremdenfeindlichkeit**	**Integrierung** in den Betrieb nach Einstellung, Hinwirkung auf Verständnisbereitschaft gegenüber ausländischen Mitarbeitenden
9. Förderung der Maßnahmen des **Arbeitsschutzes** und des **betrieblichen Umweltschutzes**	**Vorschlag** zur Erstellung einer betrieblichen Öko-Bilanz

7.4.3 Die Abstufung der Beteiligungsrechte des Betriebsrats

Das Betriebsverfassungsgesetz gibt dem Betriebsrat **Beteiligungsrechte in sozialen, personellen und wirtschaftlichen Angelegenheiten.** Die Beteiligungsrechte sind – geordnet nach der Intensität der möglichen Einflussnahme – wie folgt abgestuft:

Informationsrecht

Der Betriebsrat hat nur ein Fragerecht, der Arbeitgeber die Erläuterungspflicht.

Beispiel: § 90 BetrVG: Information über die Planung von Neu-, Um- und Erweiterungsbauten

Mitspracherecht

Der Betriebsrat kann verlangen, dass der Arbeitgeber ihn anhört und die Angelegenheit mit ihm erörtert.

Beispiel: § 92 BetrVG: Beratung und Verhandlung zur Personalplanung

Widerspruchsrecht

Der Widerspruch des Betriebsrats führt zu einer Nachprüfung durch das Arbeitsgericht.

Beispiel: § 99 BetrVG: Widerspruch gegen eine Einstellung

Mitbestimmungsrecht („echte" Mitbestimmung)

Der Betriebsrat kann die Einführung einer bestimmten Regelung verlangen (Initiativrecht). Arbeitgeber und Arbeitnehmer können die Regelung nur gemeinsam treffen. Es besteht Einigungszwang. Kommt eine Einigung nicht zustande, dann entscheidet die Einigungsstelle.

Beispiel: § 87 BetrVG: Aufstellung des Urlaubsplans

Es ist eine gemeinsame Aufgabe von Betriebsrat und Arbeitgeber, die **Einigungsstelle** zu bilden (§ 76 BetrVG). Sie muss einen unparteiischen Vorsitzenden haben, der nicht aus dem Betrieb stammt. In der Regel ist es ein Richter eines Arbeitsgerichts. Hinzu kommt eine vom Gesetz nicht festgelegte Zahl von Beisitzern, die je zur Hälfte vom Arbeitgeber und vom Betriebsrat bestimmt werden. Kommt eine Einigung über den Vorsitzenden oder die Zahl der Beisitzer nicht zustande, dann entscheidet das Arbeitsgericht.

Informationsrecht, Mitspracherecht und Widerspruchsrecht werden unter dem Begriff **„Mitwirkungsrecht"** zusammengefasst und der (echten) Mitbestimmung gegenübergestellt.

7.4.4 Beteiligung des Betriebsrats in sozialen Angelegenheiten

In sozialen Angelegenheiten kann der Arbeitgeber in den in § 87 BetrVG aufgezählten Fällen Maßnahmen grundsätzlich nur mit Zustimmung des Betriebsrats treffen. Kommt keine Einigung zwischen Arbeitgeber und Arbeitnehmer zustande, dann entscheidet die **Einigungsstelle** verbindlich. Damit besteht eine echte Mitbestimmung.

Folgende Bereiche unterliegen nach § 87 BetrVG der Mitbestimmung:

- Fragen der Ordnung des Betriebs und des Verhaltens der Arbeitnehmer im Betrieb,
- Beginn und Ende der Arbeitszeit, Pausenregelungen,
- vorübergehende Verlängerungen oder Verkürzungen der Arbeitszeit,
- Regelungen zur Lohngestaltung, einschließlich Zeit, Ort und Art der Lohnauszahlung,
- Aufstellung allgemeiner Urlaubsgrundsätze und des Urlaubsplans,
- Einführung und Anwendung von technischen Einrichtungen zur Überwachung der Leistung oder des Verhaltens der Arbeitnehmer,
- Verwaltung der betrieblichen Sozialeinrichtungen,
- Fragen der betrieblichen Lohngestaltung,
- Grundsätze über das betriebliche Vorschlagswesen,
- Regelungen über die Verhütung von Arbeitsunfällen und Berufskrankheiten,
- Grundzüge der Durchführung von Gruppenarbeit.

Mitbestimmung in sozialen Angelegenheiten bei kollektiven Regelungen

Der Leiter der Kreditabteilung einer Bank fordert von seiner Sekretärin, wegen dringender Arbeiten eine Stunde länger im Dienst zu bleiben. Nach Arbeitsvertrag und Arbeitszeitgesetz wäre dies möglich. Kann die Sekretärin die Überstunde mit der Begründung verweigern, der Betriebsrat müsse einer solchen Regelung zustimmen?

Nein! Die Mitbestimmungsregeln des § 87 BetrVG gelten grundsätzlich nicht für Einzelfälle. Die Zustimmung des Betriebsrats wäre nur notwendig, wenn die Arbeitszeit für den gesamten Betrieb oder eine Betriebsabteilung vorübergehend verlängert würde.

7.4.5 Beteiligung des Betriebsrats in personellen Angelegenheiten

Bei den personellen Angelegenheiten unterscheidet das BetrVG zwischen den allgemeinen personellen Angelegenheiten (§§ 92–95 BetrVG), den Angelegenheiten der Berufsbildung (§§ 96–98 BetrVG) und den personellen Einzelmaßnahmen (§§ 99–105 BetrVG).

Zu den **allgemeinen personellen Angelegenheiten** zählen

- die Personalplanung (§ 92 BetrVG),
- die Ausschreibung von Arbeitsplätzen (§ 93 BetrVG),
- der Inhalt von Personalfragebögen und Beurteilungsgrundsätzen (§ 94 BetrVG) und
- die Festlegung von Auswahlrichtlinien für Einstellungen (§ 95 BetrVG).

In Angelegenheiten der Personalplanung hat der Betriebsrat nur ein **Informations- und Mitspracherecht.** Für die Gestaltung von Personalfragebögen, Beurteilungskriterien und Einstellungsrichtlinien gewährt das BetrVG ein echtes **Mitbestimmungsrecht.**

In Fragen der Berufsbildung steht dem Betriebsrat ebenfalls ein echtes **Mitbestimmungsrecht** zu (§ 98 BetrVG).

Bei personellen Einzelmaßnahmen (§§ 99–105 BetrVG) hat der Betriebsrat ein **Widerspruchsrecht** (z. B. bei der Kündigung eines Arbeitnehmers). Der Betriebsrat kann im Bereich personeller Einzelentscheidungen die Zustimmung verweigern bei

- Einstellung von Arbeitnehmern,
- Eingruppierung in Tarifgruppen,

- Umgruppierung innerhalb der Tarifgruppen sowie
- Versetzung von Arbeitnehmern auf andere Arbeitsplätze.

Der Betriebsrat kann seine Zustimmung nur verweigern, wenn bestimmte Gründe vorliegen, die in § 99 Abs. 2 BetrVG aufgezählt sind.

Verweigert der Betriebsrat seine Zustimmung, so ist die Verweigerung unter Angabe von Gründen innerhalb einer Woche nach Unterrichtung dem Arbeitgeber schriftlich mitzuteilen. Geschieht dies nicht rechtzeitig, so gilt die Zustimmung als erteilt (§ 99 Abs. 3 BetrVG). Verweigert der Betriebsrat seine Zustimmung, so kann der Arbeitgeber beim **Arbeitsgericht** beantragen, die Zustimmung zu ersetzen (§ 99 Abs. 4 BetrVG).

7.4.6 Beteiligung des Betriebsrats in wirtschaftlichen Angelegenheiten

In wirtschaftlichen Angelegenheiten gibt es die Beteiligung des Wirtschaftsausschusses und die **Beteiligung des Betriebsrats bei Betriebsänderungen** (Sozialplan).

In Betrieben mit in der Regel mehr als 100 ständig beschäftigten Arbeitnehmern ist gem. § 106 BetrVG zur Durchführung der Mitwirkung in wirtschaftlichen Angelegenheiten ein **Wirtschaftsausschuss** zu gründen. Die Mitglieder (mindestens drei, höchstens sieben) werden vom Betriebsrat bestellt.

Der Wirtschaftsausschuss hat

- gegenüber dem Unternehmer ein Beratungsrecht und
- gegenüber dem Betriebsrat eine Unterrichtungspflicht.

Der Unternehmer hat gegenüber dem Wirtschaftsausschuss in allen wirtschaftlichen Angelegenheiten eine **Unterrichtungspflicht.** Eine echte Mitbestimmung ist nicht gegeben.

Zu den wirtschaftlichen Angelegenheiten, über die der Unternehmer den Wirtschaftsausschuss zu unterrichten hat, gehören nach § 106 Abs. 3 BetrVG insbesondere:

- die wirtschaftliche und finanzielle Lage des Unternehmens,
- die Produktions- und Absatzlage,
- das Produktions- und Investitionsprogramm,
- Rationalisierungsvorhaben,
- Fabrikations- und Arbeitsmethoden, insbesondere die Einführung neuer Arbeitsmethoden,
- Fragen des Umweltschutzes,
- die Einschränkung oder Stilllegung von Betrieben oder Betriebsteilen,
- die Verlegung von Betrieben oder Betriebsteilen,
- der Zusammenschluss von Betrieben,
- die Änderung der Betriebsorganisation oder des Betriebszwecks,
- die Übernahme des Unternehmens,
- sonstige Vorgänge oder Vorhaben, welche die Interessen der Arbeitnehmer des Unternehmens wesentlich berühren können.

Um die wirtschaftlichen Nachteile zu mildern, die infolge von geplanten Betriebsänderungen den Arbeitnehmern entstehen können, hat der Betriebsrat die Möglichkeit, mit dem Unternehmer einen **Sozialplan** zu vereinbaren (§ 112 BetrVG). Der Sozialplan hat die Wirkung einer Betriebsvereinbarung (siehe 6.2), aus der sich Ansprüche gegen den Arbeitgeber ergeben.

Leistungen aus dem Sozialplan können z. B. Abfindungen oder Überbrückungsgeld bei Verlust des Arbeitsplatzes oder die Sicherung der betrieblichen Altersversorgung sein. Die Höhe der Leistung richtet sich in der Regel nach Alter, Familienstand, Betriebszugehörigkeit usw. Kommt eine Einigung über den Sozialplan nicht zustande, dann **entscheidet die Einigungsstelle.** Bei der Erstellung eines Sozialplans besteht damit eine **echte Mitbestimmung.**

Im Insolvenzverfahren zählen die Ansprüche aus dem Sozialplan zu den bevorrechtigten Forderungen. Im Interesse der übrigen Insolvenzgläubiger sieht § 123 der Insolvenzordnung eine Begrenzung des Sozialplanvolumens vor.

Bereiche und Stufen der Beteiligungsrechte des Betriebsrats (nach BetrVG)

Stufen / Bereiche	soziale Angelegenheiten	personelle Angelegenheiten	wirtschaftliche Angelegenheiten
Informationsrecht			Wirtschaftsausschuss in allen wirtschaftlichen Angelegenheiten § 106 BetrVG
Mitspracherecht		Fragen der Personalplanung § 92 BetrVG	
Widerspruchsrecht (Entscheidung durch Arbeitsgericht)		Personelle Einzelmaßnahmen (z. B. Einstellung) § 99 BetrVG	
Mitbestimmungsrecht (Entscheidung durch Einigungsstelle)	alle in § 87 BetrVG aufgezählten sozialen Angelegenheiten	Gestaltung von Personalfragebögen, Beurteilungsgrundsätzen § 94 BetrVG, Auswahlrichtlinien für Einstellungen § 95 BetrVG	Fragen des Sozialplans § 112 BetrVG

7.4.7 Personalvertretung im öffentlichen Dienst

Rechtsprechende, Personen im Staatsdienst sowie der Bundeswehr sind keine Arbeitnehmer im engeren Sinne, weil sie in einem öffentlich-rechtlichen Dienstverhältnis stehen (siehe 1.2). Verwaltungsangestellte dagegen sind Arbeitnehmer im Sinne des Arbeitsrechts. Zum öffentlichen Dienst zählen die Verwaltungen, Betriebe und Gerichte des Bundes, der Länder, der Gemeinden und Gemeindeverbände sowie die Körperschaften, Anstalten und Stiftungen des öffentlichen Rechts. Gem. § 130 BetrVG gilt für den öffentlichen Dienst (Arbeitnehmer und Beamte) das Personalvertretungsgesetz des Bundes, wenn der Beamte oder der Angestellte bei einer Bundesbehörde beschäftigt ist; für die einzelnen Bundesländer gelten besondere Landes-Personalvertretungsgesetze. Das Personalvertretungsgesetz gilt auch für Betriebe in öffentlich-rechtlicher Form, die der Aufsicht eines Landes unterstehen, wie z. B. Sparkassen und Landesbanken.

Die Personalvertretung hat im Bereich des öffentlichen Dienstes eine ähnliche Funktion wie der Betriebsrat in der Privatwirtschaft.

Betriebsverfassungsrecht und Personalvertretungsrecht: Gegenüberstellung sich entsprechender Begriffe	
Betrieb	Dienststelle
Unternehmer	Leiter der Dienststelle
Betriebsrat	Personalrat
Betriebsversammlung	Personalversammlung

Träger der Mitbestimmung im öffentlichen Dienst sind die **Personalräte.** Sie werden in allen Dienststellen gebildet, die in der Regel mindestens fünf wahlberechtigte Beschäftigte haben, von denen drei wählbar sind. Ihre Amtszeit beträgt vier Jahre.

Besteht der Personalrat aus mehr als drei Personen, so wählen die Beamten und Arbeitnehmer ihre Vertreter in getrennten Wahlgängen. Die wahlberechtigten Angehörigen jeder Gruppe können vor der Neuwahl in getrennten Abstimmungen die gemeinsame Wahl beschließen. Der Beschluss bedarf der Mehrheit der Stimmen aller wahlberechtigten Beschäftigten jeder Gruppe.

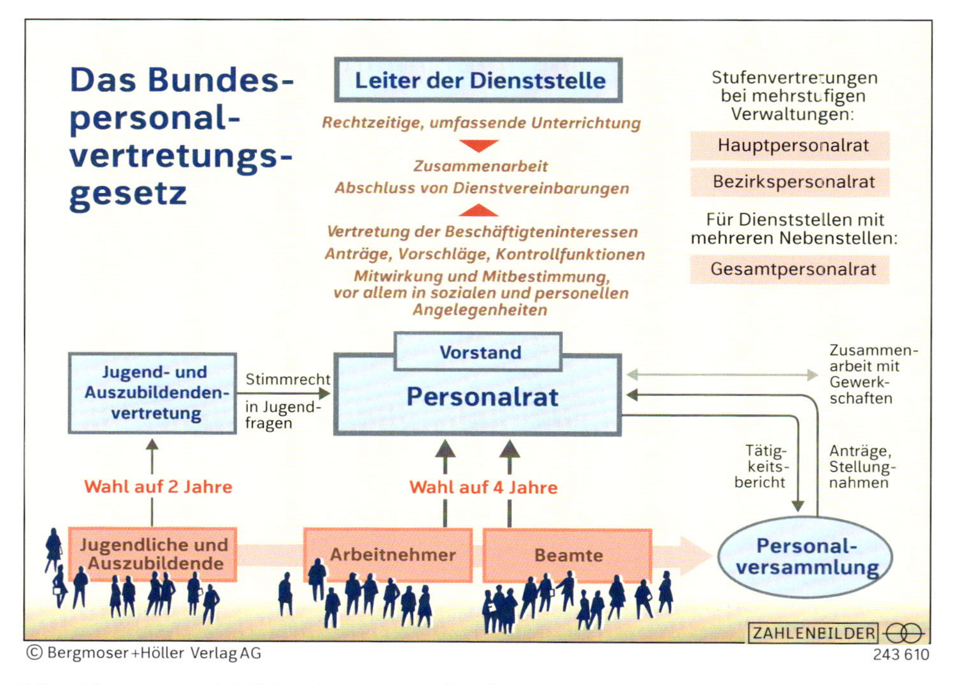

Das Mitwirkungs- und Mitbestimmungsrecht des Personalrats in sozialen und personellen Angelegenheiten ist an den Besonderheiten des öffentlichen Dienstes orientiert, entspricht aber weitgehend dem des Betriebsrats.

7.5 Unternehmensmitbestimmung

7.5.1 Wesen der Unternehmensmitbestimmung

Die gesetzlichen Regelungen zur Unternehmensmitbestimmung sollen den Arbeitnehmern unmittelbaren Einfluss auf wichtige unternehmerische Planungen und Entscheidungen gewähren. Verwirklicht wird die **Unternehmensmitbestimmung** durch die Beteiligung der Arbeitnehmer im **Aufsichtsrat**. Deshalb umfasst die Unternehmensmitbestimmung grundsätzlich nur Unternehmen einer bestimmten Rechtsform und einer größeren Arbeitnehmerzahl.

Durch die Unternehmensmitbestimmung wird die Arbeitnehmerschaft an der Auswahl und der laufenden Kontrolle der Unternehmensleitung beteiligt; sie kann außerdem die Unternehmenspolitik in ihren Grundzügen mitbestimmen.

Schon durch die Mitwirkung der Arbeitnehmervertretung an der **Bestellung und Abberufung der Unternehmensleitung wird** eine soziale Unternehmenspolitik gefördert. Bei der Beratung unternehmerischer Absicht und Entscheidungen im Aufsichtsrat können auch die Erfahrung und Sachkunde der Arbeitnehmer in den Entscheidungsprozess mit eingehen.

Mit der Unternehmensmitbestimmung soll eine Unternehmenspolitik gefördert werden, die bei unternehmerischen Entscheidungen soziale Belange im Rahmen der wirtschaftlichen Möglichkeiten berücksichtigt.

Die Unternehmensmitbestimmung wird auch als wirtschaftliche Mitbestimmung bezeichnet.

Warum ist es richtig und wichtig, dass Arbeitnehmer im Rahmen der „Mitbestimmung im Unternehmen“ Einfluss auf Unternehmensentscheidungen und Entwicklungen nehmen können?

- Der Arbeitnehmer ist im Grunde der entscheidende Faktor für den Erfolg eines Unternehmens. Er ist keine seelenlose Maschine und sollte daher auch nicht so behandelt werden. Vielmehr ist es selbstverständlich, seine Menschenwürde zu achten, ohne über ihn „hinweg“ Entscheidungen zu treffen.
- Auch wenn der Arbeitnehmer grundsätzlich kein direktes wirtschaftliches Risiko trägt, so hängt sein Arbeitsplatz von den unternehmerischen Entscheidungen ab. Bei Fehlentscheidungen droht der Verlust des Arbeitsplatzes. Zum Ausgleich ist er gleichberechtigt an den Entscheidungen beteiligt.
- Nicht zuletzt kann bei einer Einbindung in Entscheidungsprozesse verhindert werden, dass der Arbeitgeber einseitige, willkürliche Entscheidungen trifft, die für die Arbeitnehmer ein unkalkulierbares Risiko darstellen. Man kann insoweit davon sprechen, dass die Mitbestimmungsrechte der Arbeitnehmerschaft das Prinzip einer Demokratie wiederspiegeln.

7.5.2 Unternehmensmitbestimmung nach dem Drittelbeteiligungsgesetz

Nach dem Drittelbeteiligungsgesetz muss der Aufsichtsrat einer Aktiengesellschaft, einer Kommanditgesellschaft auf Aktien, einer Gesellschaft mit beschränkter Haftung sowie einer Genossenschaft (mit mehr als 500 Arbeitnehmern) zu einem Drittel aus Vertretern der Arbeitnehmer bestehen. Für Montangesellschaften und sog. Großunternehmen gilt ein besonderes Recht (siehe 7.5.3 und 7.5.4).

Von der Pflicht zur **Drittelbeteiligung** der Arbeitnehmer im Aufsichtsrat sind befreit

- Aktiengesellschaften und Kommanditgesellschaften auf Aktien, die Familiengesellschaften sind und weniger als 500 Arbeitnehmer beschäftigen,
- sogenannte Tendenzbetriebe (Unternehmen, die überwiegend politischen, konfessionellen, karitativen, erzieherischen, wissenschaftlichen oder künstlerischen Zwecken dienen).

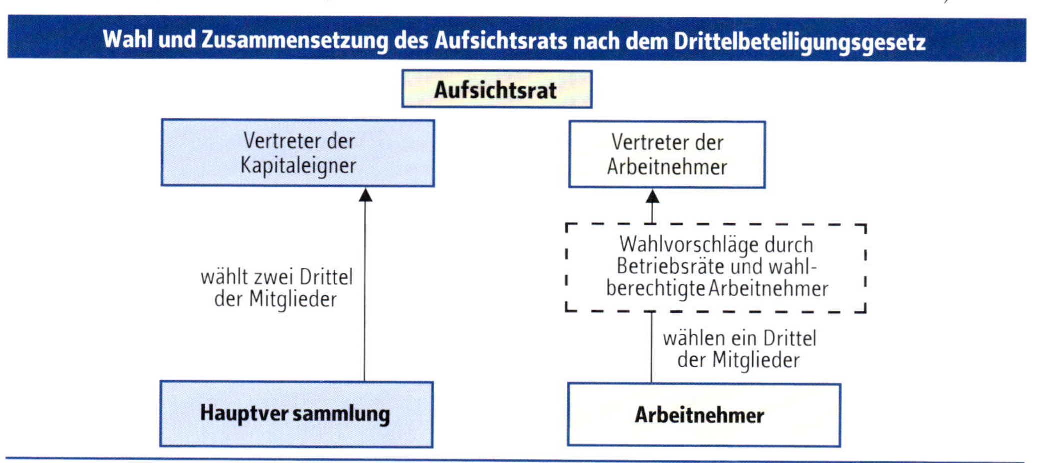

7.5.3 Unternehmensmitbestimmung nach dem Mitbestimmungsgesetz von 1976

Für **Kapitalgesellschaften und Genossenschaften,** die in der Regel mehr als 2000 Arbeitnehmer beschäftigen und nicht der Montan-Mitbestimmung unterliegen, gilt das Mitbestimmungsgesetz von 1976. Zu den Kapitalgesellschaften zählen vor allem die AG, die GmbH und die KGaA.

Bei einer Kapitalgesellschaft ist die Mitgliedschaft auf die reine Kapital-(Geld-)Beteiligung zugeschnitten. Die Gesellschafter haften nicht persönlich, ihre persönliche Mitarbeit an der Geschäftsführung ist nicht notwendig.

Das Gesetz legt fest, dass

- der Aufsichtsrat **paritätisch** mit Vertretern der Kapitaleigner und der Arbeitnehmer besetzt ist,
- Personal- und Sozialfragen durch einen **Arbeitsdirektor** (als Mitglied des Vorstands) besonders betreut werden,
- bei Stimmengleichheit im Aufsichtsrat die **Stimme des Vorsitzenden** den Ausschlag gibt. Der Aufsichtsratsvorsitzende ist in der Regel ein Vertreter der Aktionäre (Kapitaleigner).

Der Aufsichtsrat ist nach dem Mitbestimmungsgesetz (1976) wie folgt zusammengesetzt:

- bei 2000 bis 10000 Arbeitnehmern aus sechs Kapitaleignervertretern und sechs Arbeitnehmervertretern (davon zwei Gewerkschaftsvertreter),
- bei 10000 bis 20000 Arbeitnehmern aus acht Kapitaleignervertretern und acht Arbeitnehmervertretern,
- bei über 20000 Arbeitnehmern aus zehn Kapitaleignervertretern und zehn Arbeitnehmervertretern (davon drei Gewerkschaftsvertreter).

Die Mitbestimmung im Aufsichtsrat nach dem Mitbestimmungsgesetz 1976 ist nur zahlenmäßig paritätisch, tatsächlich ist es aber eine ungleichgewichtige Mitbestimmung:

- Aufgrund der gesetzlichen Vorschriften für die Wahl gehört der Aufsichtsratsvorsitz wohl immer der Gruppe der Kapitaleigner an.
- Der Aufsichtsratsvorsitz hat bei der Abstimmung über die Bestellung der Vorstandsmitglieder bzw. Geschäftsführenden eine ausschlaggebende Zweitstimme.
- Der Gruppe der Arbeitnehmer im Aufsichtsrat ist ein leitender Angestellter zugeordnet, dessen Tätigkeitsbereich im Unternehmen ihn in die Nähe und an die Seite der Anteilseigner rücken lässt.

Daher könnte der Arbeitsdirektor u. U. auch gegen die Stimmen der Arbeitnehmervertretung gewählt werden.

Wahl und Zusammensetzung des Aufsichtsrats nach dem Mitbestimmungsgesetz 1976

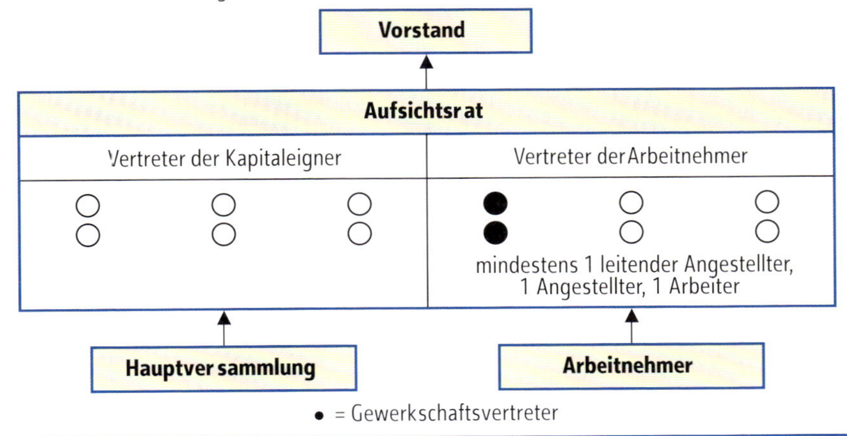

7.5.4 Unternehmensmitbestimmung in der Montanindustrie

Das Montan-Mitbestimmungsgesetz gilt für Unternehmen,

- die überwiegend im Bereich des Kohlebergbaus oder der Eisen und Stahl erzeugenden Industrie tätig sind und die
- in der Form einer Kapitalgesellschaft betrieben werden (Aktiengesellschaft, Gesellschaft mit beschränkter Haftung, Kommanditgesellschaft auf Aktien),
- wenn sie in der Regel mehr als 1000 Arbeitnehmer beschäftigen.

In der Montanindustrie haben die Arbeitnehmer aufgrund des Montan-Mitbestimmungsgesetzes (im Gegensatz zum Mitbestimmungsgesetz 1976) eine **tatsächlich paritätische Mitbestimmung** im Aufsichtsrat.

Der Aufsichtsrat eines vom Montan-Mitbestimmungsgesetz erfassten Unternehmens besteht aus elf Mitgliedern. Bei größeren Unternehmen kann die Zahl auf 15 oder 21 Mitglieder erhöht werden. Von den elf Mitgliedern werden fünf von der Arbeitnehmerseite und fünf von der Seite der Kapitaleigner benannt. Unter den fünf Aufsichtsratsmitgliedern der beiden Seiten muss sich je ein Mitglied befinden, das nicht Repräsentant einer Gewerkschaft oder einer Vereinigung der Arbeitgeber, nicht Arbeitnehmer oder Arbeitgeber des Unternehmens sein und an dem Unternehmen nicht wesentlich interessiert sein darf.

Zwar „wählt" die Hauptversammlung die Vertreter der Arbeitnehmer in den Aufsichtsrat, tatsächlich hat sie gegenüber den Vorschlägen des Betriebsrats und der Gewerkschaft aber kein Ablehnungsrecht.

Die so festgelegten zehn Mitglieder des Aufsichtsrats wählen den neutralen elften Mann. Dabei stehen Vertreter der Arbeitnehmer und der Kapitaleigner unter dem starken Zwang, sich zu einigen, da sonst ein äußerst kompliziertes Einigungsverfahren in Gang gesetzt wird.

Im Vorstand von Montangesellschaften werden die Arbeitnehmer durch den sog. **Arbeitsdirektor** vertreten (§ 13 Montan-MitbestG). Damit wird die besondere Betreuung von Personal- und Sozialfragen auf Vorstandsebene gewährleistet. Der Arbeitsdirektor kann nicht gegen die Stimmen der Arbeitnehmervertretung bestellt werden.

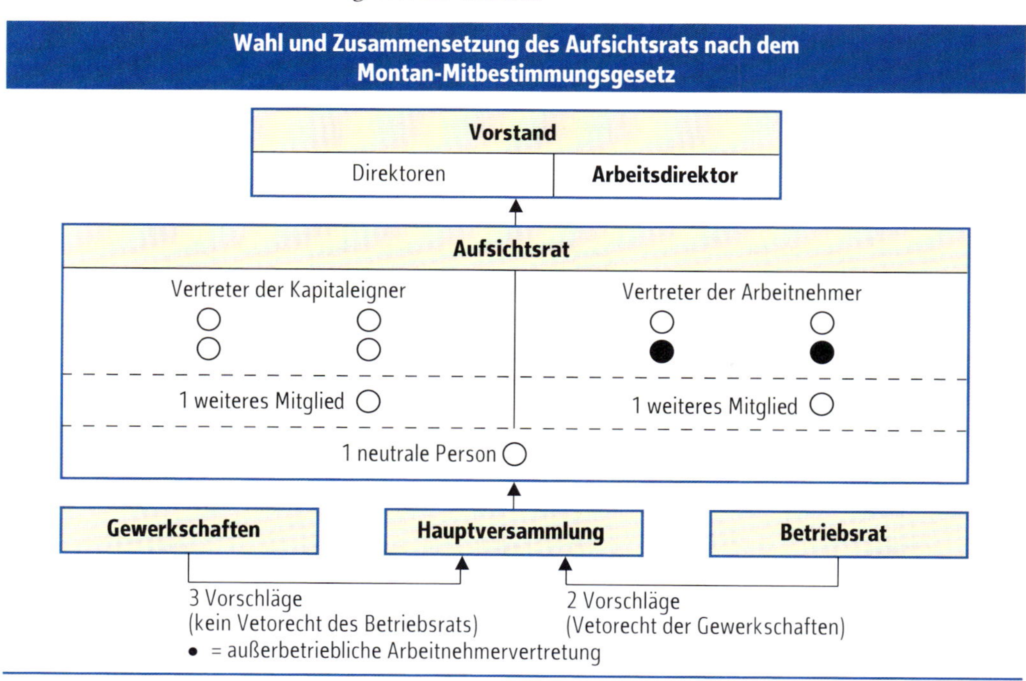

Vergleich der Mitbestimmungsregelungen		
	Mitbestimmungsgesetz von 1976	**Montan-Mitbestimmungsgesetz**
Auf wen sind die Mitbestimmungsregeln anzuwenden?	Das Mitbestimmungsgesetz gilt für Kapitalgesellschaften und Genossenschaften mit mehr als 2000 Beschäftigten.	Das Montan-Mitbestimmungsgesetz gilt für Kapitalgesellschaften im Montanbereich mit mehr als 1000 Beschäftigten.
Wie setzt sich der Aufsichtsrat zusammen?	Der Aufsichtsrat besteht zur Hälfte aus Vertretern der Arbeitnehmer und der Kapitaleigner. In der Arbeitnehmervertretung müssen sich leitende Angestellte sowie Gewerkschaftsvertreter befinden.	Der Aufsichtsrat besteht aus vier Vertretern der Arbeitnehmer und einem weiteren Mitglied, vier Vertretern der Kapitaleigner und einem weiteren Mitglied und einer „neutralen" Person.
Wer gibt bei Stimmengleichheit den Ausschlag?	Die Stimme des Aufsichtsratsvorsitzenden gibt den Ausschlag. Der Aufsichtsratsvorsitzende ist in der Regel Vertreter der Kapitaleigner.	Die Stimme der „neutralen" Person gibt den Ausschlag. (Die „neutrale" Person wird in der Regel auf Vorschlag der Arbeitnehmervertretung gewählt.)
Wer wählt die Arbeitnehmervertretung im Aufsichtsrat?	Die **Belegschaft des Unternehmens** wählt die Arbeitnehmervertretung direkt oder indirekt. Unter den Arbeitnehmervertretern müssen Vertreter der Gewerkschaften (Wahlvorschläge durch Gewerkschaften) und Arbeitnehmer des Unternehmens sein, wobei Arbeitenden, Angestellten und leitenden Angestellten mindestens je ein Sitz zusteht. Die Wahl der unternehmensangehörigen Aufsichtsratsmitglieder der Arbeitnehmer erfolgt aufgrund von Wahlvorschlägen der drei Gruppen.	Die **Hauptversammlung** wählt die Arbeitnehmervertretung aufgrund bindender Vorschläge der Gewerkschaft (drei Vertreter einschließlich des weiteren Mitglieds) und des Betriebsrats (zwei im Unternehmen beschäftigte Vertreter). (Der Vorschlag des Betriebsrats bedarf der Zustimmung der Gewerkschaften.)
Wie setzt sich der Vorstand zusammen?	Im Vorstand ist ein Mitglied als **Arbeitsdirektor** für die besondere Betreuung von Personal- und Sozialfragen tätig.	
Wer bestellt den Arbeitsdirektor?	Der Aufsichtsrat bestellt den Arbeitsdirektor. Der Arbeitsdirektor kann **gegen** die Stimmen der Arbeitnehmervertretung bestellt und abberufen werden.	Der Aufsichtsrat bestellt den Arbeitsdirektor. Der Arbeitsdirektor kann **nicht gegen** die Stimmen der Arbeitnehmervertretung bestellt oder abberufen werden.

Aufgaben

1 Rechte des Betriebsrats

Entscheiden Sie in den folgenden Fällen,

a) ob der Betriebsrat nach dem Betriebsverfassungsgesetz ein Beteiligungsrecht hat,

b) ob es sich um ein Mitwirkungsrecht (Informationsrecht, Mitspracherecht, Widerspruchsrecht) oder um ein Mitbestimmungsrecht handelt!

(A) Wegen verstärkten Auftragseingangs werden für zwei Betriebsabteilungen Überstunden über die Dauer von zwei Monaten angeordnet.

(B) Ein Sachbearbeiter der Einkaufsabteilung soll am 1. März wegen unaufschiebbarer Arbeiten eine Stunde länger im Betrieb bleiben.

(C) Die Gesellschafter des Unternehmens beschließen, einen weiteren Gesellschafter aufzunehmen.

(D) Einer neu eingestellten Sekretärin wird ein Arbeitsplatz in der Verkaufsabteilung zugewiesen.

(E) Ab 1. Januar sollen neue Grundsätze zur Beurteilung der Mitarbeitenden angewendet werden.

(F) Einem Arbeitnehmer wird gekündigt.

(G) Das Unternehmen will aus Rationalisierungsgründen das Produktionsprogramm straffen und auf die Herstellung einiger Produkte verzichten.

(H) Zur Überwachung der Qualität der Arbeitsleistungen sollen neue Kontrollgeräte eingeführt werden.

2 Wahl des Betriebsrats

Welche der folgenden Aussagen zur Wahl des Betriebsrats sind

[1] zutreffend,

[2] unzutreffend?

(A) Das aktive Wahlrecht zum Betriebsrat hat ein Arbeitnehmer erst, wenn er das 21. Lebensjahr vollendet hat.

(B) Das aktive Wahlrecht zum Betriebsrat hat jeder Arbeitnehmer, der das 18. Lebensjahr vollendet hat und länger als sechs Monate im Betrieb beschäftigt ist.

(C) Das aktive Wahlrecht zum Betriebsrat hat jeder (deutsche und ausländische) Arbeitnehmer des Betriebs.

(D) Wählbar zum Betriebsrat ist jeder volljährige Arbeitnehmer des Betriebs, der das aktive Wahlrecht besitzt.

(E) Wählbar zum Betriebsrat ist jeder Arbeitnehmer des Betriebs, der das aktive Wahlrecht besitzt und länger als sechs Monate im Betrieb beschäftigt ist.

(F) Der Arbeitgeber hat seinem Betriebsrat für Arbeitszeit, die er wegen seiner Betriebsratstätigkeit versäumt hat, 90% des Nettolohns zu zahlen.

(G) Die regelmäßige Amtszeit des Betriebsrats beträgt zwei Jahre.

(H) Die regelmäßige Amtszeit des Betriebsrats beträgt vier Jahre.

3 Rechte und Aufgaben der Jugend- und Auszubildendenvertretung

Kennzeichnen Sie aus den folgenden aufgeführten Rechten und Aufgaben der Jugend- und Auszubildendenvertretung

zutreffende Aussagen mit einer [1],

unzutreffende Aussagen mit einer [2]!

(A) Die Jugend- und Auszubildendenvertretung hat ein Recht auf Teilnahme an den Betriebsratssitzungen.

(B) Die Jugend- und Auszubildendenvertretung hat ein Recht zur Teilnahme an Betriebsratssitzungen, deren Tagesordnung besonders jugendliche Arbeitnehmer und Auszubildende betrifft.

(C) Die Jugend- und Auszubildendenvertretung kann zu allen Betriebsratssitzungen einen Vertreter entsenden.

(D) Die Jugend- und Auszubildendenvertretung hat Anregungen von jugendlichen Arbeitnehmern und Auszubildenden entgegenzunehmen und – falls sie berechtigt erscheinen – beim Arbeitgeber auf die Erledigung hinzuwirken.

(E) Die Jugend- und Auszubildendenvertretung hat Anregungen von jugendlichen Arbeitnehmern und Auszubildenden entgegenzunehmen und – falls sie berechtigt erscheinen – beim Betriebsrat auf die Erledigung hinzuwirken.

4 Aktives und passives Wahlrecht bei der Wahl der Jugend- und Auszubildendenvertretung

Prüfen Sie die folgenden Aussagen über Wahlberechtigung und Wählbarkeit zur Jugend- und Auszubildendenvertretung! Welche Arbeitnehmer haben

[1] aktives Wahlrecht,

[2] passives Wahlrecht?

Geben Sie eine [0] an, wenn kein Wahlrecht gegeben ist.

(A) Arbeitnehmer (ohne Auszubildende) nach Vollendung des 18. Lebensjahres

(B) Arbeitnehmer (auch Auszubildende), die das 18. Lebensjahr noch nicht vollendet haben

(C) Arbeitnehmer ausländischer Staatsangehörigkeit, die das 18. Lebensjahr noch nicht vollendet haben

(D) Arbeitnehmer (ohne Auszubildende), die das 25. Lebensjahr noch nicht vollendet haben

(E) Auszubildende, die das 25. Lebensjahr, aber noch nicht das 28. Lebensjahr vollendet haben

5 Unternehmensmitbestimmung

Prüfen Sie:

a) Muss ein Aufsichtsrat gebildet werden?

b) Wie muss der Aufsichtsrat besetzt sein?

Wirtschaftszweig	Unternehmensform	Zahl der Beschäftigten
Brauerei	AG	1 750
Stahlwerk	AG	1 500
Kreditinstitut	KGaA	2 200
Brauerei	AG	2 800
Kreditinstitut	AG	1 400
Versandhandel	GmbH	650
Elektrogeräteherstellung	GmbH	3 200
Autoindustrie	AG	14 000
Spedition	OHG	220
Spedition	GmbH	700

6 Montan-Mitbestimmung

Prüfen Sie die folgenden Aussagen über den Aufsichtsrat einer Kapitalgesellschaft im Montanbereich mit mehr als 1000 Beschäftigten.

[1] Die Aussage ist richtig.

[2] Die Aussage ist falsch.

(A) Die Mitglieder des Aufsichtsrats werden von der Hauptversammlung gewählt.

(B) Die Mitglieder des Aufsichtsrats werden zum Teil von der Hauptversammlung, zum Teil von den Arbeitnehmern des Betriebs gewählt.

(C) Die Gewerkschaft hat im Rahmen der Montan-Mitbestimmung einen größeren Einfluss auf die Zusammensetzung des Aufsichtsrats als nach dem Mitbestimmungsgesetz 1976.

(D) Gegen die vom Betriebsrat vorgeschlagenen Aufsichtsratsmitglieder kann die Gewerkschaft ein Veto einlegen.

(E) Die Zusammensetzung des Aufsichtsrats sichert ein Letztentscheidungsrecht der Kapitaleigner.

(F) Die Zusammensetzung des Aufsichtsrats sichert eine paritätische Mitbestimmung der Arbeitnehmer.

Wiederholungsfragen

1. In welchen Gesetzen ist die Mitwirkung und Mitbestimmung der Arbeitnehmer in Betrieben und Unternehmungen geregelt?
2. Für welchen Bereich gilt das Betriebsverfassungsgesetz?
3. Welche individuellen Rechte kann der Arbeitnehmer nach dem Betriebsverfassungsgesetz auf der Ebene des Arbeitsplatzes geltend machen?
4. Welche Organe der Betriebsverfassung gibt es?
5. In welchen Betrieben werden Betriebsräte gebildet?
6. In welchen Betrieben werden Jugend- und Auszubildendenvertretungen gebildet?
7. Wer ist bei Betriebsratswahlen aktiv, wer passiv wahlberechtigt?
8. Welche Grundsätze gelten für das Wahlverhalten bei Betriebsratswahlen?
9. Für welche Zeitdauer wird ein Betriebsrat gewählt?
10. Nennen Sie die allgemeinen Aufgaben des Betriebsrats!
11. Welche Stufen der Beteiligung des Betriebsrats an betrieblichen Entscheidungen (nach der Intensität der möglichen Einflussnahme) werden unterschieden?
12. Welche Voraussetzungen müssen vorliegen, damit „echte“ Mitbestimmung vorliegt? Geben Sie Beispiele für eine „echte“ (zwingende) Mitbestimmung!
13. Welche Aufgaben hat der Wirtschaftsausschuss?
14. Welche Aufgaben hat eine Einigungsstelle und wie setzt sie sich zusammen?
15. Was ist ein Sozialplan?

16. Wer ist Träger der Mitbestimmung im öffentlichen Dienst?
17. Welche Begriffe entsprechen im Personalvertretungsgesetz den folgenden Begriffen aus dem Betriebsverfassungsgesetz: Betrieb – Unternehmen – Betriebsrat – Betriebsversammlung?
18. Vergleichen Sie die Regelungen des Betriebsverfassungsgesetzes mit den entsprechenden Regelungen des Personalvertretungsgesetzes!
19. In welchem Fall spricht man von Unternehmensmitbestimmung?
20. Wie ist der Aufsichtsrat nach dem Betriebsverfassungsgesetz zusammengesetzt? Wer wählt die Mitglieder des Aufsichtsrats?
21. Auf welche Unternehmen findet das Mitbestimmungsgesetz (1976) Anwendung?
22. Warum kann man die Mitbestimmung in Großunternehmen (nach dem Mitbestimmungsgesetz) als ungleichgewichtige Mitbestimmung bezeichnen?
23. Wie ist der Aufsichtsrat eines Kreditinstituts besetzt, wenn in der Regel mehr als 12 000 Arbeitnehmer beschäftigt werden?
24. Welche Voraussetzungen müssen gegeben sein, damit eine paritätische Mitbestimmung vorliegt?
25. Welche Aufgaben hat ein Arbeitsdirektor?
26. In welchen wichtigen Punkten unterscheiden sich die Regelungen des Mitbestimmungsgesetzes (1976) von den Regelungen des Montan-Mitbestimmungsgesetzes?

8 Sozialversicherungsrecht

8.1 Die soziale Sicherung in der Bundesrepublik Deutschland

8.1.1 Begriff und Aufgaben des Sozialrechts

Das **Sozialrecht** ist ein Teil des Verwaltungsrechts. Grundsatz ist hier das **Sozialstaatsprinzip**, das sich aus Art. 20 GG herleiten lässt. Hieraus ergibt sich der Auftrag des Staates, ein System zu schaffen, welches die soziale Sicherheit und Gerechtigkeit garantiert.

Ziel des Staates im Sozialrecht ist es, „den Menschen vor äußerster Not zu bewahren".

Dieses Ziel ist in § 1 Abs. 1 SGB 1 festgehalten:

Jeder Bürger soll die Chance haben, eine seinen Fähigkeiten entsprechende soziale Stellung in Staat und Gesellschaft zu erlangen und zu erhalten. Er soll sein Leben in menschenwürdiger Weise gestalten können und hierzu nötigenfalls finanzielle Hilfen bekommen. Ein wichtiger Aspekt ist auch die Hilfe zur Selbsthilfe.

Man spricht hier von öffentlicher Hilfe und Fürsorge. Dies wird durch **Sozialleistungen** sichergestellt. Die Sozialleistungen werden nicht unerheblich von der öffentlichen Hand (Bund, Länder, Gemeinden) gegeben, aber auch durch die Arbeitgeber, die durch Gesetz, Tarifvertrag oder freiwillig Beiträge leisten (müssen).

Durch das Sozialrecht wird der Einzelne in seiner privaten Vorsorge gegen die Risiken im Leben entlastet.

Trotz dieser Ziele und aller Bemühungen kommt es auch im Sozialrecht zu Konflikten. Diese werden in einer eigenen Gerichtsbarkeit, der Sozialgerichtsbarkeit, vor den Sozialgerichten geklärt. Hierzu wurde ein eigenes Verfahrensrecht im Sozialgerichtsgesetz (SGG) geschaffen.

8.1.2 Prinzipien der sozialen Sicherung

Das Prinzip der sozialen Ordnung ist in drei Grund- oder Gestaltungsprinzipien zu unterteilen:

- Versicherungsprinzip
- Versorgungsprinzip
- Fürsorgeprinzip

Versicherungsprinzip bedeutet, dass es bestimmte (Lebens-)Risiken gibt, die jeden treffen können. Diese Risiken bzw. deren Folgen werden dann von der Gemeinschaft der Versicherten gemeinsam und solidarisch getragen. Der Einzelne erhält diesen Schutz, da er durch seinen Beitrag ein Teil der Gemeinschaft wird. Sein individueller Beitrag wird hier wiederum anhand seiner sozialen Möglichkeiten berechnet.

Das **Versorgungsprinzip** bedeutet, dass ein Anspruch auch ohne Beitragsleistung bestehen kann und daher rein durch Steuermittel finanziert wird. Auf eine Bedürftigkeit kommt es nicht an und wird daher auch nicht geprüft. Anknüpfungspunkt kann hier eine besondere Tätigkeit, z. B. als Beamter sein. Zwei weitere mögliche Gründe können sein:

- Es sollen Schäden ausgeglichen werden, für die eine besondere kollektive Verantwortung der Allgemeinheit gegeben ist.
- Die soziale Förderung erfolgt zur Erreichung von Chancengleichheit.

Beispiele für Leistungen nach dem Prinzip der Versorgung

- **Soziale Entschädigung:**
  Kriegsopferversorgung, Leistungen für Schäden, die in Zusammenhang mit dem Zivildienst entstanden sind, Leistungen an Impfgeschädigte und an Opfer von Gewalttaten
- **Soziale Förderung:**
  Kindergeld, Ausbildungsförderung

Das **Fürsorgeprinzip** sieht eine Absicherung im Notfall vor. Auch hier werden die Hilfen allein aus staatlichen Mitteln (Steuergeldern) bereitgestellt. Eine Beitragszahlung gibt es nicht. Man spricht hier auch vom **Sozialhilfeprinzip**. Dieses ist grundsätzlich subsidiär, d. h., es greift nur dann ein, wenn andere Hilfen nicht ausreichen oder deren Voraussetzungen nicht vorliegen. Hier muss die Bedürftigkeit nachgewiesen werden. Die Grundlagen der Sozialhilfe sind in § 9 SGB I sowie dann ausführlich im SGB XII geregelt.

Neben diesen Prinzipien können im Sozialrecht auch Prinzipien nach ihrer Wirkung festgemacht werden. Hierzu zählen:

- das Äquivalenzprinzip
- das Solidaritätsprinzip
- das Subsidiaritätsprinzip

Äquivalenzprinzip bedeutet, dass sich Leistung und Gegenleistung entsprechen müssen. Die erbrachten Leistungen werden also durch entsprechende Beiträge gedeckt, wobei der Beitrag steigt, je höher das Risiko ist. Dieses Prinzip wird regelmäßig in der privaten Krankenversicherung angewendet.

Bei dem **Solidaritätsprinzip** zahlt der einzelne Versicherte nur in dem Verhältnis Beiträge, wie es seiner persönlichen Leistungsfähigkeit entspricht. Dies wird i. d. R. an seinem Arbeitseinkommen festgemacht. Auch wenn ein Mitglied wenig Beitrag leistet, erhält es trotzdem die notwendigen Leistungen und wird versorgt. Leistungen bekommt der Versicherte allerdings auch nur in dem Verhältnis, in dem er bedürftig ist. Die Kosten der Leistungen (z. B. medizinische Versorgung) wird auf die Allgemeinheit der Versicherten aufgeteilt. Bei der Krankenkasse tragen also alle Versicherten gemeinsam die Kosten für die Krankenbehandlungen durch ihre Beiträge. Daher ist es für die Krankenkassen wichtig, einen guten Mix aus gesunden und kranken Mitgliedern zu haben, bzw. daher wurde der Gesundheitsfonds geschaffen. Hier werden die Belastungen der einzelnen Krankenkassen durch die Mitglieder in einen Ausgleich gebracht.

Der Begriff **Subsidiaritätsprinzip** besagt schon, dass der Staat nur subsidiär, also nachrangig, eingreifen soll. Es herrscht der Gedanke der Eigenverantwortung. So soll der Einzelne zunächst so weit wie möglich für sich selbst einstehen, bevor die Leistung des Staates in Anspruch genommen werden kann. Im Bereich der Krankenversicherung zeigt sich dies z. B. darin, dass bestimmte Zuzahlungen zu Medikamenten erhoben werden dürfen. Dieses System wird durch sogenannte Härtefallregelungen durchbrochen, damit im Zweifel auch hier kein Versicherter ohne die notwendige Versorgung bleibt.

Überblick über die Prinzipien der sozialen Sicherung

	Versicherungsprinzip	Versorgungsprinzip	Sozialhilfeprinzip
Grund für die Leistung	Versicherungsleistung aufgrund eigener Beiträge	Belastungsausgleich von Schäden und Nachteilen, für die die Allgemeinheit (Staat) die Verantwortung übernimmt	Existentielle Not wird weder durch die Sozialversicherung noch nach dem Versorgungsprinzip behoben, auch private Unterstützungsmöglichkeiten sind nicht gegeben.
Zweige/Beispiele	Kranken-, Pflege-, Renten-, Arbeitslosen- und Unfallversicherung	Entschädigung für Opfer von Gewalttaten	Grundsicherung, Arbeitslosengeld II, Sozialgeld, Sozialhilfe
Finanzierung der Leistungen	aus Beiträgen zur Pflichtversicherung, teilweise auch aus Steuermitteln	aus allgemeinen Steuermitteln	aus allgemeinen Steuermitteln
Voraussetzungen zur Beanspruchung der Leistung	Eintreten des Versicherungsfalles, kein Nachweis der Bedürftigkeit	Schadensnachweis, aber kein Nachweis der Bedürftigkeit	Nachweis der Bedürftigkeit

8.1.3 Das System der sozialen Sicherung

Alle sozialen Leistungen zusammen ergeben das **System der sozialen Sicherung,** das auch als **„Soziales Netz"** bezeichnet wird. Über die sozialpolitische Entwicklung und über die Absichten der sozialpolitischen Arbeit berichtet die Bundesregierung regelmäßig im **Sozialbericht.** Der finanzielle Teil des Sozialberichts wird Sozialbudget genannt. Im **Sozialbudget** werden die Gesamtheit aller sozialen Leistungen, ihre Aufteilung auf die verschiedenen Bereiche und deren Finanzierung übersichtlich dargestellt.

Eine wichtige Kennziffer zur Beurteilung der sozialpolitischen Aktivität des Staates ist die **Sozialleistungsquote.** Sie zeigt den prozentualen Anteil der Sozialleistungen am Bruttoinlandsprodukt an. Dadurch wird die Last erkennbar, welche die gesamte Volkswirtschaft durch die Leistungen der Sozialabgaben zu tragen hat.

Die Ausgaben für Sozialleistungen pro Kopf der Bevölkerung werden als **Sozialleistungsziffer** bezeichnet.

Sozialbudget (Leistungen nach Institutionen)			
	Einheit	2010	2020s
Sozialbudget insgesamt	Mio. €	770 086	1 119 394
Pro Kopf (Sozialleistungsziffer)	€	8 525	9 942,00
Sozialleistungsquote	%	30,0	33,6
Leistungen nach Institutionen			
Rentenversicherung	Mio. €	253 733	343 756
Krankenversicherung	Mio. €	173 879	260 346
Pflegeversicherung	Mio. €	21 483	47 458
Unfallversicherung	Mio. €	12 060	14 687
Arbeitslosenversicherung	Mio. €	36 171	56 430
Sondersysteme [1]	Mio. €	27 846	39 375
Systeme des öffentlichen Dienstes [2]	Mio. €	60 010	87 033
Arbeitgebersysteme [3]	Mio. €	66 641	106 831
Entschädigungssysteme	Mio. €	3 227	2 905
Sozialhilfe und Eingliederungshilfe	Mio. €	25 606	42 371
Kinder- und Jugendhilfe	Mio. €	25 648	53 837
Familienleistungsausgleich	Mio. €	41 955	53 250
Elterngeld und Betreuungsgeld	Mio. €	4 778	8 033
Grundsicherung für Arbeitsuchende	Mio. €	46 375	44 578
Ausbildungs- und Aufstiegsförderung	Mio. €	2 186	2 487
Wohngeld	Mio. €	1 908	1 420
Steuerliche Leistungen ohne Familienleistungsausgleich	Mio. €	30 141	33 360

[1] Alterssicherung der Landwirte, Versorgungswerke, private Altersvorsorge und private Kranken- und Pflegeversicherung
[2] Pensionen, Familienzuschläge und Beihilfen
[3] Entgeltfortzahlung, betriebliche Altersversorgung
s: geschätzt
Vgl.: Sozialbericht 2021, hrsg. v. Bundesministerium für Arbeit und Soziales

8.2 Grundlagen der Sozialversicherung

8.2.1 Wesen und Aufgaben der Sozialversicherung

8.2.1.1 Sozialversicherung im System der sozialen Sicherung

Im Mittelpunkt des Systems der sozialen Sicherung steht die **Sozialversicherung.**

Aufgabe der Sozialversicherung ist die gemeinschaftliche Vorsorge gegen Lebensrisiken (z. B. Krankheit, Gebrechen, Tod) und Beschäftigungsrisiken (z. B. Arbeitslosigkeit, Arbeitsunfälle).

Die Sozialversicherung umfasst die Zweige

- Krankenversicherung (siehe 8.3),
- Pflegeversicherung (siehe 8.4),
- Rentenversicherung (siehe 8.5),
- Arbeitslosenversicherung (siehe 8.6),
- Unfallversicherung (siehe 8.8).

Für alle Zweige der Sozialversicherung dienen die **gesetzliche Krankenversicherung** sowie die **soziale Pflegeversicherung** als erste **Anlaufstellen.** Nach § 15 Abs. 1 SGB I ist sie Auskunftsstelle für den gesamten Bereich der „sozialen Angelegenheiten". Die Arbeitgeber haben Beginn und Ende jeder versicherungspflichtigen Tätigkeit bei der Krankenkasse zu melden (§ 28a Abs. 1 SGB IV). Auch die Meldung zur Rentenversicherung hat bei der Krankenkasse zu erfolgen, selbst wenn keine Versicherungspflicht zur Krankenkasse besteht (z. B. bei höherverdienenden Arbeitnehmern). Die Krankenkasse leitet die Meldung an die Rentenversicherung und die Bundesagentur für Arbeit (BA) weiter.

8.2.1.2 Selbstverwaltung in der Sozialversicherung

Die Träger der Sozialversicherung sind Körperschaften des öffentlichen Rechts mit Selbstverwaltung. Oberste Organe der Versicherungsträger **sind der Vorstand** und die **Vertreterversammlung.** Die Vertreterversammlung setzt sich aus Vertretern der Versicherten und der Arbeitgeber zusammen und wirkt bei der Willensbildung und dem Vollzug der gesetzlichen Aufgaben mit.

Die Mitglieder der Vertreterversammlung werden durch freie und geheime Wahlen bestimmt,die alle sechs Jahre stattfinden. Für diese Wahlen gelten die Grundsätze der Verhältniswahl.

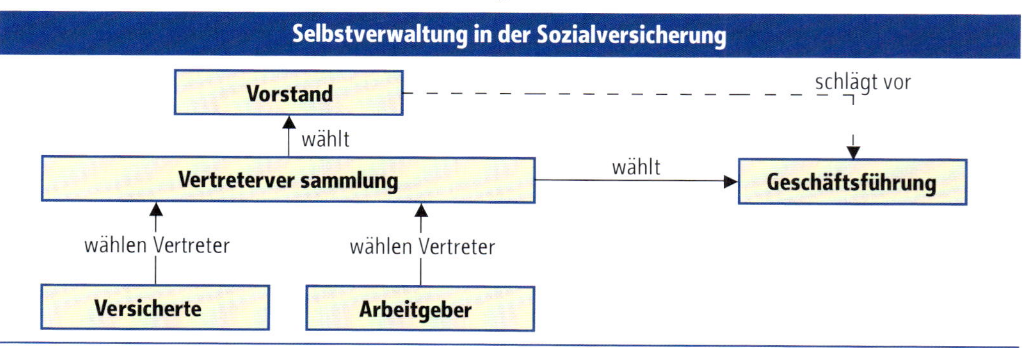

Bei der Krankenversicherung, der Rentenversicherung der Arbeiter und der Angestellten sowie der Unfallversicherung stellen die Versicherten und die Arbeitgeber je eine Hälfte der Vertreter (§§ 43 ff. SGB IV).

Bei den Betriebskrankenkassen gehört neben den Versicherten nur der einzelne Arbeitgeber der Vertreterversammlung an. Er hat die gleiche Zahl der Stimmen wie die Vertreter der Versicherten.

Bei den Ersatzkassen werden die Vertreter nur von den Versicherten gewählt.

Bei der Knappschaft-Bahn-See kommen 2/3 der Vertreter von den Versicherten und 1/3 von den Arbeitgebern.

Die Vertreter üben ihre Tätigkeit ehrenamtlich aus.

Die Vertreterversammlung beschließt die Satzung und die Versicherungsbedingungen und stellt den Haushaltsplan fest.

8.2.1.3 Der Sozialversicherungsausweis

Jeder Arbeitnehmer hat dem Arbeitgeber bei Aufnahme einer Beschäftigung den Sozialversicherungsausweis vorzulegen. Der fälschungssichere Sozialversicherungsausweis wird von dem jeweils zuständigen Träger der Rentenversicherung ausgestellt (§ 18h SGB IV). Er enthält neben dem Namen des Beschäftigten auch dessen Rentenversicherungsnummer.

Durch die Pflicht zur Vorlage des Sozialversicherungsausweises soll u. a.

- die illegale Beschäftigung (Schwarzarbeit) wirksamer bekämpft werden,
- verhindert werden, dass ein beschäftigter Arbeitnehmer unrechtmäßig Sozialleistungen (z. B. Arbeitslosengeld II) bezieht.

Arbeitnehmer bestimmter Wirtschaftszweige müssen während der Beschäftigung zwar nicht mehr den Sozialversicherungsausweis, aber einen Personalausweis oder Pass mit sich führen und bei Kontrollen auf Verlangen vorlegen (§ 2a des Gesetzes zur Bekämpfung der Schwarzarbeit und illegalen Beschäftigung (SchwarzArbG)). Das gilt zum Beispiel für die Bauwirtschaft, das Schausteller- und Gebäudereinigungsgewerbe sowie für jene Arbeitnehmer, die beim Auf- und Abbau von Messen und Ausstellungen mitwirken.

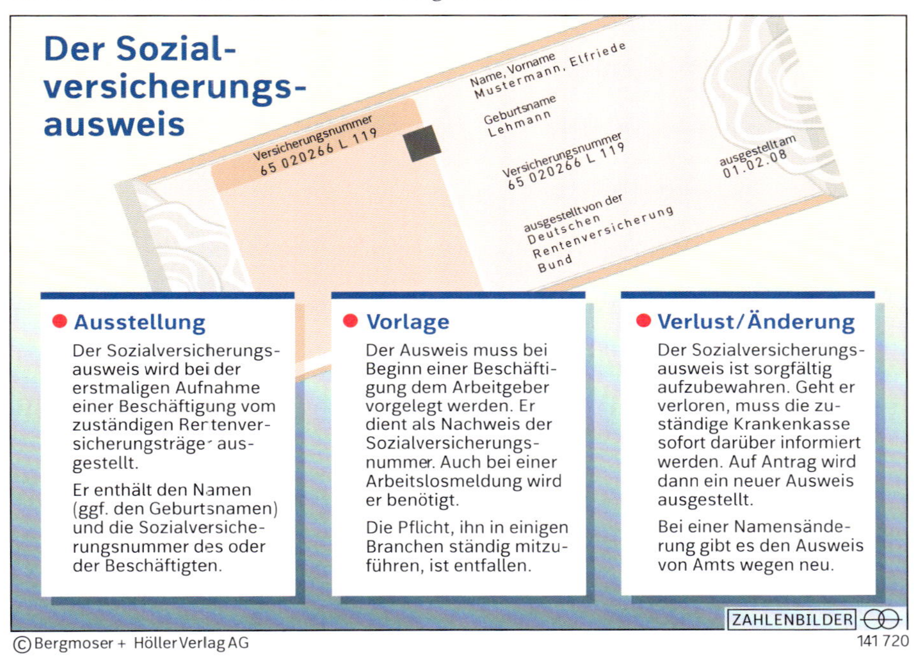

©Bergmoser + Höller Verlag AG 141 720

8.2.2 Versicherungspflicht und Beitragszahlung

8.2.2.1 Allgemeine Versicherungspflicht

Zum Schutz vor sozialen Risiken, zur Sicherung der Lebensqualität und zur Abwendung materieller Not sind gemäß § 2 Abs. 2 SGB IV in allen fünf Zweigen der Sozialversicherung (siehe 8.2.1.1) pflichtversichert

- Personen, die gegen Arbeitsentgelt oder zur Berufsausbildung beschäftigt sind,
- behinderte Menschen, die in geschützten Einrichtungen beschäftigt werden,
- Landwirte.

Die Sozialversicherungspflicht könnte umgangen werden, indem Arbeitnehmer gegenüber der Sozialversicherung als Selbstständige erklärt werden **(Scheinselbstständige)**. Anhaltspunkte für eine Arbeitnehmertätigkeit sind gem. § 7 Abs. 1 SGB IV eine **Tätigkeit nach Weisung** und die **Eingliederung in die Arbeitsorganisation.**

In der Krankenversicherung sind Arbeitnehmer nur bis zu einer bestimmten Höhe ihres Arbeitseinkommens (der **Versicherungspflichtgrenze oder Jahresarbeitsentgeltgrenze**) versicherungspflichtig. Wer ein höheres Einkommen hat, kann einer Privatversicherung beitreten oder sich in der gesetzlichen Krankenversicherung freiwillig weiterversichern (§ 9 Abs. 1 Nr. 1 SGB V). Personen, die keinen anderweitigen Anspruch auf Absicherung im Krankheitsfall haben sind nach § 5 Abs. 1 Nr. 13 SGB V ebenfalls versicherungspflichtig.

8.2.2.2 Beiträge und Beitragsbemessungsgrenzen für sozialversicherungspflichtige Hauptbeschäftigungen

Die Höhe der Beiträge zur Rentenversicherung, Arbeitslosenversicherung, Kranken- und Pflegeversicherung ist abhängig vom Bruttoarbeitseinkommen des Arbeitnehmers und vom Beitragssatz. Das Arbeitsentgelt wird jedoch nicht in unbeschränkter Höhe, sondern nur bis zu einem bestimmten Höchstbetrag (**Beitragsbemessungsgrenze**) zugrunde gelegt. Die Beitragsbemessungsgrenze wird jährlich an die allgemeine Lohn- und Gehaltsentwicklung angepasst („dynamisiert"), um die soziale Sicherung durch angemessenes Beitragsaufkommen ausreichend zu finanzieren.

Die Beiträge zur Sozialversicherung werden grundsätzlich von den Arbeitgebern und den Arbeitnehmern je zur Hälfte aufgebracht. Menschen in Rente haben die Beiträge zur Sozialen Pflegeversicherung allein zu tragen. Die Beiträge zur gesetzlichen Unfallversicherung zahlen ausschließlich die Arbeitgeber.

Beitragssätze und Bemessungsgrenzen in der Sozialversicherung (Stand: Januar 2025)			
Versicherungszweig	**Beitragssatz**	**Beitragsbemessungsgrenze**	**Versicherungspflichtgrenze**
Gesetzliche Rentenversicherung Aktueller Rentenwert: 39,32 €	18,6 %	8 050 €	keine
Arbeitslosenversicherung	2,6 %	8 050 €	keine
Gesetzliche Krankenversicherung	14,6 % davon 7,3 % AN, 7,3 % AG; Die Krankenkassen können einen Zusatzbeitrag erheben, der vom Arbeitnehmer zu zahlen ist.	5 512,50 €	6 150,00 €
Soziale Pflegeversicherung	3,4 % (Kinderlose 4,0 %)	5 512,50 €	6 150,00 €

8.2.2.3 Beiträge für geringfügige Beschäftigungen (Minijobs)

Die Anstellung in einer geringfügigen Beschäftigung kann es in verschiedenen Arten geben, einerseits als geringfügig entlohnte Beschäftigung, andererseits als kurzfristige Beschäftigung.

Hier gelten Sonderregelungen, die zusätzliche Anreize für eine Beschäftigung insbesondere im Niedriglohnbereich geben sollten. Die Beschäftigten werden aber dennoch sozial abgesichert, indem sie in die gesetzliche Rentenversicherung einbezogen werden.

Eine **geringfügig entlohnte Beschäftigung** ist gegeben, wenn das Arbeitsentgelt regelmäßig 556,00 € im Monat nicht übersteigt, § 8 Abs. 1 Nr. 1 SGB IV. Seit 1. Januar 2025 ist die Entgeltgrenze aufgrund des angehobenen Mindestlohns von 12,82 € auf 556,00 € steigen.

Eine **kurzfristige Beschäftigung** liegt vor, wenn sie innerhalb eines Kalenderjahres auf längstens drei Monate oder 70 Arbeitstage begrenzt ist, § 8 Abs. 1 Nr. 2 SGB IV.

Bei einer solchen Beschäftigung zahlt der Arbeitnehmer weder Sozialabgaben (Ausnahme: Rentenversicherung) noch Steuern, auch wenn er neben der geringfügigen Beschäftigung noch eine Hauptbeschäftigung ausübt. Von der Versicherungspflicht in der Rentenversicherung kann sich der geringfügig Beschäftigte durch schriftlichen Antrag, der dem Arbeitgeber zu übergeben ist, befreien lassen (§ 6 Abs. 1b SGB VI). Der Arbeitgeber hat den Sozialversicherungsbeitrag und die Steuer in einem Pauschalbetrag an die Minijobzentrale (Deutsche Rentenversicherung Knappschaft-Bahn-See, Minijobzentrale Essen) abzuführen, die für Minijobs im Privathaushalt auch die Anmeldung zur Unfallversicherung und die Einziehung des Beitrags übernimmt.

Geringfügige Beschäftigung (§ 8 Abs. 1 Nr. 1 SGV IV)

Wegen der Rechtsfolgen für den Arbeitgeber sind zu unterscheiden:

- geringfügige Beschäftigung in einem gewerblichen Unternehmen (§ 8 Abs. 1 Nr. 1 SGB IV),
- geringfügige Beschäftigung in einem privaten Haushalt (§ 8a SGB IV).

Der **gewerbliche Arbeitgeber** zahlt für den Minijob eine Pauschalabgabe von **30% des Arbeitslohns** (15% für die Rentenversicherung, 13% für die Krankenversicherung und 2% Lohnsteuer). Für Betriebe mit weniger als 30 Beschäftigten wird außerdem eine Umlage zur Lohnfortzahlung bei Krankheit, Mutterschutz sowie eine Insolvenzgeldumlage (in der Summe 1,39 %) erhoben. Hinzu kommt noch der Beitrag zur gesetzlichen Unfallversicherung, dessen Höhe vom jeweiligen Gewerbe und der Gefahrenklasse abhängt. Er beträgt durchschnittlich 1,3%.

Besondere Beitragssätze gelten für **haushaltsnahe Beschäftigungen im Privathaushalt.**

Zu den haushaltsnahen Dienstleistungen zählen Tätigkeiten, die üblicherweise von Familienangehörigen übernommen werden, wie Kochen, Putzen, Wäsche waschen, Bügeln, Gartenarbeit und die Betreuung von Kindern und pflegebedürftigen Menschen. Für haushaltsnahe Dienstleistungen hat der Arbeitgeber pauschal **12% des Lohnes** abzuführen (5% für die Krankenversicherung, 5% für die Rentenversicherung und 2% für die Lohnsteuer). Hinzu kommen ca. 2,99% als Umlage für die Lohnfortzahlung im Krankheitsfall, Mutterschutz sowie als Beitrag zur gesetzlichen Unfallversicherung. Der Minijobber muss selbst 3,6% (13,6% bei Minijob im Privathaushalt) des Lohnes als Beitrag für die Rentenversicherung entrichten, sofern er nicht die Befreiung beantragt hat. Wer in seinem Haushalt einen Minijobber beschäftigt, kann 20% seiner Ausgaben (Arbeitslohn + Pauschbetrag) von seiner Steuerschuld abziehen, höchstens aber 510,00 € im Jahr (§ 35a EStG).

Kurzfristige Beschäftigung (§ 8 Abs. 1 Nr. 2 SGB IV)

Eine kurzfristige Beschäftigung liegt vor, wenn die Beschäftigung auf längstens drei Monate oder 70 Arbeitstage innerhalb eines Jahres begrenzt ist. Der Verdienst aus einer kurzfristigen Beschäftigung ist in der Sozialversicherung beitragsfrei. Er kann aber nicht – wie bei der geringfügigen Beschäftigung – pauschal mit 2% versteuert werden. Der Arbeitgeber hat eine Pauschalsteuer von 25% an das Finanzamt abzuführen, zzgl. Solidaritätszuschlag und Kirchensteuer.

8.3 Die Krankenversicherung

8.3.1 Aufgaben der Krankenversicherung

Die Krankenversicherung ist die älteste der Sozialversicherungen. Ihr Ziel ist es, die Gesundheit der Versicherten zu erhalten, wiederherzustellen oder den Gesundheitszustand zu verbessern. Daneben möchte sie die Versicherten aufklären und beraten, sowie ihnen eine gesundheitsbewusste Lebensführung näherbringen.

Die Kosten einer Krankheitsbehandlung (Arzt, Medikamente, Operationen usw.) überschreiten schnell die finanziellen Möglichkeiten des Einzelnen. Durch die Versicherung wird es dem Versicherten ermöglicht, im Falle einer Krankheit die notwendige medizinische Versorgung zu erhalten. Die Kosten werden durch die Gemeinschaft getragen, zu der jeder mit seinem Krankenkassenbeitrag einen Teil zusteuert. Bei der Finanzierung der Krankenkassen wurde 2007 mit der Gesundheitsreform und der Einführung des Gesundheitsfonds ein großer Schritt gegangen. Ebenso wurden hier Weichen gestellt, sodass heute fast alle Personen in Deutschland krankenversichert sind.

8.3.2 Gesetzliche Grundlagen und Träger der Krankenversicherung

Die gesetzliche Grundlage der Krankenversicherung findet sich im Fünften Buch des Sozialgesetzbuches, SGB V.

Hier sind die Versicherungspflicht, die Versicherungspflichtigen, die Voraussetzungen für die Anwendung der Krankenversicherung, deren Trägerschaft und die Leistungen der Krankenkassen geregelt.

Zentraler Anknüpfungspunkt für ein Eingreifen der Krankenversicherung ist die **Krankheit**. Hier ist eine klare Abgrenzung zur Behinderung vorzunehmen. Eine Krankheit ist ein Zustand, der durch eine entsprechende Heilbehandlung verbessert werden kann. Bei einer Behinderung ist dies nicht der Fall. Hier wäre dann u. U. die Pflegeversicherung Ansprechpartner. Oftmals gibt es hier Abgrenzungsschwierigkeiten. Insbesondere dann, wenn neben einer Behinderung auch Krankheitsaspekte vorliegen. Eine Klärung der Zuständigkeit muss dann im Zweifel durch das Sozialgericht herbeigeführt werden.

Träger der Sozialversicherung sind die **Krankenkassen**. Sie sind Körperschaften des öffentlichen Rechts mit Selbstverwaltung, §§ 29 ff. SGB IV.

Die Versicherten haben gem. § 173 Abs. 2 SGB V die freie Wahl der Krankenkasse. Zur Wahl stehen u. a. die Ortskrankenkassen, Ersatzkassen, Betriebs- oder Innungskrankenkassen oder die Krankenkasse, bei dem der Ehepartner versichert ist. Für die Beschäftigten in der Landwirtschaft, im Bergbau und auf See bestehen Sonderregelungen.

Man unterscheidet zwischen versicherungspflichtigen Personen und Personen, die sich freiwillig gesetzlich versichern wollen, sog. Versicherungsberechtigten.

Die Mitgliedschaft bei der Krankenkasse **beginnt**:

- bei Versicherungspflichtigen: mit Aufnahme der Beschäftigung
- bei Versicherungsberechtigten: mit dem Tag des Beitritts

Ab diesem Zeitpunkt besteht Versicherungsschutz – eine Wartezeit gibt es also nicht.

Möchte der Versicherte die Krankenkasse wechseln, muss er einen Antrag bei seiner neuen Krankenkasse stellen, die sich dann um den Wechsel kümmert. Einer Kündigung bedarf es insofern nicht mehr. Zu beachten ist aber, dass die Krankenkasse immer erst nach Ablauf einer „Mindestvertragslaufzeit“ von zwölf Monaten (seit 2021) wieder gewechselt werden kann.

Die Krankenkassen unterstehen der gemeinsamen Selbstverwaltung durch die Versicherten und die Arbeitgeber. Die Interessen der Patienten werden durch den Patientenbeauftragten vertreten. Dieser wird von der Bundesregierung berufen, § 140 h SGB V.

8.3.3 Versicherte

8.3.3.1 Pflichtversicherung in der gesetzlichen Krankenkasse

Pflichtversichert sind in der gesetzlichen Krankenkasse (§ 5 SGB V)

- alle Arbeitnehmer bis zur Versicherungspflichtgrenze. Ehegatten und Kinder sind ohne besonderen Antrag (und ohne gesonderten Beitrag) mitversichert, wenn sie nicht selbst versichert sind (Kinder bis zur Vollendung des 18., Schülerinnen, Schüler und Studierende bis zum 25. Lebensjahr),
- Auszubildende,
- Rentnerinnen und Rentner (nach Mindestmitgliedszeit),
- Arbeitslose, die Arbeitslosengeld erhalten,
- Studierende (zeitlich begrenzt; bis zum 25. Lebensjahr kostenloser Familienversicherungsschutz),
- Freiwillige im Bundesfreiwilligendienst,
- Empfänger von Unterhaltsgeld nach dem Sozialgesetzbuch III (bei Teilnahme an Maßnahmen der beruflichen Weiterbildung).

Die **freiwillige Versicherung** in der gesetzlichen Krankenkasse ist nur in einigen vom Gesetzgeber festgelegten Fällen möglich. Die Mitgliedschaft kommt durch schriftliche Beitrittserklärung gegenüber der Krankenkasse zustande.

Freiwillig kann Mitglied werden bzw. Mitglied bleiben (§ 9 SGB V):

- ein Arbeitnehmer, dessen Pflichtmitgliedschaft endet (z. B. weil sein Einkommen die Versicherungspflichtgrenze übersteigt), wenn die Pflichtmitgliedschaft eine Mindestzeit bestanden hat,
- ein Familienangehöriger, dessen Familienversicherung endet (wenn die Mitgliedschaft eine Mindestzeit bestanden hat).

8.3.3.2 Auffangversicherungspflicht

Der Verfassungsgrundsatz des Sozialstaates lässt es nicht zu, Personen im Falle einer ernsten Erkrankung ohne Hilfe zu lassen, wenn sie die Krankenkosten nicht selbst tragen können. Deshalb wurde mit der Gesundheitsreform 2007 die Versicherungspflicht für alle Personen eingeführt, die nicht versichert sind (§ 5 Abs. 1 Nr. 13 SGB V), es sei denn, sie sind

- versicherungsfrei nach § 6, z. B. weil sie als Beamte tätig sind oder ihr Verdienst die Versicherungspflichtgrenze übersteigt.

- hauptberuflich selbstständig tätig
- oder haben eine anderweitige Absicherung im Krankheitsfall.

Die Auffangversicherungspflicht ist also immer nachrangig gegenüber anderen Absicherungen im Krankheitsfall, also auch z. B. gegenüber einer privaten Krankenversicherung.

Für Personen, die einmal versichert waren, deren Versicherungspflicht aber endet, setzt sich die Versicherung als freiwillige Mitgliedschaft fort (§ 188 Abs. 4 SGB V).

Die Höhe des Beitrags, den die Krankenkasse erheben darf, entspricht dem der freiwilligen Krankenversicherung (§ 227 SGB V). Die Beiträge sind allein von dem Versicherten zu tragen (§ 250 Abs. 2 SGB V).

8.3.4 Leistungen der Krankenversicherung

8.3.4.1 Umfang der Leistungen

Die Versicherten der gesetzlichen Krankenkassen haben Anspruch auf folgende Leistungen (§ 11 SGB V):

- Verhütung von Krankheiten (§§ 20 ff. SGB V),
- Vorsorgeuntersuchungen zur Früherkennung von Krankheiten (§§ 25 ff. SGB V),
- Behandlung von Krankheiten, einschließlich Krankenhauspflege und häuslicher Pflege (§§ 27–43 c SGB V),
- Krankengeld (§ 44 ff. SGB V).

Versicherte haben die **freie Arztwahl** unter den von den Krankenkassen zur Versorgung zugelassenen Ärzten (§ 76 SGB V).

Versicherte, die ärztliche Behandlung in Anspruch nehmen, haben dem Arzt ihre elektronische Gesundheitskarte vorzulegen (§ 15 Abs. 2 SGB V). Neben dem Namen und der Anschrift des Versicherten können auf der Karte zahlreiche Gesundheitsdaten, z. B. Daten für die Notfallversorgung (Blutgruppe, Allergien etc.) aber auch Informationen über Krankheitsbefunde, Diagnosen, Therapien sowie Behandlungsberichte abgespeichert werden. Auf diese Daten kann dann z. B. ein anderer behandelnder Arzt zugreifen und so die Kosten und den Aufwand bereits durchgeführter Untersuchungen vermeiden (§ 291a SGB V).

Krankenbehandlung umfasst ärztliche und zahnärztliche Behandlung und die Versorgung mit Arznei-, Verbands- und Heilmitteln, Krankenhausbehandlung und häusliche Krankenpflege (§ 27 SGB V). Der Versicherte hat außerdem Anspruch auf Leistungen, die notwendig sind, um eine Behinderung oder Pflegebedürftigkeit zu verhindern oder zu mindern (§ 11 Abs. 2 SGB V). Die Krankenbehandlung wird ohne zeitliche Begrenzung gewährt.

Wird der Arbeitnehmer ohne sein Verschulden krank und ist somit an seiner Arbeitsleistung gehindert, hat er aufgrund des Entgeltfortzahlungsgesetzes (§ 3) Anspruch auf **Lohnfortzahlung**. Der Arbeitgeber ist verpflichtet, dem kranken Arbeitnehmer 100 % seines regelmäßigen Arbeitsentgelts bis zur Dauer von sechs Wochen zu zahlen.

Die Krankenkasse zahlt **Krankengeld,** wenn die Arbeitsunfähigkeit nach Ablauf der Lohnfortzahlung durch den Arbeitgeber andauert. Das Krankengeld beträgt 70 % des ausgefallenen regelmäßigen Arbeitsentgelts und wird wegen derselben Krankheit für höchstens 78 Wochen innerhalb von je drei Jahren gewährt (§ 48 SGB V).

Voraussetzung für die Leistung ist, dass die Arbeitsunfähigkeit lückenlos ärztlich festgestellt wird.

Eine Ausnahme gilt seit 2015 nur für das Wochenende: Hier genügt es, wenn die ärztliche Feststellung spätestens am nächsten Werktag nach dem zuletzt bescheinigten Ende der Arbeitsunfähigkeit erfolgt. Umfasst die vorangehende Feststellung der Arbeitsunfähigkeit also den Freitag, muss die Folgebescheinigung spätestens am Montag ausgestellt werden (§ 46 Satz 2 SGB V).

Anspruch auf Krankengeld besteht nicht nur dann, wenn der Arbeitnehmer selbst erkrankt ist, sondern auch, wenn ein erkranktes Kind, das nicht älter als zwölf Jahre ist, betreut werden muss und dies durch ein ärztliches Zeugnis nachgewiesen wird (§ 45 SGB V).

Jeder Patient hat das Recht, sich nach jeder Behandlung oder einmal je Quartal über die erbrachten Leistungen eine Quittung ausstellen zu lassen (§ 305 Abs. 2 SGB V, Patientenquittung).

8.3.4.2 Einschränkungen im Leistungskatalog

Nach dem Gesetz zur Modernisierung der gesetzlichen Krankenversicherung sind im Leistungskatalog der gesetzlichen Krankenkassen nicht mehr enthalten:

- Sehhilfen, z.B. Brillen (ausgenommen Kinder und Jugendliche unter 18 Jahren sowie über 18 Jahre alte Versicherte mit schwersten Sehstörungen, § 33 Absatz 2 SGB V).
- Fahrtkosten zur ambulanten Behandlung (§ 60 SGB V), nur noch in Ausnahmefällen, z.B. Fahrten zur Dialyse, zur Chemotherapie oder wenn wegen starker Einschränkung der Mobilität ein privates KFZ oder die öffentlichen Verkehrsmittel nicht genutzt werden können.
- Für Zahnersatz erhalten die Versicherten Festzuschüsse. Sie orientieren sich am konkreten Befund und decken mindestens 50% der vorher festgelegten medizinisch notwendigen Regel-Versorgung für diesen konkreten Befund ab (§ 55 SGB V).
- Nicht verschreibungspflichtige Medikamente (§ 34 SGB V).
- Sterbegeld.

8.3.4.3 Zuzahlungen durch die Patienten (§ 61 SGB V)

- **Praxisgebühr:** Die bis Ende 2012 zu zahlende Praxisgebühr in Höhe von 10,00 € für die erste Inanspruchnahme eines Arztes oder Zahnarztes im Quartal ist dadurch entfallen, dass § 28 Absatz 4 SGB V aufgehoben wurde.
- **Arzneimittel, Verbandmittel, Hilfsmittel:** Bei verschreibungspflichtigen Arzneimitteln, Verbandmitteln und bei Hilfsmitteln (z.B. Einlagen) müssen Patienten 10% der Kosten selbst tragen. Die Zuzahlung beträgt mindestens 5,00 € und höchstens 10,00 € für jedes einzelne Medikament.

Ein teures Medikament für 150,00 € kostet den Patienten nicht 15,00 €, sondern nur 10,00 € Zuzahlung. Bei einem Medikament für 80,00 € zahlt der Patient 8,00 €.
Bei einem Preis von 14,00 € ist der Mindestsatz von 5,00 € zu zahlen. Aufgrund der Arzneimittel-Preisverordnung gibt es keine Medikamente mehr, die unter 5,00 € kosten. Damit ist ausnahmslos für jedes Medikament die Mindestzuzahlung zu leisten.

- **Stationäre Behandlung:** Wer im Krankenhaus behandelt wird, hat 10,00 € je Tag zuzuzahlen, höchstens aber für 28 Tage (§ 39 Absatz 4 SGB V).

- **Heilmittel:** Bekommt ein Patient Heilmittel wie z. B. Massage oder Krankengymnastik verordnet, muss er 10 % der Kosten selbst tragen. Hinzu kommen 10,00 € je Rezept.
- **Hilfsmittel:** Auf Hilfsmittel wie z. B. Hörgeräte oder Einlagen hat der Patient 10 % der Kosten zuzuzahlen, mindestens 5,00 €, höchstens 10,00 € (§§ 32, 61 SGB V).
- **Fahrtkosten** zur ambulanten Behandlung werden nur noch in Ausnahmefällen und nach vorheriger Genehmigung übernommen. Der Patient zahlt dann 10 % zu (§ 60 SGB V).
- **Belastungsgrenzen:** Die Zuzahlungen dürfen für Erwachsene nicht mehr als 2 % ihres jährlichen Bruttoeinkommens betragen, für chronisch kranke Menschen nur 1 %. Bei der Berechnung des Einkommens dürfen steuerliche Freibeträge abgezogen werden.

8.3.5 Wahlleistungen

Mit dem GKV-Wettbewerbsstärkungsgesetz wurden den gesetzlichen Krankenkassen vielfältige Möglichkeiten eröffnet, ihren Versicherten Wahltarife anzubieten (§ 53 SGB V). Einige der aufgezählten Wahltarife müssen von den Kassen angeboten werden.

Die Kassen **müssen** folgende Wahltarife anbieten (§ 53 Abs. 3 SGB V):

- **Integrierte Versorgung**
  Die Krankenkassen haben in ihrer Satzung zu regeln, dass Versicherten eine abgestimmte Versorgung angeboten wird, bei der Haus- und Fachärzte, ambulanter und stationärer Bereich koordiniert zusammenarbeiten. Der Versicherte wird von der Aufgabe entlastet, den richtigen Fortgang seiner Behandlung selbst zu organisieren.
- **Besondere ambulante ärztliche Versorgung**
  Ein Ärztenetz oder ein medizinisches Versorgungszentrum ist für die ambulante Versorgung zuständig.
- **Strukturelle Behandlungsprogramme bei chronischen Krankheiten**
  Die Krankenkassen vereinbaren mit den Ärzten ein Behandlungsprogramm für Patienten mit chronischen Erkrankungen.
- **Hausarztzentrierte Versorgung**
  Patienten müssen bei gesundheitlichen Beschwerden zunächst ihren Hausarzt aufsuchen. Dieser überweist bei Bedarf an Fachärzte.
- Anspruch auf Krankengeld (seit 1. Januar 2009) für Personen, die bisher keinen Anspruch auf Krankengeld hatten.

Der selbstständige Malermeister Seeger ist bei seiner gesetzlichen Krankenkasse bisher ohne Krankengeldanspruch versichert. Seine Kasse bietet ihm einen Wahltarif mit Krankengeldanspruch für sechs Monate an und erhebt dafür eine zusätzliche Prämie.

Die Kassen **dürfen** folgende Wahltarife anbieten:

- **Selbstbehalttarif**
  Das Mitglied verpflichtet sich, einen Teil der von der Kasse zu tragenden Kosten selbst zu übernehmen. Das Mitglied erhält dafür eine Prämie von der Versicherung.

- **Tarif für Nichtinanspruchnahme von Leistungen**
  Das Mitglied verpflichtet sich, ein Jahr lang keine Leistungen der Kasse in Anspruch zu nehmen. Die Kasse gewährt dafür eine Prämie, die aber höchstens ein Zwölftel des Jahresbeitrags betragen darf.
- **Variabler Kostenerstattungstarif**
  Die Kasse kann die Höhe der Kostenerstattung variieren.

  Der angestellte Prokurist Maier wählt einen Tarif, der ihm eine höhere Kostenerstattung gewährt, als sie von der gesetzlichen Kasse im Regeltarif übernommen wird, und zahlt dafür eine zusätzliche Prämie.
- **Kostenerstattungstarif**
  Das ist ein Tarif für Versicherte, die Leistungen wie Privatpatienten in Anspruch nehmen wollen. Die Patienten erhalten vom Arzt die Rechnung und zahlen sie zunächst selbst. Der Arzt kann den gleichen Gebührensatz wie für Privatpatienten berechnen. Die Kasse ersetzt die Kosten nach ihrem Tarif.
- **Übernahme der Kosten für von der Regelversorgung ausgeschlossene Arzneimittel**
  In dem Tarif kann z. B. vereinbart werden, dass auch homöopathische Arzneimittel ersetzt werden, die nach dem Regeltarif nicht ersetzt werden.

Bei der Entscheidung für einen Wahltarif ist zu beachten, dass der Versicherte in der Regel drei Jahre an seine Entscheidung gebunden ist.

8.3.6 Finanzierung der gesetzlichen Krankenversicherung: der Gesundheitsfonds

Der Gesundheitsfonds ist ein System zur Finanzierung der gesetzlichen Krankenversicherung in Deutschland. Seit 2009 legt die Bundesregierung einen einheitlichen Beitragssatz für alle gesetzlichen Krankenkassen fest (§ 241 SGB V). Der Beitrag wird je zur Hälfte von den Arbeitgebern und den bei den gesetzlichen Krankenkassen Versicherten getragen. Die Krankenkassen können jedoch Zusatzbeiträge erheben, die von den Versicherten zu tragen sind. Die Beiträge werden an eine einheitliche Geldsammelstelle, den **Gesundheitsfonds,** abgeführt.

Der Gesundheitsfonds erhält außerdem **Zuwendungen aus Steuermitteln.** Damit sollen Leistungen der Krankenkassen für versicherungsfremde Leistungen abgegolten werden. Dazu zählt z. B. der prämienfreie Versicherungsschutz von Kindern der Versicherten. Im Jahr 2022 möchte der Bund einen Zuschuss in Höhe von 28,8 Milliarden € zuwenden. Privat Versicherte müssen den Versicherungsbeitrag für ihre Kinder weiterhin ohne staatlichen Zuschuss selbst tragen.

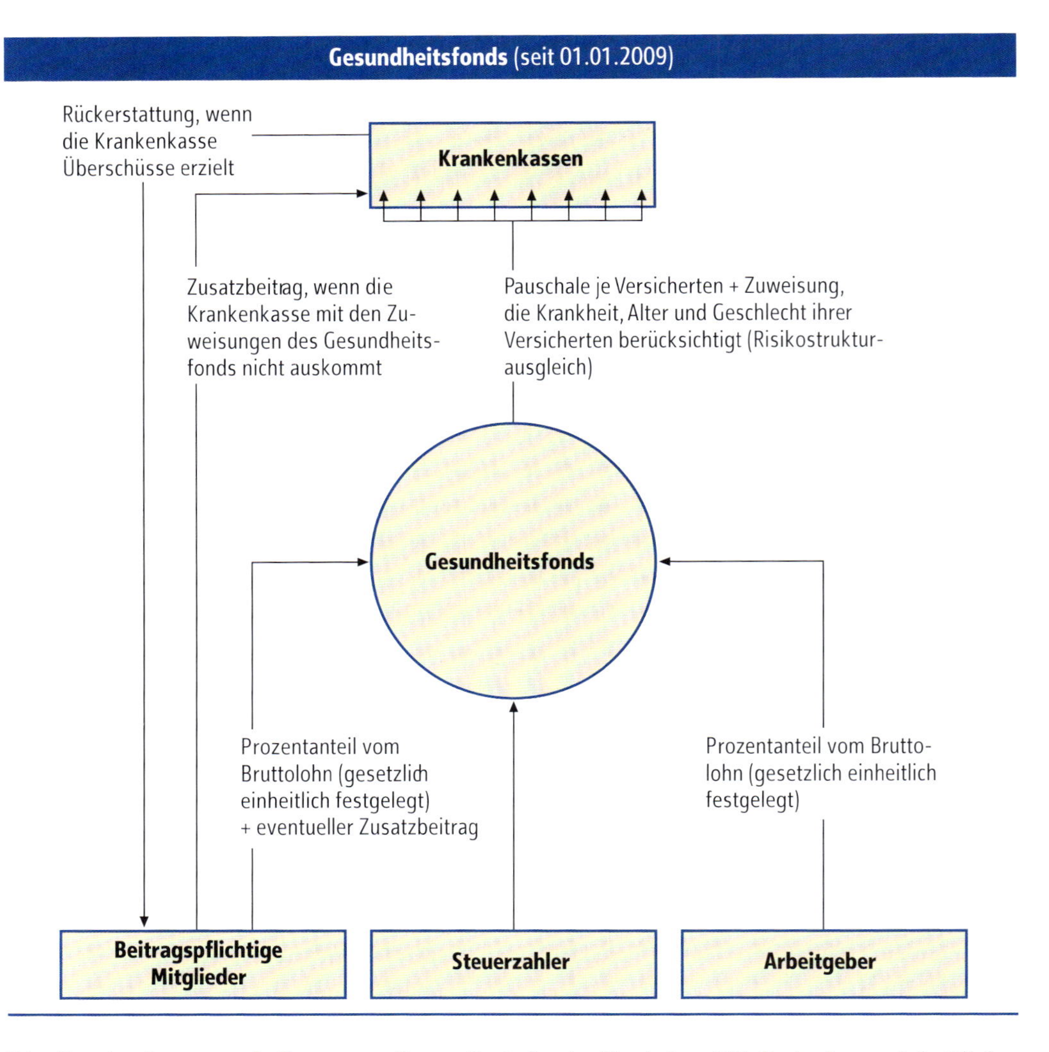

Die Krankenkassen erhalten vom Gesundheitsfonds für jedes Mitglied einen einheitlichen **Pauschbetrag** zur Deckung ihrer Kosten. Hinzu kommt eine zusätzliche Zuweisung an gesetzliche Krankenkassen, die überdurchschnittlich viele Mitglieder mit erhöhtem Risiko versichern. Die Höhe des **Zuschlags zum Pauschbetrag** berücksichtigt den Prozentsatz der Mitglieder mit besonders schwerwiegenden und kostenintensiven Krankheiten sowie Alter und Geschlecht der Versicherten. Damit soll Wettbewerbsgleichheit mit Kassen hergestellt werden, die solche über dem Durchschnitt liegende Risiken nicht zu tragen haben (**Risikostrukturausgleich,** § 266 SGB V).

Sind die Kosten einer Kasse höher als die Zahlungen aus dem Fonds, kann die Kasse von ihren Versicherten einen einkommensabhängigen **Zusatzbeitrag** verlangen.

Dadurch ist es möglich, dass trotz des gesetzlich festgelegten einheitlichen Beitragssatzes für die verschiedenen Kassen unterschiedliche Beitragssätze bestehen. Würden einer Kasse der Pauschbetrag und der in der Höhe gesetzlich begrenzte Zusatzbeitrag zur Kostendeckung nicht ausreichen, müsste sie wohl Insolvenz anmelden.

Erzielt eine gesetzliche Krankenkasse einen Überschuss, kann eine Prämienrückzahlung an ihre Versicherten erfolgen.

Gegenüberstellung: Gesetzliche Krankenversicherung – Private Krankenversicherung

	Gesetzliche Krankenversicherung	Private Krankenversicherung
Verwaltung	Selbstverwaltung durch Versicherte und Arbeitgeber	Keine Selbstverwaltung durch Versicherte (außer bei Genossenschaften)
Beiträge	Prozentualer Anteil am Bruttoeinkommen; Familienmitglieder beitragsfrei mitversichert	Im Alter steigende Beiträge. Bei Neuverträgen sind vom Geschlecht abhängige Tarife nicht mehr zulässig („Unisex-Tarife"). Jede Person muss einzeln versichert werden.
Steuerfinanzierung	Teilweise: Ja	Nein
Leistungsausschluss	Keine Wartezeiten; grundsätzlich kein Leistungsausschluss	Wartezeiten; bestehende Krankheiten werden ausgeschlossen bzw. es werden erhöhte Beiträge verlangt
Umfang des Leistungsangebots	Gesetzlich festgelegt	Vertraglich festgelegt
Vorfinanzierung der Kosten durch den Versicherten	Keine eigene Vorfinanzierung (Sachleistungsprinzip); freie Wahl des Prinzips der Kostenerstattung möglich (Behandlung als Privatpatient; eventuelle Mehrkosten trägt der Versicherte)	Kostenerstattung bei Vorlage der Rechnung
Mitbestimmung	Ja, durch Wahl zu Vertreterversammlung	Keine Mitbestimmung
Gewinnabsicht	Keine	In der Regel: ja
Streitverfahren	Keine Gerichtsgebühren bis vor das Bundessozialgericht	Kosten der Zivilgerichtsbarkeit

8.4 Die Pflegeversicherung

8.4.1 Aufgaben der Pflegeversicherung

Die **soziale Pflegeversicherung** dient der sozialen Absicherung des Risikos der Pflegebedürftigkeit. Sie hat die Aufgabe, Pflegebedürftigen Hilfe zu leisten, die wegen der Schwere der Pflegebedürftigkeit auf Unterstützung angewiesen sind. Die Kosten, die für die familiäre Pflege oder eine Heimunterbringung entstehen, können vom Betroffenen oder seinen Angehörigen meist nicht allein getragen werden. Hier musste bisher oft der Staat mit Sozialhilfe eingreifen (siehe 8.9). Zur Pflegebedürftigkeit kann es durch altersbedingte Erkrankungen kommen, sie kann aber auch schon in der Jugend entstehen, z. B. durch einen schweren Unfall.

Die Pflegeversicherung dient auch der sozialen Absicherung der in der Pflege bisher unentgeltlich tätigen Angehörigen des Pflegebedürftigen.

8.4.2 Gesetzliche Grundlagen und Träger der Pflegeversicherung

Gesetzliche Grundlage ist das Elfte Buch des Sozialgesetzbuchs (SGB XI).

Träger der sozialen Pflegeversicherung sind die **Pflegekassen** der gewählten Krankenkasse. Ihre Aufgaben werden von den Krankenkassen wahrgenommen. Die Pflegekassen sind Körperschaften des öffentlichen Rechts mit Selbstverwaltung. Sie haben der Krankenkasse die entstehenden Verwaltungs- und Personalkosten zu ersetzen.

8.4.3 Versicherte

In den Schutz der **sozialen Pflegeversicherung** sind kraft Gesetzes alle einbezogen, die in der gesetzlichen Krankenversicherung versichert sind. Das gilt für die Pflichtversicherten ebenso wie für die freiwillig Versicherten.

Wer gegen Krankheit bei einem privaten Krankenversicherungsunternehmen versichert ist, muss eine **private Pflegeversicherung** abschließen (§ 1 Abs. 2 SGB XI).

8.4.4 Leistungen der Pflegeversicherung

Die Leistungen der Pflegeversicherung richten sich danach, ob häusliche oder stationäre Pflege erforderlich ist. Die Pflegeversicherung soll mit ihren Leistungen vorrangig die häusliche Pflege und die Pflegebereitschaft der Angehörigen unterstützen.

Die Leistungen der Pflegeversicherung werden nach dem Grad der Pflegebedürftigkeit gestaffelt. Nach der Häufigkeit des Hilfebedarfs werden fünf Grade der Pflegebedürftigkeit unterschieden (§ 15 Abs. 1 SGB XI):

- **Pflegegrad 1:** geringe Beeinträchtigungen der Selbstständigkeit oder der Fähigkeiten.
- **Pflegegrad 2:** erhebliche Beeinträchtigungen der Selbstständigkeit oder der Fähigkeiten.
- **Pflegegrad 3:** schwere Beeinträchtigungen der Selbstständigkeit oder der Fähigkeiten.
- **Pflegegrad 4:** schwerste Beeinträchtigungen der Selbstständigkeit oder der Fähigkeiten.
- **Pflegegrad 5:** schwerste Beeinträchtigungen der Selbstständigkeit oder der Fähigkeiten mit besonderen Anforderungen an die pflegerische Versorgung.

Bei **stationärer Pflege** übernimmt die Pflegeversicherung die pflegebedingten Aufwendungen bis zu einem monatlichen Höchstbetrag. Die Kosten für Unterkunft und Verpflegung trägt der Pflegebedürftige.

Bei **Pflege im häuslichen Haushalt** haben Pflegebedürftige Anspruch auf körperbezogene Pflegemaßnahmen, pflegerische Betreuungsmaßnahmen sowie auf Hilfen bei der Haushaltsführung als Sachleistung (häusliche Pflegehilfe, § 36 SGB XI). Sie wird durch geeignete Pflegekräfte erbracht, mit denen die Pflegekasse einen Vertrag abschließt.

Für selbst beschaffte Pflegehilfen, z. B. auch für die Pflege durch Angehörige, wird Pflegegeld gewährt (§ 37 SGB XI). Es beträgt pro Monat:

- 316,00 € für Pflegebedürftige des Pflegegrades 2,
- 545,00 € für Pflegebedürftige des Pflegegrades 3,
- 728,00 € für Pflegebedürftige des Pflegegrades 4,
- 901,00 € für Pflegebedürftige des Pflegegrades 5.

8.4.5 Finanzierung der Pflegeversicherung

Die Finanzierung erfolgt durch Beiträge. Der Beitragssatz beträgt 3,05 %. Kinderlose müssen 2022 einen um 0,35 % erhöhten Beitrag (also 3,4 %) zahlen. Die Beiträge werden bis zur Beitragsbemessungsgrenze der gesetzlichen Krankenversicherung berechnet. Sie werden grundsätzlich von den Versicherten und von den Arbeitgebern je zur Hälfte aufgebracht. Bei Beziehern von Sozialleistungen (z. B. Arbeitslosengeld, Sozialhilfe) werden die Beiträge vom jeweiligen Leistungsträger (z. B. Bundesagentur für Arbeit) übernommen.

8.5 Die Rentenversicherung

8.5.1 Aufgaben der Rentenversicherung

Die Risiken des Alters und der Erwerbsunfähigkeit mussten früher durch die Familie oder karitative Einrichtungen aufgefangen werden. In der Bundesrepublik Deutschland erfolgt die Absicherung dieser Risiken heute durch die **gesetzliche Rentenversicherung.**

Die Maßnahmen der Rentenversicherung erfolgen in einer Stufenfolge. Zunächst wird versucht, durch Gesundheitsmaßnahmen und berufliche Rehabilitation die Erwerbsfähigkeit zu verbessern oder wiederherzustellen. Ist trotzdem das Ausscheiden aus dem Arbeitsleben nicht zu vermeiden, werden Rentenleistungen gewährt.

Wegen der demografischen Entwicklung wird sich das heutige Niveau der gezahlten Renten in Zukunft nicht halten lassen (siehe dazu auch 8.5.9). Deshalb soll die Alterssicherung in Deutschland künftig auf drei Säulen ruhen:

- gesetzliche Rentenversicherung,
- betriebliche Altersversorgung (siehe 8.10),
- private Vorsorge.

8.5.2 Gesetzliche Grundlagen und Träger der Rentenversicherung

Gesetzliche Grundlage der Rentenversicherung ist das Sozialgesetzbuch, Sechstes Buch (SGB VI). Besondere gesetzliche Regelungen gibt es für die Altershilfe für Landwirte sowie die Rentenversicherung für Künstler und Publizisten.

Mit der vom Bundestag und Bundesrat beschlossenen Organisationsreform der gesetzlichen Rentenversicherung haben sich im Jahr 2005 die bisherigen 26 Träger der Rentenversicherung zu einem gemeinsamen Dachverband zusammengeschlossen. Die Bundesversicherung für Angestellte (BfA), die 22 Landesversicherungsanstalten (LVA), die Seekasse, die Bundesknappschaft und die Bahnversicherungsanstalt (BVA) treten seitdem gemeinsam unter dem Namen „Deutsche Rentenversicherung" auf. Die nicht mehr zeitgemäße Unterscheidung zwischen Arbeitern und Angestellten wurde damit abgeschafft. Jeder Rentenversicherungsträger kann sich damit wohnortnah um die Anliegen jedes Kunden der Deutschen Rentenversicherung kümmern.

8.5.3 Versicherte

Pflichtversichert sind in der Rentenversicherung alle **Arbeiter und Angestellten** ohne Rücksicht auf die Höhe des Arbeitsentgelts, ebenso alle **Auszubildenden** und alle **arbeitnehmerähnlichen Selbstständigen.** Das sind Personen, die im Zusammenhang mit ihrer selbstständigen Beschäftigung keinen versicherungspflichtigen Arbeitnehmer beschäftigen und auf Dauer im Wesentlichen nur für einen Auftraggeber tätig sind. Bestimmte Gruppen von Selbstständigen sind ebenfalls in die Versicherungspflicht einbezogen, z. B. Lehr- und pädagogische Fachkräfte, Hebammen und Pflegepersonen. Hinzu kommen noch weitere Personen, wie z. B. Bezieher von Arbeitslosengeld, Freiwillige im Bundesfreiwilligendienst sowie Personen, die ein freiwilliges soziales Jahr ableisten. Auch Studierende sind grundsätzlich rentenversicherungspflichtig, wenn sie Einkommen beziehen.

Versicherungsberechtigt ist jeder, der das 16. Lebensjahr vollendet hat (§ 7 SGB VI). Damit ist der Beitritt auch freiberuflich Tätigen und Unternehmern möglich. Der Nachteil der freiwilligen Versicherung liegt darin, dass der Versicherte den vollen Beitrag allein zu tragen hat. Zur Rentenberechnung werden freiwillig Versicherten ausschließlich Zeiten angerechnet, für die auch Beiträge gezahlt wurden. Auch besteht kein Anspruch auf Erwerbsminderungsrente.

8.5.4 Übersicht über die Leistungen der Rentenversicherung

Die Leistungen der Rentenversicherung werden vor allem als Leistungen zur Teilhabe und als Renten gewährt.

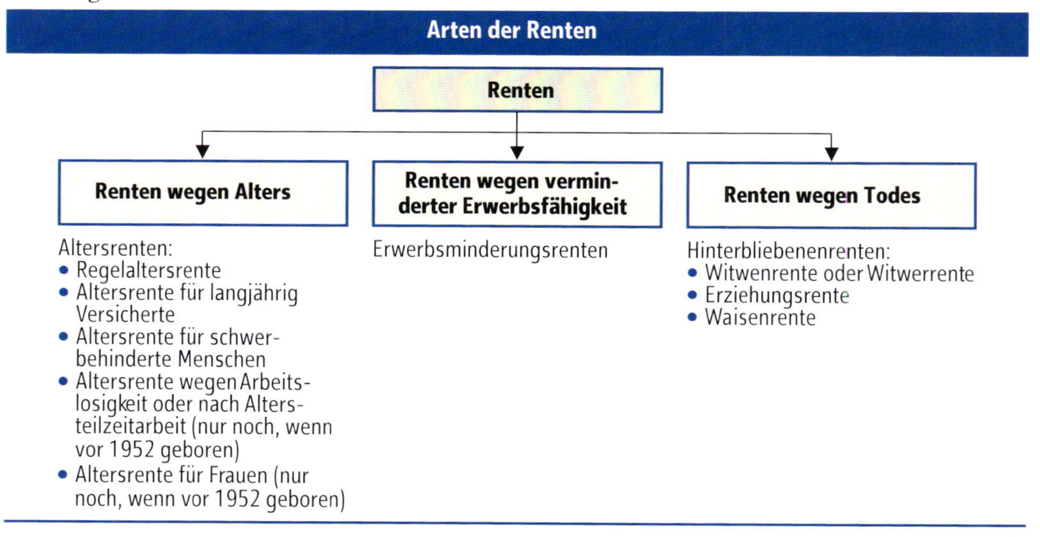

Die **Leistungen zur Teilhabe** (§ 9 SGB VI) umfassen

- **medizinische Leistungen zur Rehabilitation** (Wiedereingliederung in das Arbeitsleben); dazu gehören medizinische Leistungen, vor allem Leistungen in Kur- und Spezialeinrichtungen einschließlich Unterkunft und Verpflegung,
- **berufsfördernde Leistungen zur Rehabilitation:** Hilfen zur Erhaltung oder zur Erlangung eines Arbeitsplatzes, Berufsfindung und Arbeitserprobung, beruflichen Anpassung, Fortbildung, Ausbildung und Umschulung,

- **ergänzende Leistungen:** an erster Stelle Übergangsgeld; damit werden die Aufwendungen zur Sicherung des Lebensunterhaltes und des Lebensbedarfs während einer Rehabilitationsmaßnahme abgegolten. Bei einer berufsfördernden Leistung werden auch die Kosten für Lernmittel, Arbeitskleidung und Arbeitsgeräte übernommen.

Renten werden gewährt (§§ 33 ff. SGB VI)

- wegen Alters,
- wegen verminderter Erwerbsfähigkeit oder
- wegen Todes.

8.5.5 Altersrenten

Der Versicherte hat einen Anspruch auf Rentenzahlung, wenn er ein bestimmtes Lebensalter erreicht hat und eine bestimmte Zeit pflichtversichert war (Wartezeit).

Regelaltersrente erhält, wer das 67. Lebensjahr[1] vollendet hat und für mindestens fünf Jahre Beiträge gezahlt hat (§ 35 SGB VI). Diese Altersgrenze gilt auch für langjährig Versicherte. Schwerbehinderte Menschen erhalten schon im Alter von 65 Jahren Altersrente. Für den Bezug der Altersrente sind für diese Gruppen auch unterschiedliche Wartezeiten vorgeschrieben.

Unterschiedlich ist die Altersgrenze, bei der vom Gesetz die **vorzeitige Inanspruchnahme** der Altersrente zugelassen wird. Bei Ausnutzung der vorgezogenen Altersgrenze erfolgt eine dauerhafte Rentenkürzung um 0,3 % je Monat vorgezogenem Rentenbeginn. Die besonderen Regelungen für Frauen und Arbeitslose fallen ab Geburtsjahrgang 1952 weg.

Altersgrenze für den Bezug von Altersrente[1]

	Regelaltersrente §§ 35, 50 SGB VI	Schwerbehinderte § 37 SGB VI	Langjährig Versicherte SGB VI § 36	Besonders langjährig Versicherte, § 38 SGB VI
Altersgrenze (Lebensalter) für Rentenbezug ohne Kürzung	67	65	67	65
Altersgrenze für vorgezogene Rente (mit Kürzung)	Nicht möglich	62	63	
Wartezeit (Jahre)	5	35	35	45

Zeiten der Erziehung eines Kindes in dessen ersten drei Lebensjahren werden wie Pflichtbeitragszeiten berücksichtigt, erhöhen also den Rentenanspruch entsprechend.

[1] Die Regelaltersgrenze wird ab dem Jahr 2012 (betrifft Geburtsjahrgang 1947) bis zum Jahr 2029 (Geburtsjahrgang 1964) schrittweise auf 67 Jahre angehoben. In der Tabelle sind die Altersgrenzen dargestellt, die sich nach Abschluss der unterschiedlichen Übergangsphasen ergeben. Im Jahr 2022 beträgt die Regelaltersgrenze 65 Jahre und elf Monate.

8.5.6 Renten wegen verminderter Erwerbsfähigkeit

Seit dem 01.01.2001 werden Berufs- und Erwerbsunfähigkeitsrenten nicht mehr neu gewährt. Die bis zu diesem Zeitpunkt bewilligten Renten wegen verminderter Erwerbsfähigkeit werden weiterhin gezahlt.

An die Stelle der bisherigen Berufs- bzw. Erwerbsunfähigkeitsrente ist die **Erwerbsminderungsrente** getreten. Es gibt den sog. „Berufsschutz" nicht mehr. Wer seinen erlernten Beruf nicht mehr ausüben kann, muss auch in einem geringer bezahlten Beruf arbeiten. Sonst erhält er keine Rente.

Unterschieden werden teilweise und volle Erwerbsminderung (§ 43 SGB VI).

Als **teilweise erwerbsgemindert** gelten Versicherte, die wegen Krankheit oder Behinderung zwischen drei bis sechs Stunden täglich zu arbeiten in der Lage sind. Sie erhalten die Hälfte der Erwerbsminderungsrente.

Voll erwerbsgemindert sind Versicherte, die nur in der Lage sind, weniger als drei Stunden täglich zu arbeiten. Sie erhalten die volle Erwerbsminderungsrente.

8.5.7 Renten wegen Todes (Hinterbliebenenrenten)

Der Tod eines Versicherten führt zu Rentenansprüchen der Hinterbliebenen. Der Hinterbliebene hat Anspruch auf eine Witwenrente/Witwerrente. Es wird unterschieden zwischen der großen und der kleinen Hinterbliebenenrente.

Anspruch auf **große Witwenrente/Witwerrente** besteht (§ 46 SGB VI), wenn der Hinterbliebene

- ein minderjähriges Kind erzieht,
- das 47. Lebensjahr vollendet hat (steigt stufenweise von 45 auf 47 Jahre) oder
- erwerbsgemindert ist.

Die große Witwenrente/Witwerrente beträgt 55 % der Rente des verstorbenen Versicherten (bei „Altfällen" 60 %) (Rentenartfaktor § 67 SGB VI).

Wenn keine dieser Bedingungen erfüllt ist, besteht nur Anspruch auf die **kleine Witwenrente/Witwerrente.** Sie beträgt 25 % der Rente des Verstorbenen und wird nur für zwei Jahre gewährt.

Diese Regelungen beruhen auf einer Gesetzesänderung zum 01.01.2002. Für Ehepaare, die vor diesem Stichtag geheiratet haben oder bei denen der ältere Partner bereits 40 Jahre alt war, gelten günstigere Übergangsregelungen.

Waisenrente erhalten hinterbliebene Kinder nach dem Tode des Versicherten.

Die **Erziehungsrente** schließt eine Lücke im Versorgungssystem.

Beispiel: Eine geschiedene Frau ist noch unter 65 Jahre alt. Ihr ehemaliger Mann stirbt. Damit entfällt der Unterhaltsanspruch. Wenn sie Kinder zu erziehen hat und deshalb einer Erwerbstätigkeit nicht nachgehen kann, erhält sie Erziehungsrente, wenn sie die allgemeine Wartezeit von fünf Jahren erfüllt hat. Eine Erziehungsrente wird nicht aus den Versicherungszeiten des verstorbenen geschiedenen Ehemannes errechnet, sondern aus den eigenen Versicherungsbeiträgen.

8.5.8 Rentenberechnung

Die Rente wird nach folgender Formel berechnet:

Rentenformel

Monatsrente = EP x Zf x Raf x aRw
EP = (persönliche) Entgeltpunkte
Zf = Zugangsfaktor
Raf = Rentenartfaktor
aRw = aktueller Rentenwert

Die Rentenformel ergibt die exakte Rentenhöhe sowohl bei einem neuen Rentenzugang wie auch bei den Bestandsrenten. Die durch die Änderung der Renten**anpassungs**formel beabsichtigte Absenkung des Rentenniveaus erfolgt über eine geringere Erhöhung des aktuellen Rentenwertes (aRw).

Die Rente soll das wegfallende Arbeitsentgelt ersetzen. Deshalb wird bei der Rentenberechnung das durchschnittlich bezogene Einkommen berücksichtigt, allerdings nur bezogen auf die Versicherungszeit. Dazu dient die Berechnung der persönlichen **Entgeltpunkte**. Wer genau so viel verdient wie der Durchschnitt aller Versicherten, erhält je Versicherungsjahr einen Entgeltpunkt. Wer mehr als der Durchschnitt verdient, erhält je Versicherungsjahr entsprechend mehr Punkte. Grundlage ist aber immer das beitragspflichtige Entgelt, das wegen der Beitragsbemessungsgrenze niedriger sein kann als das tatsächliche Entgelt. Das bewirkt, dass bei Einkommen, die über der Bemessungsgrenze liegen, die Sozialversicherungsrente allein das bisher erzielte Arbeitseinkommen nicht mehr ausreichend ersetzen kann.

Beispiel der Berechnung einer Regelaltersrente

Jürgen Albrecht hat 50 Versicherungsjahre zurückgelegt. In einem Teil dieser Zeit hat er mehr als der Durchschnitt der versicherungspflichtigen Arbeitnehmer verdient. Er erreicht 55 Entgeltpunkte.
Albrecht ist 65 Jahre alt. Er hat das Alter für die Regelaltersrente erreicht und beansprucht Rente. Damit ist weder ein Zuschlag zu berücksichtigen (weil er nicht freiwillig über die Grenze von 65 Jahren hinaus gearbeitet hat) noch ein Abschlag für einen früheren Rentenbeginn.
Der Zugangsfaktor beträgt 1,0.
Daraus ergeben sich 55 persönliche Entgeltpunkte (55 × 1,0).
Bei Altersrenten beträgt der Rentenartfaktor 1,0. Bei einem aktuellen Rentenwert von 31,03 € errechnet sich für Jürgen Albrecht eine monatliche Rente von 55 × 1,0 × 31,03 = 1706,65 €.

Der **Zugangsfaktor** beträgt bei der Regelaltersrente grundsätzlich 1,0. Er bewirkt bei vorzeitigem Rentenbeginn eine Minderung der Altersrente und bei aufgeschobenem Rentenbeginn eine Erhöhung der Rente. Der Zugangsfaktor verringert sich z.B. um jeden Monat, um den der Rentenbeginn zeitlich vorgezogen wird, um 0,003 Punkte.

Der **Rentenartfaktor** (§ 67 SGB VI) berücksichtigt die Art der Rente. Bei Altersrenten und Erwerbsminderungsrenten beträgt er 1,0, d.h., die aus den Entgeltpunkten und dem aktuellen Rentenwert berechnete Rente wird zu 100% ausgezahlt. Für die Rente wegen teilweiser Erwerbsminderung gilt ein Rentenfaktor von 0,5, für die große Witwenrente (Witwe/-r hat das 47. Lebensjahr[1] vollendet oder erzieht ein minderjähriges Kind oder ist erwerbsgemindert) von 0,55, für die Halbwaisenrenten von 0,1 und für die Vollwaisenrenten von 0,2.

Beispiel der Berechnung einer Witwenrente

Der Rentenartfaktor für Witwenrenten beträgt 0,55. Beim Tod von Jürgen Albrecht erhält seine 58 Jahre alte Witwe eine Witwenrente von 0,55 × 1706,65 = 938,65 €.

[1] wird schrittweise vom 45. auf das 47. Lebensjahr angehoben und liegt im Jahr 2022 bei 45 Jahren und elf Monaten

Der **aktuelle Rentenwert** ist der Betrag, der einer monatlichen Rente wegen Alters entspricht, die sich aus Beiträgen aufgrund eines Durchschnittsentgelts für ein Kalenderjahr ergibt. Er wird jährlich neu festgelegt und an die aktuelle Nettolohnentwicklung angepasst.

8.5.9 Finanzierung der Rentenversicherung

Die Beiträge der Versicherten werden nicht etwa angesammelt, um bei Eintreten des Versicherungsfalles ausgezahlt zu werden. Die jetzt arbeitende Generation entrichtet vielmehr Beiträge, die im gleichen Zeitraum als Rente an die nicht mehr arbeitende Generation ausgezahlt werden. Die Finanzierung der Renten erfolgt damit nach dem **Umlageprinzip.** Die jetzt arbeitende Generation muss sich darauf verlassen, dass die nachfolgende Generation willens und in der Lage ist, Beiträge zu zahlen, die zur Finanzierung der künftigen Renten der jetzt Erwerbstätigen ausreichen **(Generationenvertrag).**

Die demografische Entwicklung zeigt, dass sich das Verhältnis von Beitragszahlern zu Leistungsempfängern ständig verschlechtert. Heute kommen vier Erwerbstätige für einen Rentner auf, in 35 Jahren werden zwei Erwerbstätige die Kosten für einen Rentner zu tragen haben. Die **Finanzierung der Rentenversicherung** erfolgt nur noch zu ungefähr 75 % aus Beiträgen (Rentenversicherungsbericht der Bundesregierung 2016). Nur weil die Finanzierung zunehmend über Steuern erfolgt und die Leistungen eingeschränkt wurden, ist das umlagefinanzierte System noch nicht zusammengebrochen. Die Anpassung der Rentenhöhe an die demografische Entwicklung erfolgt über den in der Rentenformel enthaltenen **aktuellen Rentenwert**. Zu seiner jährlichen Festlegung wurde eine mathematisch komplizierte Rentenanpassungsformel entwickelt. Sie berücksichtigt folgende Faktoren (§ 69 SGB VI):

- **Bruttolohnentwicklung**: Mit einer Steigerung der Bruttolöhne erhöht sich der aktuelle Rentenwert.
- **Riester-Faktor**: Zum Ausgleich der staatlichen Förderung der privaten Altersvorsorge bewirkt er eine Kürzung des Rentenanspruchs in der gesetzlichen Rentenversicherung.
- **Nachhaltigkeitsfaktor**: Ein von der Bruttolohnentwicklung vorgegebener Rentenanstieg wird gedämpft, wenn sich das Verhältnis der Beitragszahler zu den Rentnern verschlechtert.
- **Entwicklung der Beitragssätze**: Eine Steigerung der Beitragssätze bewirkt eine Senkung des Rentenanstiegs.

Bei Anwendung der Rentenanpassungsformel würde die Rentenhöhe sinken, wenn die Löhne sinken. Die Bundesregierung hat eine sogenannte **„Schutzklausel“** (§ 68 a SGB VI) zur Rentenformel beschlossen, nach der die Renten niemals sinken dürfen. Zum Ausgleich sollen sich aus der Rentenformel später ergebende Rentenerhöhungen so lange halbiert werden, bis die unterbliebene Rentenkürzung wieder ausgeglichen ist.

8.5.10 Staatlich geförderte private Altersvorsorge

Schon aus demografischen Gründen ist zu erwarten, dass die Renten und Pensionen in Zukunft langsamer steigen. Damit im Alter keine Versorgungslücke eintritt, ist eine private Altersversorgung zweckmäßig oder sogar unerlässlich. Deshalb fördert der Staat die private Altersvorsorge. Die erste staatlich geförderte private Vorsorgeform war die Riester-Rente, ihr folgten die Rürup-Rente und die Eichel-Rente.

Für die **Riester-Rente** sind alle **pflichtversicherten Arbeitnehmer und Beamte** förderungsberechtigt. Die staatliche Förderung besteht in einer **Altersvorsorgezulage,** die als Grundzulage (175,00 € pro Jahr) und als Kinderzulage (185,00 € pro Kind und Jahr für Kinder, die vor 2008 geboren wurden, bzw. 300,00 € für Kinder, die nach 2008 geboren wurden) gewährt wird. Um die Zulage zu erhalten, muss man einen bestimmten Mindest-Eigenbeitrag leisten (4% der im vergangenen Kalenderjahr erzielten Einnahmen, § 86 Abs. 1 EStG). Darüber hinaus können die Beiträge und Zulagen in der Höhe von bis zu 2100,00 € im Jahr von der Steuer abgesetzt werden.

Der sich hieraus ergebende Steuervorteil verringert sich jedoch um die gewährten Zulagen. Die monatliche Rente kann als Alters-, Invaliditäts- oder Hinterbliebenenrente ausgezahlt werden.

Gefördert werden nur Verträge, die von der Bundesanstalt für Finanzdienstleistungsaufsicht (BaFin) geprüft („zertifiziert“) sind.

Eine private **Rürup-Rente** kann grundsätzlich jeder abschließen. Sie wird nicht durch Staatliche Zulagen, sondern nur durch Steuervorteile gefördert. Deshalb eignet sie sich besonders für Selbstständige und besser verdienende Arbeitnehmer. Im Versicherungsvertrag muss eine lebenslange Rente (Leibrente) für den Versicherten vereinbart sein. Nicht erlaubt ist eine Vereinbarung, dass bei Fälligkeit die Rente als Einmalbetrag (kapitalisiert) ausgezahlt wird. Die steuerliche Abzugsfähigkeit ist in der Höhe begrenzt. Die Ansprüche aus einem Rürup-Vertrag sind nicht vererbbar. Im Todesfall gehen die Angehörigen leer aus.

Die **Eichel-Förderung** betrifft die betriebliche Altersvorsorge durch Entgeltumwandlung.

8.6 Arbeitsförderung

8.6.1 Aufgaben der Arbeitsförderung

Die in SGB III geregelte Arbeitsförderung ist ein Kernstück der staatlichen Arbeitsmarktpolitik. Sie hat die Aufgabe, im Rahmen der allgemeinen staatlichen Wirtschafts- und Sozialpolitik dazu beizutragen (§ 1 SGB III),

- einen hohen Beschäftigungsgrad zu erreichen,
- die Beschäftigungsstruktur ständig zu verbessern,
- das Entstehen von Arbeitslosigkeit zu vermeiden oder die Dauer von Arbeitslosigkeit zu verkürzen.

Die Erhaltung und Schaffung von wettbewerbsfähigen Arbeitsplätzen darf durch den Einsatz von Leistungen der Arbeitsförderung nicht gefährdet werden.

8.6.2 Gesetzliche Grundlagen und Träger der Arbeitsförderung

Gesetzliche Grundlage der Arbeitsförderung sind das SGB I und das SGB III. Die Erfüllung der Aufgaben der Arbeitsförderung ist der **Bundesagentur für Arbeit** in Nürnberg zugewiesen.

Die **Bundesagentur für Arbeit** gliedert sich nach § 367 Abs. 2 SGB III in

- **eine Zentrale** auf der oberen Verwaltungsebene,
- **Regionaldirektionen** auf der mittleren Verwaltungsebene und
- **Agenturen für Arbeit** auf der örtlichen Verwaltungsebene.

Die Bundesagentur für Arbeit ist eine rechtsfähige bundesunmittelbare Körperschaft des öffentlichen Rechts mit Selbstverwaltung (§ 367 SGB III). Selbstverwaltungsorgane gibt es nur noch in der Zentrale in Nürnberg und bei jeder Agentur für Arbeit. In den Regionaldirektionen (früher: Landesarbeitsämter) gibt es keine Selbstverwaltung mehr.

Selbstverwaltungsorgan bei der Zentrale in Nürnberg ist der **Verwaltungsrat**. Er überwacht den Vorstand und die Verwaltung. Vom Vorstand kann er Auskunft über die Geschäftsführung verlangen.

Bei der Agentur für Arbeit überwacht und berät der **Verwaltungsausschuss** die Agentur bei der Erfüllung ihrer Aufgaben.

Die Selbstverwaltungsorgane setzen sich zu je einem Drittel aus Vertretern der Arbeitnehmer, der Arbeitgeber sowie der öffentlichen Körperschaften zusammen.

8.6.3 Geschützter Personenkreis und Versicherungspflicht

Maßnahmen der Arbeitsförderung beziehen sich grundsätzlich auf alle Personen, die eine abhängige Beschäftigung ausgeübt haben oder künftig ausüben wollen. Nur die Entgeltersatzleistungen bei Arbeitslosigkeit setzen eine Zugehörigkeit zur Solidargemeinschaft der Beitragszahler, zur Arbeitslosenversicherung, voraus.

Versicherungspflichtig in der Arbeitslosenversicherung sind alle Arbeitnehmer (§ 25 SGB III) und die zu ihrer Berufsausbildung Beschäftigten (Auszubildende).

Versicherungsfrei sind u. a. Beamte, Richter (§ 27 SGB III) und Arbeitnehmer, die das Lebensjahr für den Anspruch auf Regelaltersgrenze vollendet haben (§ 28 SGB III). Auch geringfügig Beschäftigte sind in der Arbeitslosenversicherung versicherungsfrei (§ 27 Abs. 2 SGB III), nicht jedoch in der gesetzlichen Kranken- und der gesetzlichen Rentenversicherung.

8.6.4 Bereiche der Arbeitsförderung

Die Arbeitsförderung umfasst folgende Bereiche:

- Beratung (§§ 29 ff. SGB III),

  Beispiel: Berufsberatung und Eignungsfeststellung für Rat suchende Jugendliche.

- Vermittlung (§§ 35 ff. SGB III),
  Die Agentur für Arbeit kann mit erlaubt tätigen Verleihern Verträge abschließen, die damit berechtigt werden, Arbeitslose einzustellen und zeitlich befristet an Unternehmen zu verleihen (§ 45 SGB III). Eine damit gegründete Stelle wird als **Personal-Service-Agentur** (PSA) bezeichnet. Der Unternehmer hat den Vorteil, dass er den Leiharbeiter beschäftigen kann, ohne dass er zunächst einen langfristigen Arbeitsvertrag mit ihm abschließt. Der Arbeitsuchende hat den Vorteil, dass er seine Fähigkeiten unter Beweis stellen kann und damit die Chance auf eine langfristige Einstellung erhöht. Die Einstellung von Arbeitslosen wird von der Bundesagentur durch Fallpauschalen gefördert.
  Zunächst hatte im Rahmen der Agenda 2010 jede Agentur für Arbeit die Einrichtung einer PSA sicherzustellen. Seit Januar 2006 entfiel diese Verpflichtung, weil in der Praxis diese Einrichtung nicht den erhofften Erfolg brachte. Den Arbeitsagenturen ist es jetzt freigestellt, diese Einrichtung zu nutzen oder nicht. Bei der Beurteilung des Vermittlungserfolgs ist aber zu bedenken, dass sich die Tätigkeit einer PSA auf von der Arbeitsagentur vorgeschlagene, oft leistungsgeminderte Arbeitsuchende beschränkt.

- Förderung der Aufnahme einer selbstständigen Tätigkeit (§ 93 SGB III),

  Beispiel: Gründungszuschuss für die Dauer von 6 Monaten in Höhe des Betrages, den der Arbeitnehmer zuletzt als Arbeitslosengeld bezogen hat, zuzüglich monatlich 300,00 €. Verlängerungsmöglichkeit um 9 Monate mit einem monatlichen Gründungszuschuss von 300,00 € (§ 94 SGB III).

- Förderung der Berufsausbildung (§§ 56 ff. SGB III),

  Beispiel: Gewährung einer Berufsausbildungsbeihilfe (§ 56 SGB III).

- Förderung der beruflichen Weiterbildung (§§ 81 ff. SGB III),

  Beispiel: Übernahme der Weiterbildungskosten und Leistung von Arbeitslosengeld bei beruflicher Weiterbildung.
- Förderung der Teilhabe behinderter Menschen am Arbeitsleben (§§ 112 ff. SGB III),

  Beispiel: Förderung von besonderen Berufsausbildungsmaßnahmen, die die Schwere der Behinderung berücksichtigen.
- Entgeltersatzleistungen (§ 3 Abs. 4 SGB III).

Die Arbeitslosenversicherung ist damit ein Teilgebiet der Arbeitsförderung (siehe 8.6.5).

8.6.5 Entgeltersatzleistungen

8.6.5.1 Arten der Leistung

Nach § 3 Abs. 4 SGB III gewährt die Bundesagentur für Arbeit folgende Leistungen:

- **Arbeitslosengeld I** bei Arbeitslosigkeit und beruflicher Weiterbildung,
- **Teilarbeitslosengeld** bei Teilarbeitslosigkeit,
- **Übergangsgeld** bei Teilnahme an Maßnahmen zur Teilhabe am Arbeitsleben,
- **Kurzarbeitergeld** für Arbeitslose, die infolge eines Arbeitsausfalls einen Entgeltausfall haben,
- **Insolvenzgeld** für Arbeitnehmer, die wegen Zahlungsunfähigkeit des Arbeitgebers kein Arbeitsentgelt erhalten.

Die frühere Arbeitslosenhilfe wurde durch das Arbeitslosengeld II ersetzt (siehe 8.7).

8.6.5.2 Arbeitslosengeld I

Voraussetzungen

Anspruch auf Arbeitslosengeld I haben Arbeitnehmer, die arbeitslos sind und die Anwartschaftszeit erfüllt haben (§ 137 SGB III).

Arbeitslos ist ein Arbeitnehmer, der gemäß § 138 SGB III

- nicht in einem Beschäftigungsverhältnis steht **(Beschäftigungslosigkeit)**,
- sich bemüht, seine Beschäftigungslosigkeit zu beenden **(Eigenbemühungen)**,
- den Vermittlungsbemühungen der Agentur für Arbeit zur Verfügung steht **(Verfügbarkeit)**.

Die **Anwartschaftszeit** hat erfüllt, wer in der Rahmenfrist von zwei Jahren mindestens zwölf Monate in einem Versicherungspflichtverhältnis gestanden hat (§§ 142, 143 SGB III).

Höhe und Dauer der Zahlung des Arbeitslosengeldes I

Die **Höhe des Arbeitslosengeldes** beträgt für einen Arbeitslosen, der mindestens ein nach dem EStG zu berücksichtigendes Kind hat, 67 %, für einen kinderlosen Berechtigten 60 % des pauschalierten Nettoentgelts (§ 149 SGB III). Das pauschalierte Nettoentgelt ergibt sich als Durchschnitt aus den Entgeltabrechnungen für das letzte Jahr der versicherungspflichtigen Beschäftigung (§ 150 SGB III).

Hat der Arbeitslose während der Zeit des Bezugs von Arbeitslosengeld ein Einkommen aus Erwerbstätigkeit erzielt, wird das Einkommen nach Abzug von Steuern, Sozialversicherungsbeiträgen und Werbungskosten sowie einem Freibetrag von 165,00 € auf das Arbeitslosengeld angerechnet (§ 155 SGB III).

Die Beiträge zur Sozialversicherung werden von der Bundesagentur für Arbeit bezahlt. Vom Arbeitslosengeld müssen keine Steuern abgeführt werden.

Die **Dauer der Zahlung** des Arbeitslosengeldes I richtet sich nach der Dauer des pflichtversicherten Arbeitsverhältnisses, das vor dem Eintreten der Arbeitslosigkeit bestand. Ab 30 Beschäftigungsmonaten wird auch das Lebensalter berücksichtigt (§ 147 Abs. 2 SGB III).

Die Dauer des Anspruchs auf Arbeitslosengeld I beträgt:

nach Versicherungspflichtverhältnissen mit einer Dauer von insgesamt mindestens ... Monaten	und nach Vollendung des ... Lebensjahres	... Monate
12		6
16		8
20		10
24		12
30	50.	15
36	55.	18
48	58.	24

Sperrzeiten

Der Anspruch auf Arbeitslosengeld I erlischt für eine bestimmte Zeit, wenn der Arbeitslose einen Grund für den Eintritt von Sperrzeiten gegeben hat. Eine Sperrzeit wird von der Agentur für Arbeit z. B. verhängt (§ 159 SGB III), wenn

- der Arbeitslose die **Arbeitslosigkeit vorsätzlich oder grob fahrlässig herbeigeführt** hat, z. B. wenn er ohne wichtigen Grund selbst gekündigt oder durch vertragswidriges Verhalten die Kündigung durch den Arbeitgeber herbeigeführt hat. Die Dauer der Sperrzeit beträgt zwölf Wochen.
- er sich geweigert hat, an einer beruflichen Weiterbildungsmaßnahme teilzunehmen.
- er eine von der Agentur für Arbeit **angebotene zumutbare Stelle nicht angetreten** oder das Zustandekommen eines Vorstellungsgesprächs durch sein Verhalten verhindert hat. Zumutbar sind nach § 140 SGB III alle der Arbeitsfähigkeit entsprechenden Beschäftigungen. Es muss also auch eine Tätigkeit angenommen werden, die deutlich geringer vergütet ist als die bisherige Beschäftigung (die Grenzen ergeben sich aus § 140 Abs. 3 SGB III) oder nicht der Ausbildung entspricht. Die Dauer der Sperrzeit beträgt zwischen drei und zwölf Wochen.

Während der Sperrzeit erhält der Betroffene kein Arbeitslosengeld und es werden keine Beiträge zur Kranken-, Pflege- und Rentenversicherung bezahlt. Die Sperrzeit wird auf die Bezugsdauer angerechnet.

8.6.5.3 Kurzarbeitergeld (§§ 95 bis 109 SGB III)

Anspruch auf Kurzarbeitergeld haben Arbeitnehmer, wenn

- ein erheblicher Arbeitsausfall mit Entgeltausfall besteht,
- die betrieblichen und persönlichen Voraussetzungen erfüllt sind und
- der Arbeitsausfall der Agentur für Arbeit schriftlich vom Arbeitgeber oder von der Betriebsvertretung angezeigt worden ist.

Ein **erheblicher Arbeitsausfall** liegt vor, wenn er auf wirtschaftlichen Gründen oder einem unabwendbaren Ereignis beruht, vorübergehend und nicht vermeidbar ist und im jeweiligen Kalendermonat mindestens ein Drittel der beschäftigten Arbeitnehmer von einem Entgeltausfall von jeweils mehr als 10 % ihres monatlichen Entgelts betroffen ist.

Durch Kurzarbeitergeld sollen den Arbeitnehmern ihre Arbeitsplätze und den Betrieben ihre eingearbeiteten Arbeitskräfte erhalten bleiben.

Die **Höhe des Kurzarbeitergeldes** beträgt für einen Berechtigten, der mindestens ein nach dem EStG zu berücksichtigendes Kind hat, 67 %, für einen kinderlosen Berechtigten 60 % der Nettoentgeltdifferenz im Anspruchszeitraum.

Die Bezugsfrist für Kurzarbeitergeld beträgt längstens zwölf Monate (§ 104 SGB III). Sie kann durch Rechtsverordnung des Bundesministeriums für Arbeit und Soziales jedoch verlängert werden. Für das Jahr 2022 wurde die Bezugsfrist beispielsweise auf 24 Monate verlängert.

8.6.5.4 Insolvenzgeld (§§ 165 bis 172 SGB III)

Arbeitnehmer haben bei Eröffnung des Insolvenzverfahrens über das Vermögen ihres Arbeitgebers Anspruch auf Ausgleich ihres ausgefallenen Arbeitsentgelts. Mit dem Insolvenzgeld wird das rückständige Arbeitsentgelt höchstens für die letzten drei Monate vor Eröffnung des Insolvenzverfahrens ersetzt. Das Insolvenzgeld wird von der zuständigen Agentur für Arbeit auf Antrag gewährt. Die Agentur für Arbeit führt auch die rückständigen Sozialversicherungsbeiträge ab.

8.6.6 Finanzierung der Bundesagentur für Arbeit

Der größte Teil der Ausgaben der Bundesagentur für Arbeit wird durch Beiträge finanziert. Die Beiträge zur Arbeitslosenversicherung werden von Arbeitnehmern und Arbeitgebern je zur Hälfte getragen. Es gilt die gleiche Beitragsbemessungsgrenze wie in der Rentenversicherung.

Einige Leistungen der Arbeitsförderung werden nicht durch Beiträge finanziert: Die Aufbringung der Mittel für das Saison-Kurzarbeitergeld erfolgt durch Umlage. Auch das Insolvenzgeld wird über eine Umlage finanziert. Die Kosten des Arbeitslosengelds II trägt der Bund (§ 46 SGB II).

8.7 Grundsicherung

8.7.1 Zweck der Grundsicherung

Der Zweck der Grundsicherung besteht darin, allen hilfsbedürftigen Menschen Anspruch auf eine bedarfsorientierte soziale Leistung zu gewähren, die den grundlegenden Bedarf für den Lebensunterhalt sicherstellt.

Alle Leistungen zur Grundsicherung werden aus Steuermitteln erbracht, d. h., sie beruhen nicht auf Versicherungsleistungen. Voraussetzung ist die Hilfsbedürftigkeit.

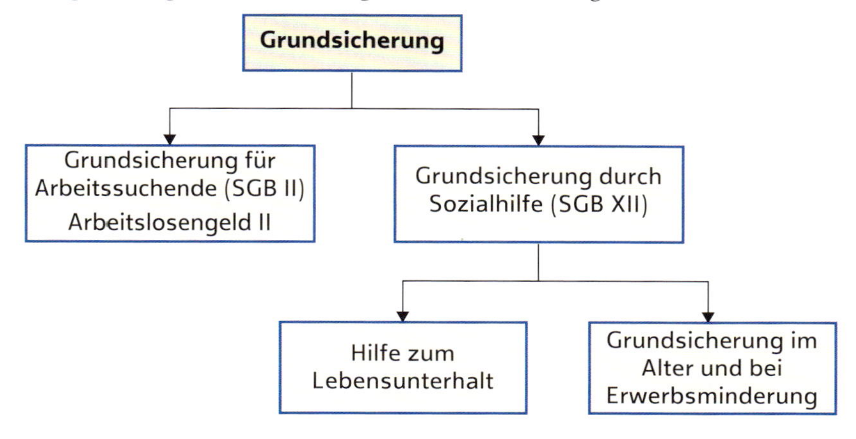

8.7.2 Grundsicherung für Arbeitsuchende: Arbeitslosengeld II

Anspruch auf Leistungen der Grundsicherung für Arbeitsuchende haben gem. § 7 SGB II Personen, die

- über 15 Jahre alt sind und die Grenze der Regelaltersgrenze noch nicht erreicht haben,
- erwerbsfähig und
- hilfsbedürftig sind

und ihren gewöhnlichen Aufenthalt in der Bundesrepublik Deutschland haben. Es sind vor allem Menschen, die keinen Anspruch auf Arbeitslosengeld I haben oder deren Anspruch bereits erloschen ist.

Erwerbsfähig ist, wer unter den üblichen Bedingungen des Arbeitsmarktes noch mindestens 3 Stunden täglich arbeiten kann (§ 8 SGB II).

Hilfsbedürftig ist, wer weder durch Aufnahme zumutbarer Arbeit noch aus anrechenbarem Einkommen oder Vermögen seinen Lebensunterhalt sichern kann.

Zumutbar ist jede legale Arbeit, auch wenn sie nicht der Ausbildung des Arbeitsuchenden oder seiner früheren beruflichen Tätigkeit entspricht (§ 10 SGB II).

Die Höhe des Arbeitslosengeldes II richtet sich nicht nach der Höhe des früheren Arbeitseinkommens, sondern nach der Bedarfssituation. Nach SGB II werden Leistungen gewährt als Dienstleistungen, vor allem als Beratung und Information mit dem Ziel der Eingliederung in Arbeit und als Geldleistungen zur Sicherung des Lebensunterhalts.

Die Leistungen werden auf Antrag erbracht und erst ab dem Tag der Antragstellung zeitlich unbegrenzt bezahlt.

Das Arbeitslosengeld II kann gekürzt oder gar entzogen werden, wenn der Empfänger eine zumutbare Arbeit nicht annimmt oder sich nicht im ausreichenden Umfang selbst um Arbeit bemüht (§ 31 SGB II).

Ist ein hilfsbedürftiger Arbeitsuchender erwerbstätig, dann erhält er auch als Bezieher von Arbeitslosengeld II einen nach der Höhe seines Einkommens unterschiedlichen Prozentsatz seines Einkommens als **Freibetrag**, den er behalten darf (§ 11b Abs. 3 SGB II).

Alle Bezieher von Arbeitslosengeld II sind kranken-, pflege- und rentenversichert. Die Beiträge werden vom Bund getragen.

Nicht erwerbsfähige Angehörige, die mit dem Empfänger von Arbeitslosengeld II in einem Haushalt leben, erhalten **Sozialgeld** (§ 19 Abs. 1 SGB II).

Eckregelsätze für Grundsicherung und Sozialhilfe (seit Januar 2022)	
• für Alleinstehende, Alleinerziehende oder Personen, deren Partner minderjährig sind	449,00 €
• jeweils für zwei in einem gemeinsamen Haushalt lebende Partner	404,00 €
• für Kinder zwischen 14 und unter 18 Jahren	376,00 €
• für Kinder zwischen 6 und 13 Jahren	311,00 €
• für Kinder bis zur Vollendung des 6. Lebensjahres	285,00 €

Eckregelsätze für Grundsicherung und Sozialhilfe (seit Januar 2022)

Diese Regelsätze betreffen die Leistungen in der Grundsicherung für Arbeitsuchende, der Grundsicherung im Alter und bei Erwerbsminderung sowie für Sozialhilfeempfänger. Hinzu kommen Leistungen für tatsächliche und angemessene Aufwendungen für Miete und Heizung (§ 22 SGB II).

8.7.3 Grundsicherung durch Sozialhilfe

8.7.3.1 Aufgabe der Sozialhilfe

Aufgabe der Sozialhilfe ist es, dem Empfänger die Führung eines Lebens zu ermöglichen, das der Würde des Menschen entspricht (§ 1 SGB XII). Die **Sozialhilfe** soll dem Bedarf entsprechen, Menschen zur Selbsthilfe befähigen, ihnen die Teilnahme am Leben in der Gemeinschaft ermöglichen und die Führung eines menschenwürdigen Lebens sichern.

Dem Sozialhilfe- oder Fürsorgeprinzip liegt der Gedanke zugrunde, dass die Gemeinschaft das Schicksal der in Not geratenen Menschen mitträgt. Der Hilfsbedürftige wird unterstützt, auch ohne dass er Beiträge zu einer Versicherung geleistet hat. Dazu war er oft gar nicht in der Lage.

Anspruch auf Sozialhilfe entsteht auch ohne besonderen Antrag. Die Sozialleistung ist von dem zuständigen Amt zu erbringen, sobald dort die Notlage bekannt wird.

Der Hilfsbedürftige hat Anspruch auf Sozialhilfe unabhängig davon, auf welche Ursache die Hilfsbedürftigkeit zurückgeht. Keinen Anspruch auf Sozialhilfe hat, wer sich selbst helfen kann oder die erforderliche Hilfe von anderer Seite erhält (insbesondere von Angehörigen oder von Trägern anderer Sozialleistungen). Bei den Hilfen zum Lebensunterhalt müssen deshalb Ansprüche auf Unterhalt gegenüber den Eltern und Kindern geltend gemacht werden. Eine Ausnahme bildet aber die Grundsicherung im Alter und bei Erwerbsminderung (siehe 8.7.3.3).

Sozialhilfe: Das Netz unter dem Netz

Ein Rentner wird als Pflegebedürftiger mit dem Pflegegrad 5 in ein Pflegeheim aufgenommen. Seine Rente reicht auch zusammen mit den Leistungen der Pflegekasse nicht aus, die Kosten des Pflegeheims in Höhe von monatlich 4 000,00 € zu bezahlen.
Die Differenz wird von der Sozialhilfe übernommen.

Wer in eine Notlage geraten ist, muss zuerst sein Einkommen, sein Vermögen und seine Arbeitskraft einsetzen, um die Notlage abzuwenden. Dabei werden tatsächliche Leistungen Dritter angerechnet, auch wenn diese aus freien Stücken erbracht werden. Damit wird der Grundsatz der **Nachrangigkeit der Sozialhilfe (Subsidiaritätsprinzip)** deutlich.

8.7.3.2 Träger der Sozialhilfe

Die Sozialhilfe wird von örtlichen und überörtlichen Trägern gewährt. Örtliche Träger sind die **kreisfreien Städte und die Landkreise** (§ 3 SGB XII). Für die Abwicklung der Sozialhilfe sind dort Sozialämter eingerichtet. Überörtliche Träger werden von den Ländern bestimmt (z. B. Landeswohlfahrtsverbände). Für erwerbsfähige Hilfsbedürftige ist nach SGB II die Bundesagentur für Arbeit zuständig. Diese Menschen erhalten Arbeitslosengeld II.

8.7.3.3 Leistungen der Sozialhilfe

Die Sozialhilfe umfasst (§ 8 SGB XII)

- Hilfe zum Lebensunterhalt,
- Grundsicherung im Alter und bei Erwerbsminderung,

- Hilfen zur Gesundheit,
- Eingliederungshilfe für behinderte Menschen,
- Hilfe zur Pflege,
- Hilfe zur Überwindung besonderer sozialer Schwierigkeiten,
- Hilfen in anderen Lebenslagen.

Hilfe zum Lebensunterhalt

Da für erwerbsfähige Arbeitslose und für ältere und dauerhaft erwerbsunfähige Menschen besondere Regelungen bestehen, ist die Sozialhilfe zum Lebensunterhalt überwiegend zuständig für vorübergehend erwerbsunfähige Menschen, die noch nicht endgültig aus dem Erwerbsleben ausgeschieden sind (längerfristig Erkrankte oder Kinder, die das erwerbsfähige Alter noch gar nicht erreicht haben), sowie für Rentebeziehende, die vorzeitig in Ruhestand gegangen sind und deshalb eine niedrige Rente beziehen, sodass deren Rente auf den Grundsicherungsbedarf aufgestockt werden muss.

Es werden alle Einkünfte des hilfsbedürftigen Menschen angerechnet (§ 82 SGB XII). Dazu wird geprüft, ob Eltern oder Kinder einen Beitrag zur Unterstützung leisten können. Auch muss das gesamte Vermögen des Betroffenen eingesetzt werden, bevor Unterstützung gewährt wird.

Grundsicherung im Alter und bei Erwerbsminderung

Sonderregelungen gelten innerhalb der Sozialhilfe für Personen im Rentenalter sowie auch für jüngere Erwerbsgeminderte

Anspruchsberechtigt sind hilfebedürftige Menschen, die

- die Regelaltersgrenze erreicht haben (§ 41 SGB XII),
- über 18 Jahre alt und dauerhaft voll erwerbsgemindert sind.

Die Anspruchsberechtigten sind Menschen, die wegen Alters oder fehlender Erwerbsfähigkeit endgültig aus dem Erwerbsleben ausgeschieden sind.

Von der Grundregel, dass bestehende Unterhaltsansprüche gegen Angehörige vorrangig berücksichtigt werden müssen, gilt hier eine Ausnahme. Eltern und Kinder müssen keinen Beitrag zum Unterhalt leisten, wenn ihr Einkommen jährlich weniger als 100 000,00 € beträgt (§ 43 Abs. 5 S. 1 SGB XII). Eine weitere Besonderheit ist, dass diese Leistungen nur auf Antrag gewährt werden.

Hilfen zur Gesundheit umfasst vor allem Leistungen zur Krankenbehandlung.

Eingliederungshilfen für behinderte Menschen können z.B. in der Hilfe zu einer angemessenen

Schulbildung oder zur Ausbildung für eine angemessene Tätigkeit bestehen.

Pflegebedürftige Personen erhalten Pflegegeld.

Leistungen zur Überwindung besonderer sozialer Schwierigkeiten können z.B. in Maßnahmen-zur Erhaltung oder Beschaffung einer Wohnung bestehen.

Andere Leistungen sind z.B. die Ausstattung eines behinderten Menschen mit behinderungsgerechten Hilfsmitteln (Blindenschreibmaschine, Treppenlift).

Die Leistungen werden als Dienstleistung, Sachleistung oder Geldleistung erbracht (§ 10 SGB XII). Die Geldleistung hat Vorrang vor der Sachleistung. Statt der Sachleistung können auch Gutscheine ausgegeben werden.

Zu den Leistungen der Sozialhilfe gehören die Beiträge zur Kranken- und Pflegeversicherung (§ 32 SGB XII). Die Leistungen für eine angemessene Altersvorsorge **können** von der Sozialhilfe übernommen werden (§ 33 SGB XII).

8.8 Die Unfallversicherung

8.8.1 Aufgaben der gesetzlichen Unfallversicherung

Aufgabe der gesetzlichen Unfallversicherung ist es,

- **Arbeitsunfälle und Berufskrankheiten** sowie arbeitsbedingte Gesundheitsgefahren **zu verhüten** (Präventionsauftrag der Unfallversicherung),
- **nach Eintritt eines Arbeitsunfalls** oder einer Berufskrankheit die Gesundheit und die Leistungsfähigkeit des Versicherten wiederherzustellen und ihn oder seine Hinterbliebenen durch Geldleistungen **zu entschädigen.**

Als Arbeitsunfall gilt auch ein Unfall auf dem Weg zwischen der Wohnung und dem Beschäftigungsort. In keinem anderen Zweig der Sozialversicherung spielt die Vorsorge zur Verhinderung von Schadensfällen eine so große Rolle wie bei der Unfallversicherung.

Andererseits stellt die Unfallversicherung auch eine Art Haftpflichtversicherung der Unternehmer dar. Bei Arbeitsunfällen übernimmt die gesetzliche Unfallversicherung alle Entschädigungsansprüche, die ein Arbeitnehmer gegen seinen Arbeitgeber vorbringen könnte.

Betriebsunfall eines Kraftfahrzeugmechanikers
Ein Kraftfahrzeugmechaniker fährt nach ausgeführter Reparatur den Wagen eines Kunden zur Probe. Nach kurzer Zeit versagen die Bremsen, sodass ein Zusammenstoß mit einem anderen Pkw nicht mehr vermieden werden kann.
Der Kraftfahrzeugmechaniker ist Opfer einer betriebsbedingten Gefahr geworden. Zuständig für die Regulierung des Gesundheitsschadens ist die gesetzliche Unfallversicherung.

8.8.2 Gesetzliche Grundlagen und Träger der gesetzlichen Unfallversicherung

Das Recht der gesetzlichen Unfallversicherung ist im Sozialgesetzbuch, Siebtes Buch (SGB VII) geregelt. Daneben gelten die allgemeinen Regelungen des Sozialgesetzbuches.

Träger der Unfallversicherung sind (§ 114 SGB VII)

- die gewerblichen Berufsgenossenschaften,
- die landwirtschaftlichen Berufsgenossenschaften und die Berufsgenossenschaft für den Gartenbau,
- die Eigenunfallversicherungsträger (Bund, Bundesagentur für Arbeit, Länder, Gemeinden, Gemeindeverbände, Gemeindeunfallversicherungsverbände und die Feuerwehr-Unfallkasse).

Träger der Unfallversicherung – Beispiel: Kreditwirtschaft
Für Kreditinstitute (Banken und Sparkassen) ist die Verwaltungs-Berufsgenossenschaft sachlich zuständig. Sie hat ihren Sitz in Hamburg und ist bundesweit auch zuständig für Versicherungen, Unternehmen der Straßenbahnen, U-Bahnen und Eisenbahnen, Rechtsanwälte und Steuerberater, Architekten und z. B. auch für Unternehmen der IT-Branche sowie für Zeitarbeitsunternehmen.

8.8.3 Versicherte

Jeder aufgrund eines **Arbeits-, Dienst- oder Ausbildungsverhältnisses Beschäftigte** ist in der gesetzlichen Unfallversicherung versichert. Dies gilt unabhängig davon, wie hoch das

Einkommen ist. Auch wer nur vorübergehend oder nur geringfügig beschäftigt ist, ist kraft Gesetzes in den Schutz der gesetzlichen Unfallversicherung einbezogen (§ 2 SGB VII).

Außerdem fallen unter den Schutz der gesetzlichen Unfallversicherung Personen, die im **Interesse des Gemeinwohls** tätig sind (z. B. bei Rettungsmaßnahmen), ferner Kinder während des Besuchs des Kindergartens, Schülerinnen, Schüler und Studierende während des Schul- oder Hochschulbesuchs.

8.8.4 Leistungen der Unfallversicherung

Nach Eintritt eines Versicherungsfalls (Arbeitsunfall, Berufskrankheit) erbringt die gesetzliche Unfallversicherung vor allem folgende Leistungen (§§ 26 ff. SGB VII):

- Heilbehandlung, d. h. ärztliche und zahnärztliche Behandlung, Arzneimittel, häusliche Krankenpflege, Behandlung in Krankenhäusern,
- berufsfördernde Leistungen zur Rehabilitation,
- Leistungen zur sozialen Rehabilitation,
- Leistungen bei Pflegebedürftigkeit,
- Geldleistungen während der Heilbehandlung und der beruflichen Rehabilitation,
- Rentenzahlung an den Versicherten,
- Sterbegeld,
- Leistungen an Hinterbliebene (Witwen- und Witwerrente, Waisenrente).

8.8.5 Finanzierung der gesetzlichen Unfallversicherung

Die Mittel zur Deckung der Aufwendungen der Berufsgenossenschaft werden ausschließlich durch Beiträge der Unternehmer aufgebracht. Die Arbeitnehmer zahlen keinen Beitrag. **Mitglied** in der Berufsgenossenschaft sind die **Unternehmer, versichert** sind aber die **Arbeitnehmer.**

Berechnungsgrundlagen für die Beiträge sind der Finanzbedarf, die Arbeitsentgelte der Versicherten und die Gefahrklassen (§§ 153 Abs. 1 und 157 SGB VII). Die Beiträge werden von der Berufsgenossenschaft jährlich durch eine Umlage erhoben.

8.9 Die Betriebsrente[1]

8.9.1 Formen der betrieblichen Altersversorgung

Die betriebliche Altersversorgung gibt es in fünf Formen (§ 1b Abs. 2–4 Betriebsrentengesetz – BetrAVG):

Interne Durchführungswege

- Direktzusage,
- Unterstützungskasse,

Externe Durchführungswege

- Pensionskasse,
- Direktversicherung,
- Pensionsfonds.

[1] Eine Übersicht über die Formen der betrieblichen Altersversorgung befindet sich auf den Seiten 134 und 135.

8.9.2 Die Direktzusage

Bei der Direktzusage (Pensionszusage) verpflichtet sich der Arbeitgeber, dem Arbeitnehmer oder dessen Hinterbliebenen bei Eintritt des Versorgungsfalls eine zuvor vereinbarte Leistung zu gewähren. In der Regel wird die Leistung allein vom Unternehmen finanziert. Dafür sind keine Sozialabgaben zu leisten.

Arbeitgeber und Arbeitnehmer können sich aber auch einigen, dass Teile des Gehalts zur Finanzierung der Pensionsleistung verwendet werden (Entgeltumwandlung).

Die Unternehmen bilden zur Deckung der eingegangenen Rentenverpflichtung Pensionsrückstellungen, deren Zuführung den steuerlichen Gewinn reduziert. Die Leistungen sind durch den Pensions-Sicherungs-Verein gegen das Risiko einer Insolvenz des Arbeitgebers abgesichert.

8.9.3 Die Unterstützungskasse (§ 1 b Abs. 4 BetrAVG)

Unterstützungskassen sind eigenständige, rechtsfähige Versorgungseinrichtungen, meist eingetragene Vereine. Finanziert werden sie durch Leistungen der Unternehmen, durch Erträge des angelegten Kapitals oder durch Entgeltumwandlung. Das Vermögen der Unterstützungskasse gilt nicht als Betriebsvermögen.

Die Versorgungsleistung wird von der Unterstützungskasse gewährt. Den Rechtsanspruch auf Leistung hat der Arbeitnehmer jedoch gegenüber dem zusagenden Arbeitgeber.

Unterstützungskassen sind in der Art ihrer Anlagen frei. Sie können die Finanzmittel, die zur Deckung der Rentenverpflichtung gehalten werden, auch an das eigene Trägerunternehmen ausleihen. Deshalb bevorzugen viele Unternehmen diese Form für die betriebliche Altersversorgung. Wie bei der Direktzusage ist auch bei der Unterstützungskasse die Riester-Förderung nicht möglich.

8.9.4 Die Pensionskasse

Alle Pensionskassen sind – meist kleinere – Versicherungsvereine aG, die als eigene Lebensversicherungsunternehmen tätig sind. Die Ansprüche der Mitarbeitenden aus einer entsprechenden Zusage des Arbeitgebers richten sich nicht an den Arbeitgeber, sondern an die Pensionskasse. Für die Anlage ihrer Gelder gelten strenge Vorschriften, deren Befolgung durch die Bundesanstalt für Finanzdienstleistungsaufsicht (BaFin) überwacht wird.

Pensionskassen organisieren die betriebliche Altersversorgung meist nur für ein Unternehmen, es sind „geschlossene“ Pensionskassen. Im Gegensatz zu den „offenen“ Lebensversicherungsunternehmen müssen sie keine Gewinne für Anteilseigner erwirtschaften.

Vom Arbeitgeber gezahlte Beiträge sind bis zu acht Prozent der Beitragsbemessungsgrenze in der gesetzlichen Rentenversicherung steuerfrei. Sozialversicherungsfrei sind die Beiträge in Höhe von vier Prozent der Beitragsbemessungsgrenze.

8.9.5 Die Direktversicherung

Bei der Direktversicherung schließt der Arbeitgeber als Versicherungsnehmer bei einer Versicherungsgesellschaft für einen oder mehrere Arbeitnehmer eine Lebensversicherung ab. Der Arbeitnehmer hat einen direkten Anspruch auf die Leistung. Diese Form wird vor allem von kleineren Unternehmen bevorzugt, weil der Verwaltungsaufwand sehr gering ist. Auch sind beim Abschluss von Gruppenverträgen die Bedingungen günstiger als bei Einzelverträgen.

Die Versicherungsgesellschaft hat strenge Auflagen für die Anlage ihrer Gelder zu befolgen. Beispielsweise dürfen nur 35 % der Mittel in Aktien angelegt werden. Kursschwankungen an der Börse beeinflussen die Erträge der Versicherungsgesellschaft deshalb geringer als bei Pensionsfonds. Werden Überschüsse erzielt, dann erhalten die Versicherten davon mindestens 90 %. Die Inanspruchnahme der Riester-Förderung ist möglich.

Vom Arbeitgeber gezahlte Beiträge sind bis zu acht Prozent der Beitragsbemessungsgrenze in der gesetzlichen Rentenversicherung steuerfrei. In Höhe von vier Prozent der Beitragsbemessungsgrenze sind auch die Beiträge sozialversicherungsfrei, unabhängig davon, ob sie vom Arbeitgeber oder vom Arbeitnehmer gezahlt werden.

8.9.6 Der Pensionsfonds

Der Pensionsfonds ist ein vom Unternehmen unabhängiger selbstständiger Versorgungsträger, der von einem Arbeitgeber oder branchenübergreifend gegründet werden kann. Er kann in der Rechtsform einer Aktiengesellschaft oder eines Pensionsfondsvereins auf Gegenseitigkeit gegründet werden. Der Pensionsfonds zahlt lebenslange Altersrenten in Höhe der vom Arbeitgeber erbrachten Versorgungszusagen. Finanziert wird der Pensionsfonds durch Zuwendungen vom Arbeitgeber, die als Betriebsausgaben abgezogen werden können und/oder durch Gehaltsumwandlungen.

Pensionsfonds dürfen ihre Anlagegelder uneingeschränkt in börsennotierte Aktien oder Aktienfonds investieren. Dadurch wird durch mögliche Kursgewinne die Renditechance höher, die zu einer höheren Altersrente führen kann. Allerdings besteht auch das Risiko von Kursverlusten. Wie viel Rente Arbeitnehmer später einmal aus ihrem Pensionsfonds erhalten, ist ungewiss. Deshalb ist es wichtig, dass vom Pensionsfonds eine bestimmte Rentenhöhe garantiert wird. Wegen der risikoreichen Anlage muss die Garantiesumme aus Vorsichtsgründen niedriger sein als bei einer Direktversicherung oder einer Pensionskasse.

Es können bis zu acht Prozent des Bruttolohnes (begrenzt durch die Beitragsbemessungsgrenze) steuer- und vier Prozent sozialversicherungsfrei (§ 1 Sozialversicherungsentgeltverordnung) in den Pensionsfonds eingezahlt werden.

8.9.7 Entgeltumwandlung

Seit 01.01.2002 können Arbeitnehmer von ihrem Arbeitgeber verlangen, dass von ihrem Gehalt jährlich bis maximal vier Prozent der Beitragsbemessungsgrenze der gesetzlichen Rentenversicherung einer betrieblichen Altersversorgung zugeführt werden. Höhere Beträge können zwischen Arbeitgeber und Arbeitnehmer vereinbart werden. Dadurch ist die betriebliche Altersversorgung keine freiwillige soziale Einrichtung mehr. Diesen Anspruch haben nur Arbeitnehmer, die Pflichtbeiträge zur gesetzlichen Rentenversicherung zu zahlen haben.

Wie die betriebliche Altersversorgung durchgeführt werden soll, muss zwischen Arbeitgeber und Arbeitnehmer vereinbart werden. Bietet der Arbeitgeber die Durchführung über eine Pensionskasse oder einen Pensionsfonds an, dann erfolgt die Durchführung auf diesem Weg. Macht der Arbeitgeber kein solches Angebot, dann kann der Arbeitnehmer die Durchführung über eine Direktversicherung verlangen (§ 1a Abs. 1 BetrAVG). Durch Tarifvertrag kann auch geregelt werden, dass eine automatische Entgeltumwandlung stattfindet, es sei denn, der Arbeitnehmer entscheidet sich ausdrücklich dagegen.

8.9.8 Anpassungspflicht von Betriebsrenten (§ 16 BetrAVG)

Der Arbeitgeber hat alle drei Jahre zu prüfen, ob die Versorgungsleistungen anzupassen sind. Die Anpassungspflicht gilt als erfüllt, wenn die Anpassung nicht geringer ist als der Anstieg des Verbraucherpreisindexes (Teuerungs- oder Inflationsrate) oder der Löhne vergleichbarer Arbeitnehmer. Die Anpassung der betrieblichen Altersversorgung kann unterbleiben, wenn dadurch eine übermäßige Belastung für den Arbeitgeber eintritt, z.B. wenn dadurch Arbeitsplätze im Unternehmen gefährdet würden.

8.9.9 Pensionssicherungsverein

Muss das versicherte Unternehmen Insolvenz anmelden und kann die seinen Mitarbeitnden gemachte Zusage nicht mehr einhalten, dann tritt der Pensionssicherungsverein aG ein und zahlt den Mitarbeitenden die zugesicherten Versorgungsleistungen. Bei folgenden Formen der betrieblichen Altersversorgung müssen die Unternehmen Pflichtbeiträge an den Pensionssicherungsverein zahlen: Direktzusage, Unterstützungskasse und Pensionsfonds.

Auch bei einer Direktversicherung müssen Beiträge gezahlt werden, wenn der Arbeitgeber den Vertrag beliehen oder verpfändet hat.

8.9.10 Übergang zur nachgelagerten Besteuerung

Bisher wurden die fünf Durchführungswege zur betrieblichen Altersversorgung teilweise steuerlich unterschiedlich behandelt. In einer Übergangszeit wird dieser Unterschied durch Einführung der nachgelagerten Besteuerung stufenweise abgeschafft. Das heißt im Ergebnis, dass Beiträge zum Zeitpunkt der Zahlung einkommensteuerfrei und erst die Renten bei Auszahlung steuerpflichtig sind.

8.10 Die Sozialgerichtsbarkeit

Für alle Streitigkeiten auf dem Gebiet des Sozialrechts gibt es eine besondere Sozialgerichtsbarkeit mit drei Instanzen (Sozialgericht, Landessozialgericht, Bundessozialgericht). Sie ist zuständig für Streitigkeiten in Angelegenheiten der Sozialversicherung, der Arbeitslosenversicherung und der Kriegsopferversorgung.

Das **Sozialgericht** ist mit einem Berufsrichter und zwei ehrenamtlichen Richtern besetzt. Das Landessozialgericht entscheidet über die Berufung, das Bundessozialgericht über die Revision.

Dem Verfahren vor den Gerichten geht, von Ausnahmen abgesehen, ein Vorverfahren voraus (§§ 77, 78 SGG). Auf schriftlichen Widerspruch gegen einen Verwaltungsakt (Bescheid) entscheidet zunächst die bei dem Versicherungsträger errichtete Widerspruchsstelle durch Widerspruchsbescheid. Erst gegen diesen Widerspruchsbescheid kann vor dem Sozialgericht geklagt werden.

Formen der betrieblichen Altersversorgung		
	Direktzusage	**Unterstützungskasse**
Träger der Versicherung	Unternehmen	Vom Arbeitgeber gegründeter rechtsfähiger Verein
Finanzierung	In der Regel allein durch Leistungen des Unternehmens Entgeltumwandlung möglich	Leistungen des Unternehmens, Kapitalerträge, Entgeltumwandlung möglich
Vorschriften zur Anlage des Kapitals	Als Pensionsrückstellung im Unternehmen	Keine Vorschriften Auch Anleihe an das eigene Trägerunternehmen möglich
Risiken und Risikoabsicherung	Bei Insolvenz tritt Pensions-Sicherungsverein ein	Bei Insolvenz tritt Pensions-Sicherungsverein ein
Riester-Förderung	Riester-Förderung nicht möglich	Riester-Förderung nicht möglich
Steuern und Sozialabgaben	Rückstellungsbetrag mindert den steuerpflichtigen Gewinn Keine Sozialabgaben, wenn Leistungen allein vom Unternehmen finanziert werden	Leistungen des Arbeitgebers sind in unbegrenzter Höhe steuer- und abgabefrei.
Rentenanpassung	Rentenanpassung Pflicht	Rentenanpassung Pflicht

Pensionskasse	Direktversicherung	Pensionsfonds
Vom Arbeitgeber gegründeter rechtsfähiger Verein (Versicherungsverein aG)	Privatwirtschaftliches Versicherungsunternehmen	Vom Arbeitgeber gegründete Aktiengesellschaft oder Pensionsfondsverein a. G.
Leistungen des Unternehmens, Kapitalerträge, Entgeltumwandlung	Leistungen des Unternehmens, Überschusserträge, Entgeltumwandlung	Leistungen des Unternehmens, Kapitalerträge, Entgeltumwandlung
Strenge Vorschriften	Strenge Vorschriften Nur 35% des Deckungskapitals dürfen in Aktien angelegt werden.	Uneingeschränkte Anlage in Aktien oder Aktienfonds erlaubt
Keine Pflicht zur Insolvenzabsicherung	Pflicht zur Insolvenzabsicherung nur, wenn Vertrag vom Unternehmen beliehen oder verpfändet wird	Erhöhtes Risiko wegen freier Anlagemöglichkeit in Aktien und Aktienfonds mit Auswirkung auf Rentenhöhe Pflicht zur Insolvenzabsicherung
Riester-Förderung kann in Anspruch genommen werden.	Riester-Förderung kann in Anspruch genommen werden.	Riester-Förderung kann in Anspruch genommen werden.
Bei Entgeltumwandlung Beiträge bis zu 8% der Beitragsbemessungsgrenze zur gesetzlichen Rentenversicherung steuer- und bis zu 4% der Beitragsbemessungsgrenze sozialabgabefrei	Bei Entgeltumwandlung Beiträge bis zu 8% der Beitragsbemessungsgrenze zur gesetzlichen Rentenversicherung steuer- und bis zu 4% der Beitragsbemessungsgrenze sozialabgabefrei	Bei Entgeltumwandlung Beiträge bis zu 8% der Beitragsbemessungsgrenze zur gesetzlichen Rentenversicherung steuer- bis zu 4% der Beitragsbemessungsgrenze sozialabgabefrei
Keine Rentenanpassungspflicht	Keine Rentenanpassungspflicht	Keine Rentenanpassungspflicht

Aufgaben

1 Begriffe im System der sozialen Sicherheit

Ordnen Sie die unten stehenden Aussagen a) bis f) den Begriffen 1 bis 3 zu!

[1] Sozialbudget
[2] Sozialleistungsquote
[3] Sozialleistungsziffer

Geben Sie für Aussagen, die nicht zurechenbar sind, eine [0] an!

a) Ausgaben nach dem Prinzip der Sozialversorgung pro Kopf der Bevölkerung
b) Aufstellung der Gesamtheit aller Leistungen der Sozialversicherung, ihre Aufteilung auf die Versicherungszweige und ihre Finanzierung
c) Prozentualer Anteil der Sozialleistungen am Sozialprodukt
d) Ausgaben für Sozialleistungen pro Kopf der beschäftigten Arbeitnehmer
e) Aufstellung der Gesamtheit der sozialen Leistungen, ihre Aufteilung in Bereiche und ihre Finanzierung
f) Ausgaben für Sozialleistungen pro Kopf der Bevölkerung

2 Prinzipien der sozialen Sicherung

Der Verfassungsauftrag der Sozialstaatlichkeit wird in der Bundesrepublik Deutschland durch drei Grundprinzipien verwirklicht:

[1] das Versicherungsprinzip
[2] das Versorgungsprinzip
[3] das Sozialhilfeprinzip

1. Ordnen Sie diesen Prinzipien die nachstehenden Beispiele für Leistungen zu!
a) Barleistung an einen Rentner, der eine zu niedrige Altersrente bezieht
b) Zahlung von Kindergeld
c) Zahlung von Arbeitslosengeld I
d) Zahlung einer Unfallrente an Hinterbliebene
2. Geben Sie für jedes der drei Grundprinzipien sozialer Sicherung (Versicherung, Versorgung, Sozialhilfe) an, welche der folgenden Voraussetzungen gegeben sein müssen, damit eine Leistung gewährt wird!
a) Beiträge während des Erwerbslebens
b) Nachweis von Bedürftigkeit
c) Es genügt, dass ein gesetzlich festgelegter Grund nachgewiesen wird
d) Erreichen der Regelalterszeit + Hilfsbedürftigkeit

3 Beitragsbemessungsgrenzen und Pflichtversicherungsgrenze in der Sozialversicherung

Welche der folgenden Aussagen ist richtig, welche falsch?

a) Die Beitragsbemessungsgrenze gibt an, von welcher Höhe des Einkommens ab das Mitglied beitragsfrei versichert ist.
b) In der Unfallversicherung gibt es keine Beitragsbemessungsgrenze.
c) Wer ein Einkommen über der Pflichtversicherungsgrenze hat, muss aus der gesetzlichen Versicherung ausscheiden.

d) Wer ein Einkommen erzielt, das über der Versicherungspflichtgrenze liegt, muss sich nicht krankenversichern.
e) In der Rentenversicherung gibt es keine Versicherungspflichtgrenze.
f) In der Arbeitslosenversicherung gibt es eine Versicherungspflichtgrenze, aber keine Beitragsbemessungsgrenze.

4 Versicherungspflicht

Der bisher selbstständige Buchhändler Klaus Neumann hat nach einem schweren Unfall bleibende gesundheitliche Folgen erlitten, die eine ständige, regelmäßige ärztliche Kontrolle sowie Bäder und Massagen erforderlich machen. Er hat deshalb sein Geschäft aufgegeben und findet eine Anstellung in der Kölner Fachbuchhandlung Schober und Söhne. Er bezieht ein Gehalt von monatlich 2 900,00 € brutto. Seine Frau ist berufstätig und bei der AOK versichert.

a) Stellen Sie fest, ob Neumann durch die Aufnahme dieser Angestelltentätigkeit sozialversicherungspflichtig geworden ist!
b) Neumann war bisher bei der Allgemeinen Deutschen Privaten Krankenversicherungs-Aktiengesellschaft gegen Krankheit versichert. Könnte er dort weiter versichert bleiben, wenn er das wollte?
c) Neumann beantragt die Aufnahme in die Allgemeine Ortskrankenkasse (AOK). Darf die AOK die Aufnahme unter Hinweis auf das schon bestehende Vorleiden ablehnen?
d) Wer hat die Entgeltfortzahlungskosten zu tragen, wenn Neumann auf seinem neuen Arbeitsplatz recht häufig ein bis zwei Wochen wegen Krankheit fehlt?

5 Leistungen der Sozialversicherung

Wer zahlt bzw. erbringt die Leistungen in den unten aufgezählten Fällen a) bis g)?

1 Bundesagentur für Arbeit
2 gesetzliche Krankenversicherung (AOK oder Ersatzkasse)
3 Berufsgenossenschaft
4 Deutsche Rentenversicherung
5 Pflegekasse

Ordnen Sie dem zuständigen Leistungsträger den Kennbuchstaben der folgenden Fälle zu:

a) Kosten für Vorsorgeuntersuchungen
b) Arbeitslosengeld II (Grundsicherung für Arbeitsuchende)
c) Krankenversicherungsbeitrag von Arbeitslosen
d) Krankenhauskosten nach einem Arbeitsunfall
e) Altersruhegeld
f) Berufsfördernde Leistungen zur Rehabilitation
g) Pflegebedingte Aufwendungen bei stationärer Pflege

6 Rentenversicherung: Generationenvertrag

Modellberechnungen in Anlehnung an Berechnungen des Statistischen Bundesamtes haben ergeben: Die Bevölkerung der Bundesrepublik Deutschland wird bis zum Jahre 2030 zurückgehen

- im Modell A auf 55 Millionen,
- im Modell B auf 39 Millionen,
- im Modell C auf 32 Millionen.

Dabei kommt es zu einer tief greifenden Veränderung des Altersaufbaus der Bevölkerung.

Personen im Alter von 60 und mehr Jahren, die auf 100 Personen im Alter von 15 bis unter 60 Jahren kommen:

	1975	1980	1985	1990	1995	2000	2010	2030
Modell A	37	32	33	34	37	35	36	42
Modell B	37	32	33	34	38	39	44	60
Modell C	37	32	33	34	39	42	52	80

Die gesetzliche Rentenversicherung wird aufgrund des sog. „Generationenvertrags“ nach dem Umlageprinzip finanziert.

Welche Auswirkungen hat diese Bevölkerungsentwicklung auf die Finanzierung der gesetzlichen Rentenversicherung?

7 Leistungen der Bundesagentur für Arbeit

Nach den Sozialgesetzbüchern II und III gewährt die Bundesagentur für Arbeit Leistungen u. a. in Form von:

1 Kurzarbeitergeld
2 Arbeitslosengeld I
3 Arbeitslosengeld II
4 Insolvenzgeld
5 Saison-Kurzarbeitergeld
6 Keine Leistung der Arbeitsagentur

Ordnen Sie diesen Formen der Leistung (1 bis 6) die entsprechende Erklärung aus der unten stehenden Aufzählung zu!

a) Leistungen zum Ausgleich eines Lohnausfalls wegen vorübergehender erheblicher Absatzschwierigkeiten des Betriebs.
b) Ausgleich des wegen Zahlungsunfähigkeit des Arbeitgebers ausgefallenen Arbeitsentgelts.
c) Barleistung an Arbeitslose, die bei der Agentur für Arbeit arbeitslos gemeldet sind, der Arbeitsvermittlung zur Verfügung stehen und dafür für eine bestimmte Zeit (Anwartschaftszeit) Beiträge bezahlt haben.
d) Leistungen an Bauarbeiter wegen Arbeitsmangel in der Winterzeit.
e) Leistungen an Hilfsbedürftige, die wegen längerfristiger Erkrankungen vorübergehend erwerbsunfähig sind.
f) Barleistung an bedürftige Arbeitslose, die bei der Agentur für Arbeit arbeitslos gemeldet sind, der Arbeitsvermittlung zur Verfügung stehen, keinen Anspruch auf Versicherungsleistungen erworben oder ihn bereits ausgeschöpft haben und hilfsbedürftig sind.

8 Zuständigkeit von Arbeitsgericht und Sozialgericht

Entscheiden Sie über die Zuständigkeit von Arbeitsgericht und Sozialgericht!

1 Zuständigkeit des Arbeitsgerichts

2 Zuständigkeit des Sozialgerichts

3 Weder Arbeitsgericht noch Sozialgericht sind zuständig

a) Klage eines Arbeitgeberverbandes, einen Warnstreik für unzulässig zu erklären.

b) Klage auf Zahlung einer Verletztenrente aufgrund eines Arbeitsunfalls.

c) Klage aus einem Sozialplan.

d) Klage gegen den Schadenverursacher auf Zahlung von Schadenersatz. Der Schaden ist bei einem Verkehrsunfall entstanden, der sich auf dem Weg zwischen Wohnung und Arbeitsstätte ereignet hat.

e) Klage gegen den Arbeitgeber wegen einer sozial ungerechtfertigten Kündigung.

f) Klage eines Arbeitgebers gegen seinen früheren Arbeitnehmer auf Rückzahlung eines Darlehens.

Wiederholungsfragen

1. Welche Ziele hat das Sozialrecht?
2. Mit welchen Grundprinzipien wird der Verfassungsauftrag der Sozialstaatlichkeit in der Bundesrepublik Deutschland verwirklicht?
3. Was versteht man unter dem sozialen Netz?
4. Worüber gibt das Sozialbudget Auskunft?
5. Was versteht man unter Sozialleistungsquote, was unter Sozialleistungsziffer?
6. Welche Zweige umfasst die Sozialversicherung?
7. Auf welche Weise wird die Selbstverwaltung in der Sozialversicherung durchgeführt?
8. Wozu dient der Sozialversicherungsausweis?
9. Welche Bedeutung hat die Beitragsbemessungsgrenze und in welchen Zweigen der Sozialversicherung gibt es sie?
10. Wann wird eine Beschäftigung aus der Sicht der Sozialversicherung als geringfügig angesehen?
11. Welche Aufgabe hat die gesetzliche Krankenversicherung?
12. Wer ist versicherungspflichtig bei der gesetzlichen Krankenversicherung?
13. Wer ist Träger der gesetzlichen Krankenversicherung?
14. Wer kann freiwillig Mitglied der gesetzlichen Krankenversicherung werden?
15. Welche Leistungen erbringt die gesetzliche Krankenkasse im Einzelnen?
16. Wer legt die Beitragssätze der gesetzlichen Krankenkassen fest?
17. Wer ist versicherungspflichtig zur Pflegeversicherung?
18. Wer ist Träger der Pflegeversicherung?
19. Welche Leistungen erbringt die Pflegeversicherung?

20. In welcher Weise erfolgt die Finanzierung der Pflegeversicherung?
21. Welche Aufgabe hat die gesetzliche Rentenversicherung?
22. Wer ist versicherungspflichtig bei der gesetzlichen Rentenversicherung?
23. Wer ist versicherungsberechtigt bei der gesetzlichen Rentenversicherung?
24. Welche Leistungen erbringt die gesetzliche Rentenversicherung im Einzelnen?
25. Was versteht man unter dem Generationenvertrag?
26. Was besagt das Prinzip der dynamischen Rente?
27. Wie erfolgt die Finanzierung der gesetzlichen Rentenversicherung?
28. Nennen Sie Ziele, die durch Maßnahmen nach dem Sozialgesetzbuch III – Arbeitsförderung – erreicht werden sollen!
29. Wer ist Träger der Arbeitsförderung?
30. Wer hat Anspruch auf Arbeitslosengeld I?
31. Wer hat Anspruch auf Arbeitslosengeld II?
32. Welche Aufgaben hat die gesetzliche Unfallversicherung?
33. Wer ist Träger der gesetzlichen Unfallversicherung?
34. Wer ist in der gesetzlichen Unfallversicherung versichert?
35. Wie wird die gesetzliche Unfallversicherung finanziert?
36. Wer hat Anspruch auf Sozialhilfe?
37. Was bedeutet der Grundsatz der Nachrangigkeit der Sozialhilfe?
38. Für welche Fälle ist das Sozialgericht zuständig?
39. Wie ist die Sozialgerichtsbarkeit aufgebaut?
40. Auf welchen drei Säulen ruht die Altersversorgung in Deutschland?
41. Welche Formen der betrieblichen Altersvorsorge gibt es?
42. Wie unterscheiden sich die Formen der betrieblichen Altersversorgung Direktzusage und Direktversicherung?

Abkürzungsverzeichnis

AGG	Allgemeines Gleichbehandlungsgesetz
AktG	Aktiengesetz
ALG	Arbeitslosengeld
AOK	Allgemeine Ortskrankenkasse
ArbGG	Arbeitsgerichtsgesetz
ArbPlSchG	Arbeitsplatzschutzgesetz
ArbSchG	Arbeitsschutzgesetz
ArbZG	Arbeitszeitgesetz
AÜG	Arbeitnehmerüberlassungsgesetz
BA	Bundesagentur für Arbeit
BAföG	Bundesausbildungsförderungsgesetz
BAG	Bundesarbeitsgericht
BBiG	Berufsbildungsgesetz
BEEG	Bundeselterngeld- und Elternzeitgesetz
BEK	Barmer Ersatzkasse
BetrVG	Betriebsverfassungsgesetz
BGB	Bürgerliches Gesetzbuch
BGH	Bundesgerichtshof
BUrlG	Bundesurlaubsgesetz
DAK	Deutsche Angestellten-Krankenkasse
DGB	Deutscher Gewerkschaftsbund
DrittelbG	Gesetz über die Drittelbeteiligung der Arbeitnehmer im Aufsichtsrat (Drittelbeteiligungsgesetz)
EntgFG	Entgeltfortzahlungsgesetz
EG	Europäische Gemeinschaft
EU	Europäische Union
Fünftes VermBG	Fünftes Vermögensbildungsgesetz
GKV	Gesetzliche Krankenversicherung
GmbHG	GmbH-Gesetz
HGB	Handelsgesetzbuch
InsO	Insolvenzordnung
JArbSchG	Jugendarbeitsschutzgesetz
KSchG	Kündigungsschutzgesetz
MontanMitbestG	Montan-Mitbestimmungsgesetz
MuSchG	Mutterschutzgesetz
NachwG	Nachweisgesetz
PSA	Personal-Service-Agentur
SchwarzArbG	Schwarzarbeitsbekämpfungsgesetz
SGB I	Sozialgesetzbuch – Allgemeiner Teil
SGB II	Sozialgesetzbuch – Grundsicherung für Arbeitsuchende
SGB III	Sozialgesetzbuch – Arbeitsförderung
SGB V	Sozialgesetzbuch – Gesetzliche Krankenversicherung
SGB VI	Sozialgesetzbuch – Gesetzliche Rentenversicherung
SGB VII	Sozialgesetzbuch – Gesetzliche Unfallversicherung
SGB IX	Rehabilitation und Teilhabe behinderter Menschen
SGB XI	Sozialgesetzbuch – Soziale Pflegeversicherung
SGB XII	Sozialgesetzbuch – Sozialhilfe
SGG	Sozialgerichtsgesetz
TVG	Tarifvertragsgesetz
UWG	Gesetz gegen den unlauteren Wettbewerb
Ver.di	Vereinigte Dienstleistungsgewerkschaft

Sachwortverzeichnis

Bildquellenverzeichnis

fotolia.com, New York: Bormann, Markus 63.1; nmann77 44.1; Pixelot 55.1

Jouve Germany GmbH & Co. KG, München: 13.1, 24.1, 33.1, 53.1, 66.1, 78.1, 90.1, 91.1, 92.1, 102.1, 112.1, 116.1, 125.1

Picture-Alliance GmbH, Frankfurt a. M.: dpa-infografik 69.1

stock.adobe.com, Dublin: contrastwerkstatt 16.1; DOC RABE Media 77.1; Finanzfoto 98.1; forkART Photography 30.1; vege 9.1

Zahlenbilder, Bergmoser + Höller Verlag AG, Aachen: 81.1; Zahlenbilder 88.1, 103.1